# Atas do I Congresso de Direito do Urbanismo

# Atas do I Congresso de Direito do Urbanismo

2019

Coordenação Científica Fernanda Paula Oliveira

ALMEDINA

ATAS DO I.º CONGRESSO DE DIREITO DO URBANISMO
COORDENAÇÃO CIENTÍFICA
Fernanda Paula Oliveira
EDITOR
EDIÇÕES ALMEDINA, S.A.
Rua Fernandes Tomás, nºs 76, 78 e 80
3000-167 Coimbra
Tel.: 239 851 904 · Fax: 239 851 901
www.almedina.net · editora@almedina.net
DESIGN DE CAPA
FBA.
PRÉ-IMPRESSÃO
EDIÇÕES ALMEDINA, S.A.
IMPRESSÃO E ACABAMENTO
PENTAEDRO, LDA.

2019
DEPÓSITO LEGAL
451444/19



ALMEDINA | GRUPOALMEDINA

***Biblioteca Nacional de Portugal – Catalogação na Publicação***

CONGRESSO DE DIREITO DO URBANISMO,
1, Lisboa, 2018

Atas do I Congresso de Direito do Urbanismo / coord.
Fernanda Paula Oliveira
ISBN 978-972-40-7781-9

I - OLIVEIRA, Fernanda Paula, 1967-

CDU 349

# ÍNDICE

# NOTA PRÉVIA

Realizou-se nos dias 24 e 25 maio de 2018, pela primeira vez, o Congresso de Direito do Urbanismo da Edições Almedina, com o intuito de promover a reflexão e o debate sobre as grandes questões de atualidade desta área do Direito, segundo um modelo que procurou conjugar, de modo equilibrado, o aprofundamento teórico com a abordagem prática dos temas abordados.

Este I Congresso passou em revista algumas das problemáticas centrais desta área jurídica, com especial enfoque para as questões do planeamento do território (que tiveram uma alteração com algum significado em 2014), mas sem deixar de abordar outras temáticas, como os instrumentos inovadores na gestão do território e a reabilitação urbana/ habitação.

Este congresso contou com uma forte representação, entre os oradores, daqueles que, no terreno, vivem, no dia a dia, a realidade do Direito do Urbanismo, motivo pelo qual foi deixada uma sessão inteira para discutir os problemas que se colocam na prática jurídica, com a perspetiva quer de jurisconsultos, quer de advogados quer de magistrados.

Este Congresso apresentou-se, pois, como uma oportunidade privilegiada para a comunidade jurídico-urbanística se encontrar, partilhar experiências e procurar soluções para os problemas que se lhe colocam.

Não posso deixar de agradecer, como coordenadora cientifica deste Congresso a forma empenhada como todos os colaboradores participaram e a presença de todos aqueles que se inscreveram para assistir a esta iniciativa, que também contribuíram, em muito, para o seu sucesso.

Fernanda Paula Oliveira
Coordenadora Científica do Congresso
Julho de 2018

## PROGRAMA

### Dia 24 de maio

9h00 **Receção**

### Sessão I | Os instrumentos de gestão territorial

9h30 Os instrumentos de gestão territorial de nível nacional e regional
**Moderador:** Cristina Guimarães *Diretora de Serviços do Ordenamento do Território da Comissão de Coordenação e Desenvolvimento Regional do Norte.*
**Balanço dos 10 anos do PNPOT**
Teresa Sá Marques, *Professora do Departamento de Geografia da Faculdade de Letras da Universidade do Porto e Coordenadora técnica do PNPOT*
**Programas sectoriais e especiais – os instrumentos de política sectorial no ordenamento do território"**
José Luis Cunha, *Jurista na Secretaria de Estado da Habitação*
**O nível supramunicipal de gestão territorial: que caminho e que futuro?**
Margarida Pereira *Professora do Departamento de Geografia e Planeamento Regional, Faculdade de Ciências Sociais e Humanas da Universidade Nova de Lisboa*

10.45h Coffee break

11h15 Os programas de nível intermunicipal, os planos territoriais e os problemas dos territórios
**Moderador:** Fernanda Paula Oliveira, *Professora da Faculdade de Direito da Universidade de Coimbra*

**O ordenamento dos territórios interiores: problemas, desafios e soluções**
Ana Abrunhosa, Presidente da Comissão de Coordenação da Região Centro
**O ordenamento florestal: o que fazer e como fazer?**
Pedro Bingre, *Docente do Instituto Politécnico de Coimbra*
**Os planos territoriais: que desafios?**
Cristina Guimarães, *Diretora de Serviços do Ordenamento do Território da Comissão de Coordenação e Desenvolvimento Regional do Norte.*

12h45 Almoço

**Sessão II | Instrumentos inovadores na gestão do território**

14.15 Instrumentos para a sustentabilidade
**Moderador:** Jorge Carvalho, *Urbanista, Professor da Universidade de Aveiro*
**As transferências de edificabilidade como um instrumento para a sustentabilidade,** Ana Queiroz do Vale, *Urbanista (Arquiteta e Jurista)*
**Fundos municipais de sustentabilidade ambiental e urbanística**
Carla Amado Gomes, *Professora Auxiliar da Faculdade de Direito da Universidade de Lisboa*

16.00 Coffee break

16.30h Conferência – "Experiências e casos inovadores em matéria de planeamento. Alguns exemplos"
**Moderador:** Ana Queiroz do Vale, *Urbanista (Arquiteta e Jurista)*
Conferencista: Jorge Carvalho, *Urbanista, Professor da Universidade de Aveiro*

**Dia 25 de maio**

**Sessão III | Direito do Urbanismo em prática**

9.30 A prática jurídica do direito do urbanismo
**Moderador:** Cristina Gallego dos Santos, *Juíza Desembargadora do Tribunal Central Administrativo Sul*
Fernanda Paula Oliveira, *Professora Auxiliar da Faculdade de Direito da Universidade de Coimbra e jurisconsulta*
Diogo Duarte Campos, *Advogado da PLMJ*
José Vieira Fonseca, *Advogado da Vieira Fonseca & Associados*

11h00 Coffee break

Eduardo Gonçalves Rodrigues, *Advogado da Sérvulo & Associados,*
Paulo Pereira Gouveia, *Juiz Desembargador do Tribunal Central Administrativo Sul*
Helena Cluny, *Procuradora da República junto ao Tribunal Administrativo e Fiscal de Sintra*

12.45 Almoço

**Sessão IV | A reabilitação urbana e Habitação**

14.30h Reabilitação urbana: o regime jurídico e a prática
**Moderador:** Diogo Duarte Campos, *Advogado da PLMJ*
Dulce Lopes, *Professora Auxiliar da Faculdade de Direito da Universidade de Coimbra*
Fernando Marques, *Administrador Executivo da Viseu Novo, Sociedade de Reabilitação Urbana de Viseu*
Fátima Cabral, *jurista da Porto Vivo, Sociedade de Reabilitação Urbana*

15h.30 – Conferência: O que há de novo nas políticas de habitação?
Ana Pinho, Secretária de Estado da Habitação

16.30h Encerramento

# CAPÍTULO I
# OS INSTRUMENTOS DE GESTÃO TERRITORIAL

# OS INSTRUMENTOS DE GESTÃO TERRITORIAL DE NÍVEL NACIONAL E REGIONAL

# Balanço dos 10 anos do PNPOT

*Teresa Sá Marques,*
Professora do Departamento de Geografia da Faculdade de Letras da Universidade do Porto
Coordenadora técnica do PNPOT
Co-autoras: Ana Veneza; Catarina Maia

## Resumo

*O balanço dos 10 anos do PNPOT pode ser abordado de diversas formas e seguindo diferentes objectivos. Nesta comunicação optou-se apresentar a percepção dos portugueses relativamente às mudanças ocorridas em matéria de problemas de ordenamento do território. Refletir e procurar resolver os problemas do ordenamento do território depende da capacidade da sociedade portuguesa conseguir reconhecer e atuar em conjunto, seguindo as suas crenças e valores. Nesse sentido, interessa perceber o que é que os portugueses pensam sobre as transformações ocorridas, se os problemas foram atenuados ou se pelo contrário têm vindo a se agravar. Quais são os problemas onde há uma maior partilha de opiniões comuns e quais são mais fraturantes. Há necessidade de conciliar uma compreensão comum dos problemas, pois o papel dos cidadãos é fundamental, não só para a identificação dos problemas, mas também das causas e das possíveis soluções.*

## 1. Introdução

O Programa Nacional da Política de Ordenamento do Território (PNPOT) estabelece os objetivos estratégicos para a organização do território nacional e constitui o quadro de referência para os outros programas e planos. O PNPOT 2007 foi aprovado pela Assembleia da República, depois de um amplo debate em torno dos principais problemas de ordenamento do território e do sistema de organização territorial do país. Fazer um balanço dos 10 anos do PNPOT passaria designadamente pelo menos por três abordagens: avaliar de que forma o PNPOT influenciou a execução dos demais instrumentos de gestão territorial; avaliar o processo de implementação do programa de ação; avaliar se os problemas identificados em 2007 foram atenuados ou não.

1. O PNPOT identifica a estratégia territorial inspiradora de todas as políticas públicas, para a qual as políticas sectoriais e regionais e locais devem confluir. É um conjunto de referências estratégicas nacionais, suficientemente aberto de forma a permitir um desenvolvimento regional e local, potenciando a territorialização da diversidade de opções. Assim, os programas e os planos sectoriais e territoriais são os instrumentos de implementação da estratégia nacional. Se analisarmos os instrumentos concebidos no pós-2007 verifica-se que nem todas as regiões desenvolveram os Programas Regionais de Ordenamento do Território (PROT), o que significa que algumas regiões não enriqueceram a estratégia nacional com as suas opções diferenciadas. Em termos de planeamento municipal e intermunicipal, as respostas também foram muito diferenciadas, umas regiões optando pela revisão dos planos diretores municipais e outras direcionando-se para os Planos de Urbanização (PU) e de Pormenor (PP). Uma primeira conclusão pode-se adiantar: as práticas de ordenamento precisam de visões disciplinares mais articuladas e integradas e menos sectoriais.

2. Em 2014, o processo de implementação do PNPOT de 2007 foi avaliado (DGT, 2014). Nesse âmbito, foram desenvolvidas um conjunto de recomendações para o futuro, onde destacamos as seguintes: a importância de se desenvolverem referenciais estratégicos de base territorial tendo em vista reforçar a articulação entre os instrumentos de gestão territorial e aumentar as abordagens territoriais integradas; a necessidade de se desenvolverem referenciais de base territorial dirigidos às politicas sectoriais, nomeadamente em matéria de serviços públicos e de interesse geral; a importância de existir uma estrutura de governança para acompanhar a gestão da implementação e operacionalização do PNPOT. A ausência de um sistema de monitorização do ordenamento do território e a insuficiente disponibilidade de informação

de base territorial foram evidenciadas como importantes entraves à gestão do território.

3. Fazer um balanço dos 10 anos do PNPOT passa também por avaliar de que forma os 24 Problemas do Ordenamento do Território foram mais ou menos resolvidos. Esta avaliação pode ser desenvolvida através de um conjunto de metodologias técnico-científicas, designadamente recorrendo a um grupo de especialistas. Mas também pode ser fundamentada na perceção dos portugueses relativamente às mudanças ocorridas, através da implementação de um inquérito por questionário à população. No âmbito da Alteração do PNPOT foi aplicado um questionário a nível nacional donde se retiraram um conjunto de conclusões que serão desenvolvidas neste artigo. Portanto, o Balanço dos 10 anos do PNPOT que será apresentado reflete as mudanças ocorridas em matéria dos 24 Problemas de ordenamento do território, segundo a visão dos portugueses[1].

## 2. Cultura de Ordenamento do Território

A "Cultura de Território" corresponde à cultura cívica de uma comunidade face ao território e, nomeadamente, face ao ordenamento do território, a qual reflete orientações políticas, ideológicas e socioculturais. Por sua vez, a "Cultura de Ordenamento do Território" corresponde ao saber adquirido e partilhado pelos membros da comunidade técnico-profissional. Em Portugal, o ordenamento do território é uma política relativamente recente e a cultura dominante é sobretudo administrativa e regulamentar, relacionada essencialmente com o uso do solo.

O ordenamento do território tem de ser uma cocriação, fruto da articulação entre o Estado, a sociedade civil, o setor privado e o terceiro setor, num processo construtivo colaborativo. Refletir e procurar resolver os problemas do ordenamento do território depende da capacidade de uma sociedade se articular e colaborar em torno de um conjunto de valores e consensos.

[1] O trabalho aqui apresentado fundamenta-se da análise de um questionário implementado à população portuguesa no âmbito do Diagnóstico da Alteração do PNPOT: DGT (2018) PNPOT- Alteração. Diagnóstico, pp.204-213. http://pnpot.dgterritorio.gov.pt/sites/default/files/PNPOT_Diagnostico_6Julho2018.pdf

Assim, as medidas de política pública dirigidas ao ordenamento do território devem procurar capacitar a sociedade para a construção desses valores e consensos e construir ambientes que favoreçam processos de mudança que se mostrem pertinentes.

Refletir o futuro em matéria de ordenamento do território passa por um reconhecimento da diversidade espacial do nosso país. Mais do que dicotomias territoriais (norte-sul; interior-litoral; urbano-rural), existem diversificadas representações territoriais e variadas complementaridades a potenciar. Mas, refletir o futuro passa também por uma maior perceção dos problemas que a sociedade portuguesa tem de enfrentar.

Mobilizar a sociedade para construir consensos e compromissos territoriais exige tempo. Passa por um conjunto de processos que contribuam para ajustar as crenças, os valores e as orientações subjacentes ao ordenamento do território, de modo a que o PNPOT seja um instrumento de resposta efetiva aos desafios de desenvolvimento nacional e enquadrador dos demais instrumentos. Assim, o desenvolvimento de políticas e de tomadas de decisão coletivas exigem novas formas de produção de informação e conhecimento e novos processos de tomada de decisão. Há necessidade de conciliar valores e preferências, bem como criar uma compreensão comum dos problemas e oportunidades. O papel dos cidadãos é fundamental, não só para a identificação dos problemas, mas também das causas e das possíveis soluções.

O envolvimento dos cidadãos na elaboração das políticas assenta no pressuposto de que todos os que são afetados por uma determinada decisão devem ter a oportunidade de participar também na tomada dessa decisão. Este enquadramento justifica a pertinência de um inquérito à população portuguesa sobre os problemas do ordenamento do território.

## 3. Os 24 Problemas do Ordenamento do Território – PNPOT 2007

No PNPOT de 2007 foram identificados 24 Problemas do Ordenamento do Território. Tendo em vista avaliar a perceção dos portugueses sobre as dinâmicas entre 2007 e 2017 em matéria de ordenamento do território, foi realizado um inquérito por questionário dirigido a estes 24 Problemas. Para cada problema, a questão é sempre a mesma: nos últimos 10 anos, o que aconteceu?

E existem quatro possibilidades de resposta: (1) o problema foi resolvido; (2) o problema atenuou-se; (3) o problema manteve-se; (4) o problema agravou-se. O respondente tem também possibilidade de fazer comentários complementares sempre que entenda.

O inquérito por questionário foi amplamente difundido junto dos Municípios e Freguesias, Comunidades Intermunicipais e Áreas Metropolitanas, Direções Regionais e Centrais, Associações Empresariais e Profissionais, Sindicatos, Instituições de Ensino Superior e Unidades de Investigação. Além disso, esteve disponível nos websites da Direção-Geral do Território (DGT) e das Comissões de Coordenação e Desenvolvimento Regional (CCDR). O questionário foi aplicado, entre dezembro de 2016 e fevereiro de 2017 e foi respondido por 7298 indivíduos.

**Figura 1. Perfil dos inquiridos (%)**

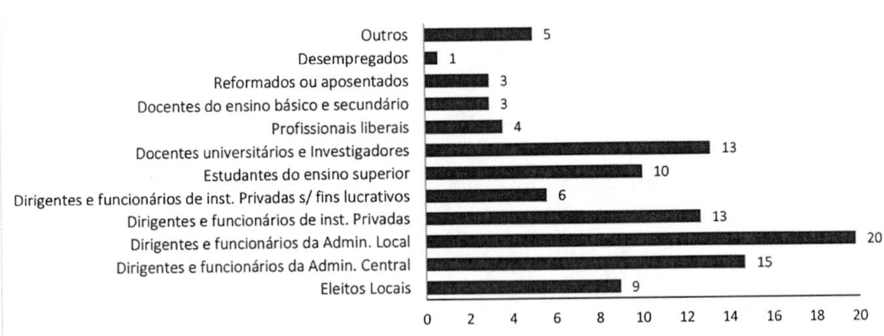


Fonte: Inquérito sobre os 24 Problemas de Ordenamento do Território, Alteração do PNPOT, 2018.

No tocante aos respondentes (Figura 1), 41% são do género feminino e 57% do masculino (os restantes 2% são não respostas). Os eleitos locais e os dirigentes e funcionários da administração local representam, em conjunto, 29% dos sujeitos que responderam; os dirigentes e os funcionários da administração central totalizam 15%; os docentes universitários, os investigadores e os estudantes do ensino superior são 23%; os dirigentes e funcionários de instituições privadas (com ou sem fins lucrativos) e os profissionais liberais somam 23%. Há uma forte representatividade da população com escolaridade superior (completa ou ainda estudantes) representam cerca de 80% dos respondentes, demonstrando que as respostam representam sobretudo a população mais qualificada da população portuguesa e que o questionário não chegou aos cidadãos com menores qualificações. Nesta amostra, 40% declararam ter uma atividade relacionada com o ordenamento e/ou o desenvolvimento do território, face a 43% que afirmaram não ter qualquer atividade veiculada a esses domínios (17% são não respostas), o que é demonstrativo da abrangência populacional deste questionário e da sua validade informativa. O universo de respostas garante uma segmentação regional proporcional aos residentes com mais de 18 anos em cada região.

**24 problemas do Ordenamento do Território – PNPOT 2007**

**Recursos naturais e gestão de riscos**

1. Degradação do solo e riscos de desertificação, agravados por fenómenos climáticos (seca e chuvas torrenciais) e pela dimensão dos incêndios florestais.
2. Degradação da qualidade da água e deficiente gestão dos recursos hídricos.
3. Insuficiente desenvolvimento dos instrumentos de ordenamento e de gestão das áreas classificadas integradas na Rede Fundamental de Conservação da Natureza.
4. Insuficiente consideração dos riscos nas ações de ocupação e transformação do território, com particular ênfase para os sismos, os incêndios florestais, as cheias e inundações e a erosão das zonas costeiras.

**Desenvolvimento urbano e rural**

5. Expansão desordenada das áreas metropolitanas e de outras áreas urbanas, invadindo e fragmentando os espaços abertos, afetando a sua qualidade e potencial ecológico, paisagístico e produtivo, e dificultando e encarecendo o desenvolvimento das infraestruturas e a prestação dos serviços coletivos.
6. Despovoamento e fragilização demográfica e socioeconómica de vastas áreas e insuficiente desenvolvimento dos sistemas urbanos não metropolitanos e da sua articulação com os espaços rurais envolventes, enfraquecendo a competitividade e a coesão territorial do país.
7. Degradação da qualidade de muitas áreas residenciais, sobretudo nas periferias e nos centros históricos das cidades, e persistência de importantes segmentos de população sem acesso condigno à habitação, agravando as disparidades sociais intraurbanas.
8. Insuficiência das políticas públicas e da cultura cívica no acolhimento e integração dos imigrantes, acentuando a segregação espacial e a exclusão social nas áreas urbanas.

**Transportes, energia e alterações climáticas**

9. Subdesenvolvimento dos sistemas aeroportuário, portuário e ferroviário de suporte à conectividade internacional de Portugal, no quadro ibérico, europeu, atlântico e global.

10. Deficiente intermodalidade dos transportes, com excessiva dependência da rodovia e do uso dos veículos automóveis privados e insuficiente desenvolvimento de outros modos de transporte, nomeadamente do ferroviário.
11. Elevada intensidade (reduzida eficiência) energética e carbónica das atividades económicas e dos modelos de mobilidade e consumo, com fraco recurso a energias renováveis, conduzindo a uma estreita associação dos ritmos do crescimento económico com os do aumento do consumo de energia e das emissões de Gases com Efeito de Estufa (GEE).
12. Elevada dependência de fontes de energia primária importadas (petróleo, carvão e gás natural), com forte concentração das origens geográficas e pesadas implicações no défice externo, agravada pela volatilidade e tendência estrutural de aumento dos preços desses recursos não renováveis e de natureza estratégica.

**Competitividade dos territórios**

13. Forte dispersão geográfica das infraestruturas económicas e dos equipamentos terciários mais qualificantes, com perdas de escala e atrofia das relações de especialização e complementaridade geradoras de maior rendibilidade social e económica.
14. Ausência de um sistema logístico global, que tenha em conta os requisitos dos diferentes sectores de atividade e a inserção dos territórios nos mercados globais.
15. Insuficiente projeção externa das funções económicas das principais aglomerações urbanas, dificultando a participação de Portugal nos fluxos de investimento internacional.
16. Reduzida extensão das cadeias de valor e insuficiente exploração das condições e dos recursos mais diferenciadores dos territórios, e correspondente debilidade das relações económicas interinstitucionais e inter-regionais no espaço económico nacional.

**Infraestruturas e serviços coletivos**

17. Expansão e intensa alteração da estrutura da procura social de serviços coletivos e de interesse geral, pelo efeito conjugado de mudanças demográficas (envelhecimento, imigração e migrações internas), económicas e culturais.
18. Desajustamento da distribuição territorial e da qualidade da oferta de infraestruturas coletivas e dos serviços de interesse geral face a essa expansão e alteração estrutural das procuras sociais.
19. Deficiente programação do investimento público em infraestruturas e equipamentos coletivos, com insuficiente consideração dos impactes territoriais e dos custos de funcionamento e manutenção.
20. Incipiente desenvolvimento da cooperação territorial de âmbito supramunicipal na programação e gestão de infraestruturas e equipamentos coletivos, prejudicando a obtenção de economias de escala e os ganhos de eficiência baseados em relações de associação e complementaridade.

**Cultura cívica, planeamento e gestão territorial**

22. Insuficiência das bases técnicas essenciais para o ordenamento do território, designadamente nos domínios da informação georreferenciada sobre os recursos territoriais, da cartografia certificada, da informação cadastral e do acesso em linha ao conteúdo dos planos em vigor.
23. Dificuldade de coordenação entre os principais atores institucionais, públicos e privados, responsáveis por políticas e intervenções com impacte territorial.
24. Complexidade, rigidez, centralismo e opacidade da legislação e dos procedimentos de planeamento e gestão territorial, afetando a sua eficiência e aceitação social.

## 4. Resultados da Implementação do Inquérito à População

A maioria dos inquiridos considera que a gravidade dos problemas do ordenamento do território se manteve desde 2007, não observando a efetividade dos resultados conseguidos desta política pública. Também não há uma evidente consciência dos efeitos no território da configuração de um conjunto de políticas sectoriais, muitas delas de conformação europeia.

Existem nove problemas que foram mais evidenciados pelas dinâmicas negativas (agravaram-se) no inquérito realizado, com especial destaque para a degradação do solo e os riscos de desertificação e para o despovoamento e fragilização demográfica e socioeconómica de vastas áreas:

**Recursos naturais e gestão de riscos**

1. Degradação do solo e riscos de desertificação, agravados por fenómenos climáticos (seca e chuvas torrenciais) e pela dimensão dos incêndios florestais (agravou-se para 61% dos respondentes).
4. Insuficiente consideração dos riscos nas ações de ocupação e transformação do território, com particular ênfase para os sismos, os incêndios florestais, as cheias e inundações e a erosão das zonas costeiras (agravou-se para 41% dos respondentes).

**Desenvolvimento urbano e rural**

6. Despovoamento e fragilização demográfica e socioeconómica de vastas áreas e insuficiente desenvolvimento dos sistemas urbanos não metropolitanos e da sua articulação com os espaços rurais envolventes, enfraquecendo a competitividade e a coesão territorial do país (agravou-se para 63% dos respondentes).
7. Degradação da qualidade de muitas áreas residenciais, sobretudo nas periferias e nos centros históricos das cidades, e persistência de importantes segmentos de população sem acesso condigno à habitação, agravando as disparidades sociais intraurbanas (agravou-se para 43% dos respondentes).

**Transportes, energia e alterações climáticas**

10. Deficiente intermodalidade dos transportes, com excessiva dependência da rodovia e do uso dos veículos automóveis privados e insuficiente desenvolvimento de outros modos de transporte, nomeadamente do ferroviário (agravou-se para 46% dos respondentes).

**Infraestruturas e serviços coletivos**

17. Expansão e intensa alteração da estrutura da procura social de serviços coletivos e de interesse geral, pelo efeito conjugado de mudanças demográficas (envelhecimento, imigração e migrações internas), económicas e culturais (agravou-se para 48% dos respondentes).
18. Desajustamento da distribuição territorial e da qualidade da oferta de infraestruturas coletivas e dos serviços de interesse geral face a essa expansão e alteração estrutural das procuras sociais (agravou-se para 43% dos respondentes).
19. Deficiente programação do investimento público em infraestruturas e equipamentos coletivos, com insuficiente consideração dos impactes territoriais e dos custos de funcionamento e manutenção (agravou-se para 46% dos respondentes).

**Cultura cívica, planeamento e gestão territorial**

24. Complexidade, rigidez, centralismo e opacidade da legislação e dos procedimentos de planeamento e gestão territorial, afetando a sua eficiência e aceitação social (agravou-se para 42% dos respondentes).

As evoluções mais positivas, registaram-se com menor intensidade e sobretudo nos seguintes Problemas:

**Recursos naturais e gestão de riscos**

2. Degradação da qualidade da água e deficiente gestão dos recursos hídricos (resolveu-se ou atenuou-se para 28% dos respondentes).

**Desenvolvimento urbano e rural**

5. Expansão desordenada das áreas metropolitanas e de outras áreas urbanas, invadindo e fragmentando os espaços abertos, afetando a sua qualidade e potencial ecológico, paisagístico e produtivo, e dificultando e encarecendo o desenvolvimento das infraestruturas e a prestação dos serviços coletivos (resolveu-se ou atenuou-se para 22%).
8. Insuficiência das políticas públicas e da cultura cívica no acolhimento e integração dos imigrantes, acentuando a segregação espacial e a exclusão social nas áreas urbanas (resolveu-se ou atenuou-se para 25% dos respondentes).

**Transportes, energia e alterações climáticas**

11. Elevada intensidade (reduzida eficiência) energética e carbónica das atividades económicas e dos modelos de mobilidade e consumo, com fraco recurso a energias renováveis, conduzindo a uma estreita associação dos ritmos do crescimento económico com os do aumento do consumo de energia e das emissões de Gases com Efeito de Estufa (GEE) (resolveu-se ou atenuou-se para 26% dos respondentes).

12. Elevada dependência de fontes de energia primária importadas (petróleo, carvão e gás natural), com forte concentração das origens geográficas e pesadas implicações no défice externo, agravada pela volatilidade e tendência estrutural de aumento dos preços desses recursos não renováveis e de natureza estratégica (resolveu-se ou atenuou-se para 26%).

**Competitividade dos territórios**

15. Insuficiente projeção externa das funções económicas das principais aglomerações urbanas, dificultando a participação de Portugal nos fluxos de investimento internacional (resolveu-se ou atenuou-se para 21%).

**Cultura cívica, planeamento e gestão territorial**

22. Insuficiência das bases técnicas essenciais para o ordenamento do território, designadamente nos domínios da informação georreferenciada sobre os recursos territoriais, da cartografia certificada, da informação cadastral e do acesso em linha ao conteúdo dos planos em vigor (resolveu-se ou atenuou-se para 28% dos respondentes).

A avaliação dos respondentes com uma atividade ligada ao ordenamento ou ao desenvolvimento do território não se diferencia significativamente daqueles que não têm qualquer atividade relacionada. Por domínios, pode-se desde já adiantar mais algumas conclusões.

Relativamente ao domínio dos *recursos naturais e gestão dos riscos* (figura 2), cerca de 45% dos indivíduos consideram que os problemas agravaram-se, 28% mantiveram-se e 18% atenuaram-se, sendo que 9% não responderam. Desde 2007 a situação piorou sobretudo nos problemas:

- "degradação do solo e riscos de desertificação, agravados por fenómenos climáticos (seca e chuvas torrenciais) e pela dimensão dos incêndios florestais" (problema 1), para 60% dos respondentes;
- "insuficiente consideração dos riscos nas ações de ocupação e transformação do território, com particular ênfase para os sismos, os incêndios florestais, as cheias e inundações e a erosão das zonas costeiras" (problema 4), para 41%.

Houve avanços positivos sobretudo no "desenvolvimento dos instrumentos de ordenamento e de gestão das áreas classificadas integradas na Rede Fundamental de Conservação da Natureza".

No domínio do *desenvolvimento urbano e rural* (figura 2), cerca de 49% dos indivíduos consideram que os problemas agravaram-se, 24% mantiveram-se e 19% atenuaram-se, sendo que 8% não responderam. Desde 2007 a situação piorou sobretudo em matéria de:

- "Despovoamento e fragilização demográfica e socioeconómica de vastas áreas e insuficiente desenvolvimento dos sistemas urbanos não metropolitanos e da sua articulação com os espaços rurais envolventes, enfraquecendo a competitividade e a coesão territorial do país" (problema 6), para 63% dos respondentes;
- "Degradação da qualidade de muitas áreas residenciais, sobretudo nas periferias e nos centros históricos das cidades, e persistência de importantes segmentos de população sem acesso condigno à habitação, agravando as disparidades sociais intraurbanas" (problema 7), para 43%. Mas, houve avanços positivos sobretudo nas políticas públicas e na cultura cívica relativamente ao acolhimento e integração dos imigrantes.

**Figura 2. Resultados do Inquérito, por domínio (2017)**

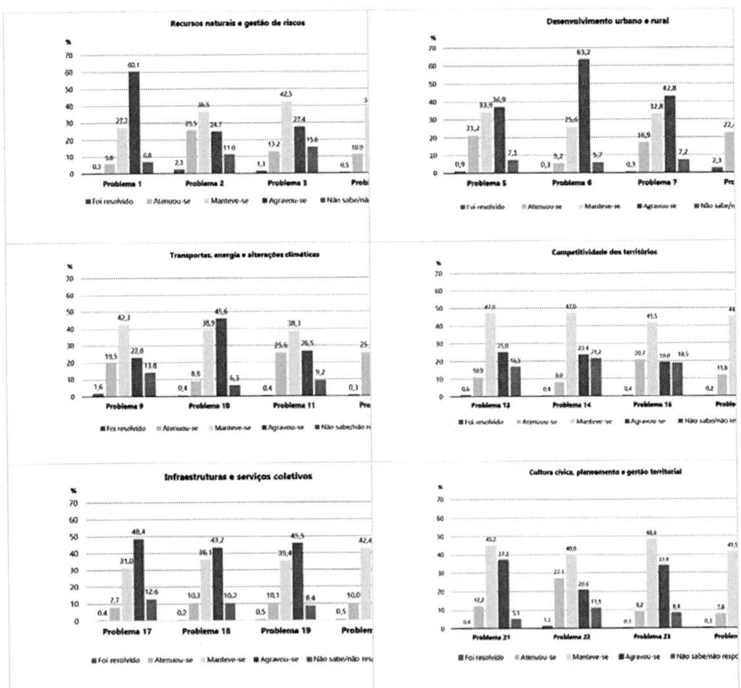


Fonte: Inquérito sobre os 24 Problemas de Ordenamento do Território, Alteração do PNPOT, 2018.

No domínio dos *transportes, energia e alterações climáticas*, a situação melhorou claramente relativamente aos dois domínios anteriores. Para cerca de 37% dos respondentes, alguns problemas atenuaram-se e outros mantiveram-se, para 27% mantiveram-se, enquanto 27% consideraram que os problemas se tinham agravado, sendo que 9% não sabem ou não respondem. Desde 2007 a situação piorou sobretudo nos problemas:

- "Deficiente intermodalidade dos transportes, com excessiva dependência da rodovia e do uso dos veículos automóveis privados e insuficiente desenvolvimento de outros modos de transporte, nomeadamente do ferroviário" (problema 10) para 46% dos respondentes.

Houve avanços positivos relativamente à eficiência energética e carbónica das atividades económicas e dos modelos de mobilidade e consumo, ao recurso a energias renováveis e à dependência de fontes de energia primária importadas com pesadas implicações no défice externo.

No domínio da *competitividade dos territórios* (figura 2), a situação manteve-se para cerca de 28% dos respondentes, mas 20% não sabem ou não respondem, enquanto para 14% atenuaram-se e para outros 14% agravaram-se, enquanto para 24% alguns agravaram-se e outros mantiveram-se. De salientar que é o domínio com maior número de respondentes a optarem pela não resposta/não sabem. Nenhum problema deste domínio agravou-se dominantemente. Para todos, o problema manteve-se (aparece em 1º lugar nas respostas). Houve avanços positivos mais significativos na "projeção externa das funções económicas das principais aglomerações urbanas".

No domínio das *infraestruturas e serviços coletivos* (figura 2), cerca de 21% dos indivíduos consideram que os 4 problemas agravaram-se e 31% responde que três agravaram-se e um manteve-se, 23% considerou que todos os problemas mantiveram-se e 10% todos atenuaram-se, sendo que 15% não responderam. Desde 2007 a situação agravou-se muito para todos os problemas:

- "Expansão e intensa alteração da estrutura da procura social de serviços coletivos e de interesse geral, pelo efeito conjugado de mudanças demográficas (envelhecimento, imigração e migrações internas), económicas e culturais" (problema 17) segundo 48% dos respondentes;

- "Deficiente programação do investimento público em infraestruturas e equipamentos coletivos, com insuficiente consideração dos impactes territoriais e dos custos de funcionamento e manutenção" (problema 19), segundo 46% dos respondentes.
- "Desajustamento da distribuição territorial e da qualidade da oferta de infraestruturas coletivas e dos serviços de interesse geral face a essa expansão e alteração estrutural das procuras sociais" (problema 18), para 43% dos respondentes.

No domínio da *cultura cívica, planeamento e gestão territorial* (figura 2), cerca de 24% dos indivíduos consideram que todos os 4 problemas agravaram-se, enquanto 30% consideram que se mantiveram e 6% atenuaram-se. Para 25% dos respondentes uns problemas atenuaram-se e outros mantiveram-se, e 14% não sabem ou não respondem. A situação agravou-se desde 2007 sobretudo para o problema:

- "Complexidade, rigidez, centralismo e opacidade da legislação e dos procedimentos de planeamento e gestão territorial, afetando a sua eficiência e aceitação social" (problema 24), para 42% dos respondentes.

Houve avanços positivos mais significativos nas "bases técnicas essenciais para o ordenamento do território, designadamente nos domínios da informação georreferenciada sobre os recursos territoriais, da cartografia certificada, da informação cadastral e do acesso em linha ao conteúdo dos planos em vigor".

## 5. Algumas Reflexões Finais

Desde o início dos anos 90 até 2011, o ordenamento do território, com altos e baixos, apresentou uma evolução positiva, ou seja, uma evolução onde descola da mera regulação dos usos do solo e de políticas meramente locativas, para adquirir uma visão mais estratégica e prospetiva e intimamente relacionada com as restantes políticas públicas, nomeadamente com as políticas de desenvolvimento regional e de ambiente, culminando com a publicação da Lei de Bases do Ordenamento do Território e do Urbanismo (LBOTU) e a elaboração do PNPOT (2007) e de alguns PROT. No entanto, a partir de 2011, perante a crise económica esta evolução positiva estagnou e o ordenamento do território perdeu abruptamente importância perante as restantes políticas públicas. Em Portugal, este retrocesso teve custos elevados devido a vários fatores, nomeadamente, a emergência do OT como domínio próprio é historicamente muito recente o que explica a inexistência de uma comunidade académica e profissional suficientemente alargada e autónoma; e, somos um país onde as políticas comunitárias têm uma incidência muito relevante pela dimensão dos investimentos públicos que envolvem, tendo uma maior visibilidade pública.

A União Europeia não possui competências próprias em matéria de ordenamento do território, o que significa que esta política depende exclusivamente de decisões nacionais. Faz-se sentir através de políticas em domínios tão distintos como a conservação da natureza, o ambiente, o mar, a agricultura, a reabilitação urbana ou fruto da política de coesão territorial. Assim, em Portugal a visão integradora do ordenamento do território perdeu consistência no pós-crise e as políticas sectoriais de influência europeia emergiram, com impactos insuficientemente articulados e refletidos estrategicamente em termos territoriais.

O contexto de crise financeira e económica iniciado em 2008 desencadeou um conjunto de reações contraditórias em matéria de ordenamento do território. Por um lado, acentuou uma maior tendência para a desregulação, no sentido de tornar esta política pública mais "amiga" do investimento e diminuir os "custos de contexto". Por outro lado, rompeu com o paradigma do crescimento económico, ou seja, colocou em causa a visão expansionista e otimista que lhe esteve subjacente nos anos anteriores, surgindo outros objetivos, que atualmente constituem prioridades: a contração demográfica, o envolvimento colaborativo dos vários atores sociais, bem como as novas formas de relação entre o rural e o urbano, de prestação de serviços públicos e, finalmente a grande relevância das alterações climáticas.

A cultura de território, ou seja, a cultura cívica existente face ao território é uma cultura ainda muito marcada pelos valores da recente e rápida urbanização do país, onde os valores inerentes ao meio rural são mitificados, ainda que não socialmente praticados e muitas vezes mesmo rejeitados. Os valores de um mundo urbano em relativa consonância com um novo mundo rural e com a natureza e o ambiente vai-se muito lentamente afirmando, necessitando de uma intervenção pública mais ativa. A aposta na educação das camadas jovens e na capacitação dos profissionais e das instituições é fundamental como forma de se alcançar um novo quadro mental face ao território e aos seus recursos. Por outro lado, a comunidade técnico-profissional no domínio do ordenamento do território é uma comunidade profundamente dividida entre o nível municipal, onde a regulação dos usos do solo tem sido a prioridade, e o nível regional e nacional onde a vertente estratégica e intersectorial tem sido mais evidente, sendo necessário aprofundar, integrar e consolidar conhecimentos e práticas.

O défice de cultura de território e o peso da cultura tradicional de ordenamento do território (regulação do uso do solo) constituem dois obstáculos relevantes ao desenvolvimento de atitudes, competências e práticas capazes de dar com eficiência, responsabilidade e visão estratégica um novo relevo ao ordenamento do território na definição de um modelo territorial para o desenvolvimento do país.

## Referência Bibliográficas:

Davoudi, S. (2018). Spatial Planning. The Promised Land or Rolled-Out Neoliberalism? In Gunder, M.; Madanipour, A.; Watson, V. (Ed.), The Routledge Handbook of Planning Theory. New York: Routledge: 15-27.

Davoudi, S. *et al.* (2009). Conceptions of Space and Place in Strategic Spatial Planning. London. Routledge, 282p.

Direção-Geral do Território (2018) PNPOT- Alteração. Diagnóstico, pp.204-213. http://pnpot.dgterritorio.gov.pt/sites/default/files/PNPOT_Diagnostico_6Julho2018.pdf

Direção-Geral do Território (2014) PNPOT – Programa Nacional da Política de Ordenamento do Território: Avaliação do Programa de Ação 2007-2013. Relatório. Lisboa: Direção Geral do Território.

Ferrão, J. (2011). O Ordenamento do Território como Política Pública. Lisboa: Fundação Calouste Gulbenkian.

Friedmann, J. (2005). "Globalization and the Emerging Culture of Planning." Progress in Planning 64, (3): 183-234.

Fürst, D. (2009). Planning Cultures en Route to a Better Comprehension of "Planning Processes". Planning Cultures in Europe: Decoding Cultural Phenomena in Urban and

Regional Planning. J. Knieling and F. Othengrafen (Eds.). Farnham and Burlington, Ashgate: 23-38.

Knieling, J. *et al.* (2009b). En Route to a Theoretical Model for Comparative Research on Planning Cultures. Planning Cultures in Europe: Decoding Cultural Phenomena in Urban and Regional Planning. J. Knieling and F. Othengrafen (Eds.). Farnham and Burlington, Ashgate: 39-62.

Knieling, J. *et al.* (2009c). Planning Cultures in Europe between Convergence and Divergence: Findings, Explanations and Perspectives. Planning Cultures in Europe: Decoding Cultural Phenomena in Urban and Regional Planning. J. Knieling and F. Othengrafen (Eds.). Farnham and Burlington, Ashgate: 301-322.

Veneza, A. (2013). Sistemas e Culturas de Planeamento: fatores e dinâmicas de mudança. Revista de Geografia e Ordenamento do Território, n.º 3 (Junho). Centro de Estudos de Geografia e Ordenamento do Território: 249-273.

Waterhout B. *et al.* (2009). The Impact of Europeanization on Planning Cultures Planning Cultures in Europe: Decoding Cultural Phenomena in Urban and Regional Planning. J. Knieling and F. Othengrafen (Eds.). Farnham and Burlington, Ashgate: 239-253.

# Programas sectoriais e especiais – os instrumentos de política sectorial no ordenamento do território

*José Luis Cunha,*
Jurista na Secretaria de Estado da Habitação

## Introdução

As diversas políticas sectoriais do Estado devem ser integradas no território. Essa integração deve ser feita, desde logo, no âmbito dos instrumentos de gestão territorial de carácter geral, que concretizam as políticas públicas de ordenamento do território ou de urbanismo nos âmbitos nacional, regional, intermunicipal e municipal. No entanto, o regime jurídico dos instrumentos de gestão territorial contempla instrumentos de gestão territorial especificamente vocacionados para a expressão territorial de políticas sectoriais do Estado. Trata-se dos programas sectoriais e especiais. Além destes programas, continua a existir um amplo conjunto de instrumentos de natureza estratégica ou regulamentar que visam concretizar diversas políticas sectoriais do Estado; são exemplos as servidões administrativas, as restrições por utilidade pública, normas legais de regulação de atividades e um conjunto indeterminado de estratégias, programas, planos ou mesmo decisões, com diferentes tipos de impacte no território.

O que motiva este estudo é a necessidade compreender o papel dos programas sectoriais e especiais na integração das políticas sectoriais no ordenamento do território.

## 1. Políticas sectoriais com impacto territorial

Mais do que espaço, o território é um conjunto de recursos e um domínio de interação, onde se cruzam os interesses de pessoas, coletividades, empresas e outras entidades públicas e privadas.

Todas estas entidades interagem no território através do uso do espaço e dos recursos. Além de um recurso ou de uma fonte de recursos para o desenvolvimento das diversas atividades, o território é o resultado dessas atividades, do uso dos recursos e da geração de recursos.

Longe da ideia de um interesse público oposto ao interesse privado, há uma pluralidade de interesses públicos, particulares e comunitários. As entidades públicas também prosseguem interesses particulares próprios e, nalguns casos, entidades privadas colaboram na prossecução de interesses públicos, agindo como entidades públicas.

As diversas políticas públicas traduzem atividades da Administração Pública tendentes à satisfação das necessidades da coletividade nos diversos domínios, mas abrangem também a regulação e o controlo das atividades desenvolvidas pelos particulares nesses domínios, à luz dos objetivos de interesse público definidos para esses sectores.

Quase todas as políticas públicas produzem algum tipo de efeito no território. O principal efeito é o uso do espaço e dos recursos naturais, mas pode ser também a criação de espaço edificado ou de infraestruturas, o condicionamento do uso espaço ou de recursos naturais, e a geração de impactos ambientais, económicos ou sociais (pense-se, por exemplo, nos efeitos da construção de uma barragem ou da localização de um estabelecimento industrial).

A relação com o território não é a mesma em todos os casos. Podemos identificar dois tipos distintos de políticas sectoriais pelo modo como se relacionam com o território:

– Por um lado, políticas sectoriais de índole socioeconómica, cujo objeto é o desenvolvimento de atividades ou a gestão de recursos naturais, independentemente das características dos terrenos em questão; a função destas políticas é promover ou regular as atividades de um determinado sector, à luz dos interesses públicos relevantes nesse domínio; a sua expressão territorial traduz-se na afetação de espaço para a realização dessas atividades, no controlo de impactes ou de riscos decorrentes das mesmas, e na sua proteção contra os efeitos de outras atividades;

- Por outro lado, políticas sectoriais de índole territorial, cujo objeto é a gestão de determinadas categorias de espaços ou de terrenos, em função das características específicas dos mesmos (recursos naturais ou riscos naturais); a função deste tipo de políticas é gerir e salvaguardar os recursos ou riscos naturais das áreas em questão (biodiversidade, solos de elevada capacidade produtiva, aquíferos, domínio hídrico, etc.); a sua expressão territorial implica a afetação de toda a área a um fim predominante, estabelecendo condicionamentos de uso do solo ou mesmo regimes especiais de gestão.

Apesar de a lei não traduzir esta distinção, as políticas sectoriais de índole socioeconómica correspondem potencialmente ao âmbito dos programas sectoriais e as políticas sectoriais de índole territorial correspondem potencialmente aos programas especiais.

A política de ordenamento do território visa otimizar os recursos do território através da articulação das atividades nele desenvolvidas e da gestão sustentada dos recursos naturais. Mais do que a simples compatibilização espacial de atividades, o ordenamento do território traduz uma visão de desenvolvimento global e sustentado.

O ordenamento do território é, por isso, uma política global ou transversal, por contraposição às diversas políticas sectoriais que incidem no território. A articulação das políticas sectoriais é feita em função da expressão territorial de cada uma dessas políticas.

## 2. Instrumentos de política sectorial com incidência territorial

Para além dos efeitos materiais decorrentes da realização das atividades de cada sector, as diversas políticas sectoriais possuem instrumentos jurídicos próprios com efeitos no território. Podemos agrupar esses instrumentos por instrumentos normativos de regulação, instrumentos de planeamento ou programação e instrumentos de execução:

- Os instrumentos normativos de regulação procedem à regulação direta ou indireta de atividades ou da qualidade de componentes ambientais; essa regulação pode proceder de leis ou de regulamentos (incluindo planos de carácter regulamentar); são exemplos de regulação direta as regras de urbanismo ou edificação constantes na lei, de planos urbanísticos, de servidões administrativas ou de restrições por utilidade pública;
- Os instrumentos de planeamento ou programação são geralmente focados na atividade das entidades públicas, podendo ter natureza estratégica (por exemplo, estratégias, programas ou planos diretores) ou natureza operativa (por exemplo, programas de ação, planos ou planos de investimento);
- Os instrumentos de execução podem ser atos de execução dos instrumentos de planeamento e programação, mas podem também consistir em atuações públicas avulsas, relativas à promoção de empreendimentos públicos ou ao controlo público de atividades.

Estes diversos instrumentos surgiram e desenvolveram-se antes da existência de um quadro sistematizado de ordenamento do território. Parte dos instrumentos normativos de regulação desenvolveram-se, aliás, como instrumentos de autotutela sectorial, por ausência de um quadro sistematizado de ordenamento do território que acautelasse aqueles interesses públicos ou os empreendimentos sectoriais.

Sendo aprovados autonomamente, e estando focados nas suas finalidades próprias, estes instrumentos nem sempre estão em harmonia com os planos urbanísticos. Esta situação tem gerado conflitos, insegurança jurídica e, sobretudo, incoerência e ineficiência do território, com custos para todas as partes envolvidas: para os municípios, porque veem constrangida a sua autonomia na regulação do uso do solo; para os particulares, porque não sabem com que regras podem contar para desenvolverem as suas atividades; e para as próprias entidades da Administração Central, cujos projetos acabam por ser prejudicados pela oposição dos municípios, dos particulares ou mesmo de outras entidades da Administração Central.

## 3. O sistema de gestão territorial

Procurando respostas para este problema, a lei de bases de 1998[1] estabeleceu duas ideias fundamentais:

- O princípio de que as políticas de ordenamento do território e de urbanismo (a atuação de cada entidade no território) devem ser coerentes e articuladas entre si, criando-se, para esse efeito, o sistema de gestão territorial;
- O princípio de que as entidades públicas devem exprimir as suas políticas de ordenamento do território ou de urbanismo – as suas intenções no território – e concertar essas políticas com as das demais entidades interessadas, criando-se, para esse efeito, o conceito de instrumentos de gestão territorial;

O sistema de gestão territorial assenta na articulação de dois fatores: o âmbito de política (nacional, regional ou municipal) e os tipos de instrumentos de gestão territorial.

Na formação de cada instrumento de gestão territorial, procede-se à ponderação dos instrumentos existentes e à tentativa de articulação, de modo a assegurar a coerência do sistema. Quando seja necessário alterar algum dos instrumentos existentes, essa intenção deve ser assumida através de uma proposta de alteração do instrumento anterior.

A lei de bases de 1998 estabeleceu uma classificação estrutural em função da natureza dos instrumentos de gestão territorial: instrumentos de desenvolvimento territorial (Programa Nacional da Política de Ordenamento do Território, planos regionais de ordenamento do território e planos intermunicipais); instrumentos de política sectorial (planos sectoriais); instrumentos de natureza especial (planos especiais); e instrumentos de planeamento (planos municipais de ordenamento do território).

A lei de bases de 1998 integrou os diversos tipos de planos então existentes, mas introduziu grandes inovações:

[1] Lei n.º 48/98, de 11 de agosto, que estabelece as bases da política de ordenamento do território e de urbanismo.

- A reformulação dos planos regionais de ordenamento do território, que passaram de instrumentos regulamentares supramunicipais a instrumentos estratégicos à escala regional;
- A criação do Programa Nacional de Ordenamento do Território, vocacionado para o estabelecimento de orientações estruturantes para todo o território nacional;
- A criação de planos intermunicipais de ordenamento do território, permitindo aos municípios definirem estratégicas territoriais conjuntas;
- A criação dos planos sectoriais, enquanto modo de expressão da incidência territorial das políticas sectoriais.

No desenvolvimento da lei de bases de 2014[2], o novo regime jurídico dos instrumentos de gestão territorial (novo RJIGT)[3] mantém os conceitos de sistema de gestão territorial e de instrumentos de gestão territorial, assim como a generalidade dos tipos de instrumentos de gestão territorial existentes, mas substitui a classificação desses instrumentos em função da sua natureza por uma distinção básica entre programas territoriais e planos territoriais, assente no critério da vinculação direta e imediata dos particulares, reservada aos planos territoriais.

## 4. A conceção dos instrumentos de política sectorial como programas territoriais

Como foi referido, a grande novidade da lei de bases de 2014 e do novo RJIGT, no que respeita à tipologia dos instrumentos de gestão territorial, consiste na distinção entre programas territoriais e planos territoriais: tanto os programas como os planos vinculam as entidades públicas, mas apenas os planos podem vincular de forma direta e imediata os particulares.[4]

[2] Lei n.º 31/2014, de 30 de maio, que estabelece as bases gerais da política pública de solos, de ordenamento do território e de urbanismo.

[3] Decreto-Lei n.º 80/2015, de 14 de maio.

[4] Interessa refletir sobre o que significa "vinculação de entidades públicas" e "vinculação direta e imediata dos particulares":

Nos termos do artigo 38.º, n.º 1, alínea a), da lei de bases de 2014, os programas podem ser de dois tipos:

- Instrumentos de definição do quadro estratégico do desenvolvimento e organização do território (os anteriores instrumentos de desenvolvimento territorial);
- Instrumentos de definição da incidência espacial de políticas nacionais.

É nesta última vertente que se enquadram tanto os programas sectoriais como os programas especiais. A lei de bases de 2014 e o novo RJGIT aproximam estas figuras, harmonizando o seu regime de vinculação e estabelecendo um regime quase idêntico de integração das suas normas nos planos territoriais.

Assim, encontramos no sistema de gestão territorial duas componentes:

- Um eixo central, constituído por instrumentos de carácter geral – o Programa Nacional da Política de Ordenamento do Território, os programas regionais, os planos intermunicipais e municipais –, o que corresponde à cadeia entre instrumentos de desenvolvimento territorial e instrumentos de planeamento territorial, na tipologia da lei de bases anterior;
- Instrumentos de carácter especial – os programas sectoriais, especiais e intermunicipais –, que concretizam a incidência territorial de determinadas políticas sectoriais do Estado ou tratam de áreas específicas do território.

– A vinculação de entidades públicas consiste, desde logo, na autovinculação da entidade responsável pela aplicação do programa (designadamente, no que respeita ao exercício de poderes discricionários) e na heterovinculação de outras entidades públicas, criando para estas um dever de ponderação e integração das disposições do programa territorial na elaboração dos respetivos instrumentos de gestão territorial; em caso de discordância, devem propor a ratificação do plano ou programa em elaboração, de modo que o programa anterior seja alterado, assegurando assim a coerência do sistema;
– A "vinculação direta e imediata dos particulares" parece traduzir a regulação direta de atividades (designadamente, operações urbanísticas), quer sejam promovidas pelos particulares, quer por entidades públicas (o facto de os procedimentos de controlo prévio de operações urbanísticas públicas serem dispensados ou aligeirados não isenta essas atividades da regulação do uso do solo estabelecida nos planos urbanísticos).

Pode dizer-se que tanto os programas sectoriais como os programas especiais são, simultaneamente, especiais (não constituem os instrumentos-regra de gestão territorial e tratam de áreas específicas do território) e sectoriais (exprimem territorialmente políticas sectoriais).

Estes programas contêm, por isso, duas dimensões de regulação distintas:

- Por um lado, são instrumentos de planeamento sectorial, definindo as opções de política sectorial em questão (artigos 40.º, alíneas a) e b), e 44.º, n.º 3, do novo RJIGT);
- Mas são, desde logo, instrumentos de gestão territorial, definindo a incidência territorial dessas políticas (artigos 40.º, alíneas c) e d), e 44.º, n.º 2, do novo RJIGT).

Essas funções estão interligadas – e têm de ser coerentes – mas, em abstrato, são funções distintas: a política sectorial (e a regulação das atividades sectoriais) pode existir independentemente da regulação territorial. A regulação (designadamente, a regulação territorial) é o resultado das opções de política sectorial, e não o contrário.

Assim, das opções de política sectorial podem decorrer duas formas diferentes de regulação direta de atividades:

- Regulação de atividades com *incidência territorial urbanística* (utilizando a expressão empregue no n.º 5 do artigo 3.º do novo RJIGT), que, em síntese, se traduzem em operações urbanísticas;
- Regulação de atividades *sem incidência territorial urbanística*, ou seja, todas as que não constituam operações urbanísticas.

No caso dos programas especiais, a previsão dos "regulamentos de gestão" (n.º 3 do artigo 44.º do novo RJIGT) traduz essa dupla dimensão. Contudo, apesar da falta de uma figura idêntica nos programas sectoriais, nada parece obstar à adoção de regulamentos administrativos relativos a atividades "não urbanísticas", sobretudo, quando estes regulamentos tenham fundamento legal (v., por exemplo, o regulamento previsto no artigo 27.º da Lei da Água[5]); ao

[5] Lei n.º 58/2005, de 29 de dezembro.

contrário das normas "com incidência territorial urbanística", que carecem de transposição para os planos municipais, as normas que regulam outras atividades (por ex., gestão florestal, uso da água, atividades de animação turística, plantações, e exercício de atividades não urbanísticas em geral) devem ter efeito vinculativo direto dos particulares (até porque não são suscetíveis de integração nos planos municipais), sob pena de deixarem esses interesses públicos sem tutela.

Com efeito, os programas sectoriais e os programas especiais não possuem um conteúdo meramente programático: podem estabelecer diretivas ou orientações, objetivos e medidas de gestão, mas podem também determinar a adoção de normas de regulação de atividades (designadamente, de atividades com ou sem *incidência territorial urbanística*). A única especificidade é que essa regulação não é estabelecida diretamente: as normas de regulação urbanística carecem de transposição para os planos municipais para vincularem diretamente os particulares; as normas de regulação de outras atividades são estabelecidas por regulamento próprio (no caso dos programas sectoriais, os regulamentos próprios previstos nas respetivas leis sectoriais).

Assim, o que mais diferencia os programas sectoriais e especiais não é tanto a sua natureza ou o seu regime, mas a intensidade da relação com o território, que podemos associar ao tipo de política sectorial a que correspondem potencialmente: no caso dos programas sectoriais, políticas sectoriais socioeconómicas; no caso de programas especiais, políticas sectoriais de índole territorial.

## 5. Dificuldades de um modelo de integração territorial de políticas assente em programas sectoriais

O objetivo da criação da figura do plano sectorial – que passou, entretanto, a ser denominado "programa", mas que manteve no essencial a sua configuração – foi estabelecer um mecanismo específico de integração das diversas políticas sectoriais do Estado no sistema de gestão territorial.

Correspondendo a esse objetivo, o legislador criou alguns tipos de planos sectoriais (por ex., Rede Natura 2000, recursos hídricos, riscos). Porém, na maioria dos casos, os programas sectoriais criados são relativos a políticas sectoriais de índole territorial e procedem das áreas governativas do ambiente e ordenamento do território, no âmbito do mesmo ministério. Fora dessas áreas, a adesão à figura do plano sectorial (e, agora, do programa sectorial) tem sido praticamente nula.

Dada a novidade da figura do plano sectorial – e procurando abranger a multiplicidade de instrumentos de política sectorial com efeitos no território então existentes –, a lei de bases de 1998 e o regime jurídico dos instrumentos de gestão territorial (RJIGT)[6] criaram uma previsão ampla, dispondo que *"são considerados planos sectoriais"* diversos tipos de instrumentos de política sectorial, designadamente:

- Instrumentos de carácter estratégico (os programas e as estratégias de desenvolvimento respeitantes aos diversos sectores da administração central);
- Instrumentos normativos de regulação (planos de ordenamento sectorial e regimes territoriais emitidos ao abrigo de lei especial);
- Instrumentos de carácter concreto (decisões relativas à localização de empreendimentos públicos);

O novo RJIGT manteve esta norma, retirando apenas do elenco os "planos de ordenamento sectorial".

No entanto, a lei não define o que implica um determinado instrumento de política sectorial *ser considerado programa sectorial*:

- Significa que todos esses instrumentos passam a estar obrigatoriamente sujeitos ao regime dos planos/programas sectoriais? Aos instrumentos futuros ou também aos existentes? E deixam de vincular diretamente os particulares na totalidade ou apenas em relação às normas relativas a operações urbanísticas? E as normas sem relevância territorial carecem de integração nos planos municipais para vincularem os particulares?
- Ou limita-se, antes, a conferir a possibilidade de esses instrumentos serem aprovados sob a forma de plano/programa sectorial – ou

[6] Decreto-Lei n.º 380/99, de 22 de setembro.

convertidos como tal – podendo assim beneficiar do efeito vinculativo de entidades públicas no âmbito do sistema de gestão territorial?

O certo é que, quase 20 anos decorridos sobre a lei de bases de 1998, os planos/programas sectoriais não lograram afirmar-se como um meio normal de integração territorial de políticas sectoriais, permanecendo confinados aos casos em que está legalmente prevista a sua adoção.

Por outro lado, as servidões administrativas e as restrições por utilidade pública mantêm grande autonomia em relação ao sistema de gestão territorial, apesar da tendência para a sua progressiva integração – de que é exemplo a sua previsão nos artigos 11.º e 33.º da lei de bases de 2014 – com a sua delimitação nos planos municipais e da possibilidade de, no âmbito estes planos, serem propostas derrogações.

As razões pelas quais as diversas entidades públicas – especialmente, no âmbito das políticas sectoriais socioeconómicas – continuam a não recorrer à figura do programa sectorial parecem ser as seguintes:

- Perda do efeito de "vinculação direta dos particulares", incluindo a possibilidade de regulação de atividades não urbanísticas (o regime dos programas sectoriais não contém a previsão expressa de "normas de gestão" aplicáveis diretamente aos particulares);
- Disponibilidade de instrumentos alternativos de condicionamento do uso do solo (servidões administrativas e restrições por utilidade pública);
- Perda de poder decorrente da sujeição das opções de política sectorial a uma concertação territorial;
- Rigidez dos planos municipais e tempos de elaboração distintos entre os instrumentos sectoriais e os instrumentos de gestão territorial.

Assim, apesar dos progressos e da existência de mais planos/programas sectoriais, continua a existir um universo amplo e indefinido de instrumentos de política sectorial com incidência territorial. O objetivo da integração das políticas sectoriais através de programas sectoriais só foi atingido nos casos expressamente previstos por lei (geralmente, políticas de índole territorial).

A ponderação territorial das políticas sectoriais continua a ser feita, em grande medida, no âmbito dos procedimentos de elaboração ou revisão de programas e planos gerais (Programa Nacional da Política de Ordenamento do Território, programas regionais, programas intermunicipais e planos diretores municipais).

## 6. Caminhos para a integração de políticas sectoriais no território

O ordenamento do território não pode ser reduzido a uma mera compatibilização especial de atividades, devendo antes traduzir opções de desenvolvimento integrado.

No entanto, o sistema de gestão territorial limita-se à regulação de efeitos no território e, em especial, à regulação do uso do solo para fins urbanísticos.

Assim, a integração de objetivos de política sectorial nos instrumentos de gestão territorial deve atender à relevância territorial e à necessidade de tutela das mesmas no âmbito do sistema de gestão territorial, seja no plano estratégico, da organização do território, seja no plano regulamentar, da regulação dos usos do solo.

Ao contrário do que sucede com as políticas sectoriais de índole territorial – cujo objeto são determinados tipos de territórios –, nas políticas de índole socioeconómica, nem sempre é necessário dispor diretamente sobre o território, bastando a regulação de atividades "não urbanísticas", nos termos das respetivas leis sectoriais.

Assim, a integração territorial das políticas sectoriais pode assumir dois caminhos distintos:

- Elaboração de um programa sectorial, vinculando as demais entidades públicas no âmbito do sistema de gestão territorial (estabelecimento de orientações e diretrizes a ponderar nos diferentes níveis da política de OT, ou de condicionamentos para regulação do uso do solo, a integrar nos planos territoriais);
- Mera participação nos procedimentos de elaboração ou revisão de instrumentos de gestão territorial (designadamente nos de índole geral, como o PNPOT, o PROT ou o PDM), consoante a expressão

territorial e a escala em questão, no sentido de serem tidos em conta os planos e programas sectoriais existentes e em preparação, as atividades e investimentos realizados ou os condicionamentos de uso do solo a observar (por ex., servidões administrativas existentes ou em preparação).

Na ponderação da opção a tomar, deve ter-se presente o princípio de que a produção de efeitos vinculativos em matéria ordenamento do território e de urbanismo – para as entidades públicas ou também para os particulares – apenas pode proceder no âmbito do sistema de gestão territorial. As restrições por utilidade pública e as servidões administrativas ainda constituem uma exceção a este princípio, mas a tendência é a da sua progressiva integração no sistema, seja através de programas territoriais (sectoriais, especiais, ou dos instrumentos de gestão territorial gerais), seja pela concretização das suas disposições regulamentares nos planos territoriais.

Para maior desenvolvimento das ideias expostas na presente intervenção e dos respetivos fundamentos, consulte-se o artigo «Programas sectoriais e programas especiais, que relevo e que futuro?», *in* FERNANDA PAULA OLIVEIRA (coord.), *Ordenamento do território, urbanismo e cidades. Que rumo?*, Almedina, Coimbra, 2017, pp. 273 e ss.

# Os planos territoriais: que desafios?

*Cristina Guimarães,*
*Diretora de Serviços do Ordenamento do Território da CCDR-N*

## I – Introdução

A atual Lei de Bases Gerais da Política Pública de Solos, de Ordenamento do Território e de Urbanismo (LBPPSOTU) aprovada pela 31/2014, de 30 de Maio[1] e o Regime Jurídico de Instrumentos de Gestão Territorial (RJIGT), aprovado pelo Decreto-Lei n.º 80/2015, de 14 de Maio, vieram alterar significativamente o quadro legal do Ordenamento do Território, designadamente alguns dos seus paradigmas. As expansões urbanas e a reclassificação do solo (de rústico para urbano), passaram a assumir-se como verdadeiramente excepcionais e, mais importante, pôs-se termo à categoria de solos urbanizáveis, que tanto contribuiu para o (des)ordenamento do território nas últimas décadas.

A aplicação deste novo quadro legal constitui, por isso, um motivante desafio para todos aqueles que têm como tarefa contribuir para um correcto (e, diria mesmo) responsável exercício de planeamento. Neste contexto, os planos territoriais (municipais ou intermunicipais) têm o papel de protagonistas neste novo cenário.

[1] Alterada pela Lei n.º 74/2017, de 16 de Agosto.

## II – O cenário existente antes da lei de bases da política pública dos solos, do ordenamento do território e do urbanismo (LBPPSOTU)

Todos temos conhecimento, uns mais aprofundado outros mais superficial, do estado do ordenamento do território antes da mudança do quadro legal, que se iniciou com a publicação LBPPSOTU.

Com efeito, o diagnóstico estava traçado há muito tempo. E se bem que me integre no grupo daqueles que mais de que culparem as imperfeições das soluções legislativas do anterior quadro legal, nomeadamente do anterior Regime Jurídico dos Instrumentos Gestão Territorial, atribui os principais constrangimentos à incorrecta aplicação do referido quadro – à *praxis*[2], – certo é que o estado de arte do processo de planeamento municipal estava, se não falido, pelo menos muito perto do seu esgotamento.

Desde logo, porque havia a convicção de que a primeira função – preterindo a sua principal função de delinear estratégias – do Plano Director Municipal era a de tudo regulamentar, mesmo matérias que não integravam – nem de perto, nem de longe – o conteúdo material destes instrumentos de planeamento.

Essa reconhecida excessiva regulamentação levou a uma rigidez das normas, que tudo pretendiam regulamentar, mas não previam aquilo que não era previsível e eliminavam a possibilidade de os municípios plasmarem no seu plano director mecanismos flexíveis[3] e de adaptação às novas realidades, evitando, por essa via, que este fosse um instrumento dinâmico[4].

Pelo contrário, o planeamento era de tal forma estático, que assistimos a situações de quase paralisia deste, especialmente evidenciado nos processos de revisão dos planos diretores municipais que duravam mais do que o tempo de vigência previsto na lei, ou seja, dez anos.

Por seu turno, a monitorização do nível de execução dos planos municipais foi totalmente descurada, sendo as situações em que existiam indicadores

[2] *"A Dinâmica dos Instrumentos de Gestão Territorial de Âmbito Municipal/Crónica de uma Morte Anunciada"*, Cristina Guimarães *in "Direito do Urbanismo e do Ordenamento do Território – Estudos, Volume I"*, Almedina, 2012.

[3] Como por exemplo os Empreendimentos de Carácter Estratégico.

[4] Vd Fernanda Paula Oliveira *in "Regime Jurídico dos Instrumentos de Gestão Territorial, Comentado"*, Almedina 2012, comentário 8 ao artigo 85.º, páginas 313 e seguintes.

que permitiam a elaboração de relatórios de estado do ordenamento do território – documento este que encontrava previsão legal já no anterior RJIGT – extremamente raras.

Ora, sem monitorização há, necessariamente, ausência de avaliação o que, por sua vez, impede a correcção do rumo quando ele se desviava do traçado.

E ainda a acrescer a este negro cenário, há que reconhecer que a aposta feita na programação da execução das grandes opções do plano era, na maioria das vezes, muito incipiente, o que conduziu a uma indesejada ineficácia na execução. Recordemos, a título meramente exemplificativo, o elevadíssimo número de planos de pormenor e de unidades de execução que nunca chegaram a atingir o seu objectivo, ou seja, promover a concretização das unidades operativas de planeamento e gestão.

Porém, o maior constrangimento de todos era, sem margem de dúvidas, o excesso de espaços urbanizáveis, com a agravante de estes – ao se tornarem expectantes – constituírem um fortíssimo motor de especulação imobiliária.

Repetidas vezes afirmo publicamente que o planeamento era, muitas das vezes, uma tarefa de «pintar» ao sabor dos ventos e das vontades. Era um planeamento dissociado do compromisso financeiro. Era um planeamento, em muitos casos, pouco responsável. E, como tal, era um planeamento que, muitas das vezes, *"não saía do papel"*. E se bem que no anterior quadro legal a reclassificação de solo rural como solo urbano já assumisse à época um carácter verdadeiramente excepcional, a *praxis* – mais uma vez – não era essa.

Assim, assistimos à classificação como espaços urbanizáveis de territórios que nunca vieram a adquirir qualquer característica de urbanos, mantendo a sua matriz rural intacta.

## III – A lei de bases da política pública dos solos, do ordenamento do território e do urbanismo

Em 2014 – há mais de quatro anos, portanto -, foi publicada a Lei n.º 31/2014, de 30 de Maio, que veio estabelecer as bases gerais da política pública de solos, de ordenamento do território e de urbanismo, criando um novo paradigma na classificação dos solos.

Com efeito, aí se determinou[5], no que a este importante ponto se refere, que:

> *"1 — A classificação do solo determina o destino básico do solo, com respeito pela sua natureza, e assenta na distinção entre solo rústico e solo urbano.*
> *2 — Para efeitos do disposto no número anterior, entende -se por:*
> *a) «Solo rústico», aquele que, pela sua reconhecida aptidão, se destine, nomeadamente, ao aproveitamento agrícola, pecuário, florestal, à conservação, valorização e exploração de recursos naturais, de recursos geológicos ou de recursos energéticos, assim como o que se destina a espaços naturais, culturais, de turismo, recreio e lazer ou à proteção de riscos, ainda que seja ocupado por infraestruturas, e aquele que não seja classificado como urbano;*
> *b) «Solo urbano», o que está total ou parcialmente urbanizado ou edificado e, como tal, afeto em plano territorial à urbanização ou à edificação; (...)"*

Sendo que, adiante, no artigo 71.º, sob a epígrafe de avaliação do solo urbano, se prescreve:

> *"(...) 2 — A avaliação do solo urbano atende:*
> *a) Ao valor correspondente ao aproveitamento ou edificabilidade concreta estabelecidos pelo plano aplicável ou, na sua ausência, ao valor referente à edificabilidade média definida no plano territorial de âmbito intermunicipal ou municipal, deduzidos os valores de cedência média por via perequativa, nos termos legais;*
> *b) Ao valor do edificado existente no seu estado actual bem como, quando seja esse o caso, o valor dos ónus e deveres previstos para realização da edificabilidade concreta prevista no plano territorial de âmbito intermunicipal ou municipal.(...)"*

Pretendeu-se pois, de um modo muito frontal, acabar com o solo urbanizável que constituía, como sabemos, uma fatia fortíssima – e manifestamente exagerada – dos perímetros urbanos vigentes e que potenciava,

[5] Artigo 10.º.

subsequentemente, a especulação imobiliária. Isto porque, como é consabido, bastava que parte de um território fosse «pintado» como espaço urbanizável, para que este, sem que qualquer esforço lhe fosse exigido na sua infraestruturação, visse o seu valor incrementado de modo desmesurado.

O Ordenamento do Território conviveu com esta realidade durante longos anos e era do conhecimento de todos, como dissemos atrás, que os perímetros urbanos excediam de forma totalmente desproporcionada as necessidades das populações ou de qualquer estratégia municipal, por muito expansionista que esta fosse. Daí que o momento em que a Lei de Bases da Politica Pública dos Solos, Ordenamento do Território e do Urbanismo, doravante abreviadamente designada LBPPSOTU, tivesse sido importante, pois com a crise financeira e económica que intensamente se vivia à época, e, por consequência, com a «baixa» do mercado imobiliário, associada a um decréscimo demográfico que há muito não se assistia em Portugal, tornasse particularmente evidente a necessidade de alterar o paradigma.

Assim, naquele momento e nas circunstâncias que se viviam, decidiu o legislador avançar, definitivamente, para uma política de contenção dos perímetros urbanos e promoção da reabilitação do edificado, por justa contraposição às politicas expansionistas e da nova construção, políticas estas que nos últimos anos haviam trazido resultados verdadeiramente nefastos para as nossas cidades e paisagens, nomeadamente com a evidência de muito edificado por concluir, cujos esqueletos «ferem» qualquer política de cidades que se queira prosseguir.

## IV – O novo regime jurídico dos instrumentos de gestão territorial

### a. *A classificação de solos* ex novo

Deixando o passado, centremo-nos agora no presente e nos diplomas que vieram «colorir» os conceitos de classificação de solos prevista na LBPPSOTU. Referimo-nos, claro, ao Novo Regime Jurídico dos Instrumentos de Gestão Territorial (doravante abreviadamente designado NRJIGT), aprovado pelo Decreto-Lei n.º 80/2015, de 14 de Maio e ao Decreto Regulamentar n.º 15/2015, de 19 de Agosto, que veio estabelecer os critérios de classificação e reclassificação do solo, bem como os critérios de qualificação e as categorias do solo rústico e do solo urbano em função do uso dominante, aplicáveis a todo o território nacional.

De acordo com o primeiro diploma legal, mais concretamente seguindo o disposto no seu artigo 71.º:

> *"1 — A classificação do solo determina o destino básico dos terrenos, assentando na distinção fundamental entre solo urbano e solo rústico.*
> *2 — Os planos intermunicipais ou municipais classificam o solo como urbano ou rústico, considerando como:*
>> *a) Solo urbano, o que está total ou parcialmente urbanizado ou edificado e, como tal, afeto em plano territorial à urbanização ou edificação;*
>> *b) Solo rústico, aquele que, pela sua reconhecida aptidão, se destine, nomeadamente, ao aproveitamento agrícola, pecuário, florestal, à conservação, à valorização e à exploração de recursos naturais, de recursos geológicos ou de recursos energéticos, assim como o que se destina a espaços naturais, culturais, de turismo, recreio e lazer ou à proteção de riscos, ainda que seja ocupado por infraestruturas, e aquele que não seja classificado como urbano."*

Temos, pois, mais uma vez, a consagração dos novos conceitos de solo urbano e de solo rústico, sendo o primeiro aquele que está total ou parcialmente urbanizado ou edificado e que, cumulativamente, esteja afeto em plano territorial à urbanização ou edificação, e, o segundo, todo o restante, dado o carácter residual constante do segmento da norma contida na alínea b) *in fine*.

A primeira questão que se colocou foi, desde logo, o que é que deveria ser considerado como parcialmente urbanizado ou edificado, para efeitos de classificação do solo como urbano. Como a criatividade do intérprete assume, por vezes, níveis galopantes, este conceito aberto podia, em limite, significar tudo ou nada.

Tal preenchimento veio, todavia, a ser feito pelo Decreto Regulamentar n.º 15/2015, de 19 de Agosto, que no seu artigo 7.º dispõe:

> *"3 — A classificação do solo como urbano observa, cumulativamente, os seguintes critérios:*
>> *a) Inserção no modelo de organização do sistema urbano municipal ou intermunicipal;*

*b) Existência de aglomerados de edifícios, população e atividades geradoras de fluxos significativos de população, bens e informação;*
*c) Existência de infraestruturas urbanas e de prestação dos serviços associados, compreendendo, no mínimo, os sistemas de transportes públicos, de abastecimento de água e saneamento, de distribuição de energia e de telecomunicações, ou garantia da sua provisão, no horizonte do plano territorial, mediante inscrição no respetivo programa de execução e as consequentes inscrições nos planos de atividades e nos orçamentos municipais;*
*d) Garantia de acesso da população residente aos equipamentos de utilização coletiva que satisfaçam as suas necessidades coletivas fundamentais;*
*e) Necessidade de garantir a coerência dos aglomerados urbanos existentes e a contenção da fragmentação territorial.*
*4 — Na aplicação dos critérios referidos nas alíneas c) e d) do número anterior devem ser adotadas soluções apropriadas às características e funções específicas de cada espaço urbano.*
*5 — Com base nos critérios fixados no presente artigo devem ser delimitadas as áreas de solo urbano, que correspondem aos perímetros urbanos.*" (nosso sublinhado)

Foram, portanto, estes critérios que a Comissão de Coordenação e Desenvolvimento Regional do Norte (CCDRN) veio a utilizar para aplicar os novos conceitos de classificação de solos aos planos municipais (ou intermunicipais, que, naturalmente à época, inexistiam e continuam, no momento, a inexistir) de ordenamento de território cujo procedimento – de elaboração, alteração ou revisão – se encontrasse pendente a 29 de Junho de 2015, assim dando estrito cumprimento não só ao disposto no controvertido artigo 82.º da LBPPSOTU, mas também ao disposto no artigo 199.º do NRJIGT que determinava:

"*1 — As regras relativas à classificação dos solos são aplicáveis nos termos do artigo 82.º da lei bases de política pública de solos, do ordenamento do território e urbanismo.*
*2 — Sem prejuízo do disposto no número anterior, os planos municipais ou intermunicipais devem, no prazo máximo de cinco anos após a entrada em vigor do presente decreto -lei, incluir as regras de classificação e qualificação previstas*

> *no presente decreto -lei, sob pena de suspensão das normas do plano territorial que deveriam ter sido alteradas, não podendo, na área abrangida e enquanto durar a suspensão, haver lugar à prática de quaisquer atos ou operações que impliquem a ocupação, uso e transformação do solo."*

Abordado o regime transitório do NRIGT debrucemo-nos agora sobre a forma de adaptação aos novos conceitos de classificação de solo urbano e solo rústico.

No caso da Região Norte esta aprendizagem teve de ser feita de forma acelerada, pois logo após 29 de Junho de 2015, mesmo antes da entrada do NRJIGT, já se encontrava agendada a reunião da comissão de acompanhamento de um plano director municipal cujo objectivo era terminar a revisão (leia-se, ver a revisão aprovada em assembleia municipal, antes de 13 de Julho de 2015, prazo da entrada em vigor do novo RJIGT). Diremos mesmo que na Região Norte já há sete planos directores municipais que concluíram as suas revisões ao abrigo dos novos conceitos. Também, é de realçar que se encontram actualmente em revisão na Região Norte treze Planos Directores Municipais, revisões estas que seguem já os novos conceitos de classificação.

Sem prejuízo da diversidade das situações com que fomos confrontados no curto prazo, é muito importante reter que a adaptação aos novos conceitos se fez/faz *ex novo*.

O que queremos dizer com isto?

Queremos dizer que o exercício que se impõe para adaptar os planos municipais aos novos conceitos é, num primeiro momento, olhar para o território e verificar qual é que reúne características de urbano, de acordo com os critérios previstos no artigo 7.º do Decreto Regulamentar n.º 15/2015, de 19 de Agosto. Esta leitura tem de ser totalmente independente da classificação que tais territórios tenham nos actuais planos. Ou seja, a maioria das vezes fomos confrontados com solos integrados no perímetro urbano que não tinham características de urbanos, sendo obrigados a transmitir que estes deveriam passar, por princípio, a integrar a classe dos solos rústicos. Mas por vezes sucedeu o contrário, ou seja, olhámos para o território e constatamos que solos classificados como solo rural, tinham hoje características de urbano e que, como tal, deviam assumir esta classificação. Também não foram poucas as vezes em que, confrontados com a dificuldade de afastamento das «cores» da planta de ordenamento, nos era dito que a revisão estava a diminuir drasticamente os perímetros urbanos, ao que retorquíamos que tal redução não decorria de uma opção do município, mas tão só de uma adaptação ao novo conceito de solo urbano, que ao não incluir mais os solos urbanizáveis naturalmente implicaria uma clara diminuição dos perímetros.

Num segundo momento, e porque o planeamento não pode nem deve resumir-se ao retrato da situação existente, deve o Município ponderar as diferentes opções de expansão e fazer escolhas responsáveis. Isto porque, conforme é referido no artigo 7.º do Decreto Regulamentar n.º 15/2015, de 19 de Agosto, o Município deve classificar como urbano os solos que cumpram com os requisitos previstos nas várias alíneas do seu n.º 2, ou, no caso da alínea c), que se refere à existência de infraestruturas urbanísticas, pode classificar como urbanos solos que não disponham destas, mas em que haja a garantia da sua provisão, no horizonte do plano territorial, mediante inscrição no respetivo programa de execução e as consequentes inscrições nos planos de atividades e nos orçamentos municipais. Assim, não fica o Município cingido, na adaptação aos novos conceitos de classificação de solos, àquilo que exista com essas características, podendo fazer a opção de classificar como urbano aqueles solos que não se encontram infraestruturados, desde que o faça de forma responsável, ou seja, desde que demonstre, na nossa opinião, de modo inequívoco, que tais solos virão a adquirir essas características.

Classificação *ex novo* significa, portanto, que estamos a fazer uma classificação nova, que se tem de desprender da classificação vigente nos actuais planos. Dito de outro modo, significa que o classificarmos como urbano um solo rural que entretanto adquiriu características de urbano, nada tem a ver com reclassificação, mas sim com adaptação às novas regras de classificação dos solos. Que o classificarmos como urbano um solo que não cumpre com as infraestruturas previstas na alínea c) do n.º 2 do artigo 7.º do Decreto Regulamentar n.º 15/2015, de 19 de Agosto, e que, como tal deveria integrar o solo rústico, nada tem a ver com reclassificação, mas sim com o compromisso de dotar esse solo da infraestruturação necessária à classificação de urbano. Classificar *ex novo* significa, numa última abordagem, que temos de deixar de olhar para a planta de ordenamento e passar a olhar para o território e para as suas características e aplicar os novos conceitos e as novas regras.

Desejavelmente esta classificação *ex novo* deveria ser efectuada em sede de processo de revisão[6], como está a suceder em relação a vários municípios da Região Norte. Isto porque só este processo permite ter uma visão global e integrada do território, viabilizando assim opções de expansão (ou de redelimitação de perímetros sem expansão) devidamente ponderadas.

No entanto, também defendemos de modo totalmente convicto que os procedimentos de revisão que se iniciem para dar cumprimento tão só e apenas a esta obrigação legal devem ser encarados como procedimentos atípicos. De facto, a Região Norte tem praticamente todos os Municípios dotados de PDM de 2.ª geração, sendo até que muitos deles se concluíram ao abrigo do Regime Transitório da LBPPSOTU, ou seja, terminaram em Junho de 2015. Ora, é para nós impensável que se exija, no âmbito de um procedimento que visa tão só incorporar os novos conceitos e em que a estratégia municipal se mantém perfeitamente actual, não determinando novas opções urbanísticas, que se imponha toda as exigências que decorrem de um normal procedimento de revisão, quer ao nível formal, quer ao nível substantivo. É para nós perfeitamente defensável que um município que delimitou a Reserva Ecológica Nacional (REN) em 2015 não seja obrigado a fazê-lo novamente. Daí que defendamos que estes procedimentos de revisão quando se refiram a PDM revistos recentemente, devem seguir a tramitação da revisão, com as necessárias adaptações.

Mas, voltando à classificação dos solos:

Há que ter ainda em conta na classificação de solos urbanos que haverá situações que não obstante devessem, face às novas regras, ser classificadas como solo rústico, não o devem ser por razões de mera sensatez e equilíbrio na estruturação territorial. A necessidade de estruturar o território dita-nos que a melhor solução para uma bolsa de terrenos não infra-estruturada que se encontra no miolo de um perímetro urbano, não é necessariamente a sua classificação como solo rústico. Isto porque não podemos, nem tão pouco devemos, separar tal bolsa de terrenos da sua envolvente[7]. O mesmo se diga da situação inversa: a dotação de uma parcela de terreno isolada em solo

[6] No mesmo sentido leia-se Fernanda Paula Oliveira e Jorge Carvalho *in* Classificação do Solo no Novo Quadro Legal, Almedina, 2016, pag. 27.

[7] Idem, pag.15.

rústico com infra-estruturas urbanísticas, não pode nem deve ser considerada como suficiente para classificar tal parcela como urbana, pois não se dá cumprimento, na nossa opinião, às alíneas a) e b) do n.º 3 do artigo 7.º do já referido Decreto Regulamentar n.º 15/2015, de 19 de Agosto, na medida em que em que tal parcela não se insere no modelo de organização do sistema urbano municipal e/ou, porque inexistem aglomerados de edifícios, população e actividades geradoras de fluxos significativos de população, bens e informação. Como estas situações outras similares poderão surgir e deverão, na nossa opinião, ter um tratamento casuístico e não cego, pois a tarefa de planear nunca foi nem nunca será linear.

b. *A reclassificação de solos ao abrigo do disposto no artigo 72.º do NRJIGT*

Passemos agora à figura da reclassificação, mais concretamente à reclassificação de solo rústico em urbano. Dispõe o artigo 72.º do NRJIGT que:

> *"1 — A reclassificação do solo rústico para solo urbano tem caráter excecional, sendo limitada aos casos de inexistência de áreas urbanas disponíveis e comprovadamente necessárias ao desenvolvimento económico e social e à indispensabilidade de qualificação urbanística, traduzindo uma opção de planeamento sustentável em termos ambientais, patrimoniais, económicos e sociais.*
> *2 — Nos termos do disposto no número anterior, a reclassificação do solo como urbano deve contribuir, deforma inequívoca, para o desenvolvimento sustentável do território, obrigando à fixação, por via contratual, dos encargos urbanísticos das operações, do respetivo prazo de execução e das condições de redistribuição de benefícios e encargos, considerando todos os custos urbanísticos envolvidos.*
> *3 — A demonstração da sustentabilidade económica e financeira da transformação do solo deve integrar os seguintes elementos:*
> *a) Demonstração da indisponibilidade de solo urbano, na área urbana existente, para a finalidade em concreto, através, designadamente, dos níveis de oferta e procura de solo urbano, com diferenciação tipológica quanto ao uso, e dos fluxos demográficos;*
> *b) Demonstração do impacto da carga urbanística proposta, no sistema de infraestruturas existente, e a previsão dos encargos necessários ao seu reforço, à execução de novas infraestruturas e à respetiva manutenção;*

*c) Demonstração da viabilidade económico financeira da proposta, incluindo a identificação dos sujeitos responsáveis pelo financiamento, a demonstração das fontes de financiamento contratualizadas e de investimento público.*

*4 — A reclassificação do solo processa -se através dos procedimentos de elaboração, de revisão ou de alteração de planos de pormenor com efeitos registais, acompanhado do contrato previsto no n.º 2, e nos termos previstos no decreto regulamentar que estabelece os critérios uniformes de classificação e reclassificação do solo.*

*5 — O plano deve delimitar a área objeto de reclassificação e definir o prazo para execução das obras de urbanização e das obras de edificação, o qual deve constar expressamente da certidão do plano a emitir para efeitos de inscrição no registo predial.*

*6 — A reclassificação do solo que se destine exclusivamente à execução de infraestruturas e de equipamentos de utilização coletiva obedece aos critérios previstos nos n.ºs 1e 3 e processa -se através de procedimentos de elaboração, de revisão ou de alteração de planos territoriais, nos quais é fixado o respetivo prazo de execução.*

*7 — A alteração por adaptação, do plano diretor municipal ou do plano diretor intermunicipal, só deve ser realizada findo o prazo previsto no n.º 5 e desde que executadas as operações urbanísticas previstas no plano, seguindo o procedimento referido no artigo 121.º*

*8 — Findo o prazo previsto para a execução do plano, a não realização das operações urbanísticas previstas determina, automaticamente, a caducidade total ou parcial da classificação do solo como urbano, sem prejuízo das faculdades urbanísticas adquiridas mediante título urbanístico, nos termos da lei.*

*9 — Nas situações previstas no número anterior a câmara municipal deve, no prazo de 60 dias, iniciar procedimento de alteração ou de revisão do plano, de forma a garantir a coerência do modelo territorial."*

Este preceito legal que confere à reclassificação de solos rústicos em urbanos um carácter excepcional nunca antes visto, parte do pressuposto que a adaptação aos novos conceitos de classificação de solos já foi efectuada, e que, nessa medida, os solos urbanizáveis já terão sido «eliminados». Daí a grande preocupação do legislador em evitar que eles «regressem» através da figura da reclassificação avulsa. Vejamos então qual o grau de dificuldade que é imposto à futura reclassificação de solos rústicos como urbanos:

O primeiro requisito, da indisponibilidade de terrenos na área urbana existente, claramente evidencia que no momento da reclassificação já terá ocorrido a adaptação aos novos conceitos. Se assim não fosse, nos actuais planos municipais, conhecido que é o excesso de solo urbano, seria impossível demonstrar o cumprimento deste requisito, logo seria inviável qualquer processo de reclassificação de solo rústico em solo urbano.

A demonstração da viabilidade económico-financeira, a obrigatoriedade de elaboração de plano de pormenor com efeitos registais (que opera ao nível da execução do planeamento), a obrigação de celebração de contrato de urbanização com fixação das obrigações e prazo de conclusão, reportando a este a reclassificação do solo, que pode, caso as operações urbanísticas não se realizem, caducar, são todos eles elementos que visam, de forma muito clara, circunscrever a reclassificação às situações em que a conversão em solo urbano, leia-se com características de urbano se encontra total e inequivocamente garantida.

O número 6 do preceito prevê uma excepção para a reclassificação do solo que se destine exclusivamente à execução de infraestruturas e de equipamentos de utilização coletiva estipulando que esta obedece aos critérios previstos nos n.ºs 1 e 3, mas dispensando-a, todavia da elaboração de plano de pormenor com efeitos registais, processando-se, outrossim, através de procedimentos de elaboração, de revisão ou de alteração de planos territoriais, nos quais é fixado o respetivo prazo de execução. Esta situação compreende-se, pois trata-se de reclassificação destinada a fins públicos, por um lado, e por outro lado, tal reclassificação não fica dispensada do cumprimento das demais exigências, designadamente do cumprimento de um prazo de execução e da demonstração da viabilidade económica financeira.

## V – Conclusões

A incorporação dos novos conceitos de solo urbano e de solo rústico nos Planos Directores Municipais – processo que na Região Norte já é evidente por cobrir quase um quarto dos seus Municípios – vai permitir avançar para um novo paradigma no Ordenamento do Território.

Irá permitir, estamos em crer, implementar uma real política de contenção dos perímetros urbanos, promovendo – também – a regeneração e a reabilitação urbanas.

Evitará/diminuirá a fragmentação territorial e a edificação dispersa, potenciando actividade agro-florestal.

O novo regime económico-financeiro obrigará a «fazer contas antes de planear», a demonstrar a viabilidade económico-financeira da reclassificação de solo rústico em urbano, promovendo, por essa via, a gradual eliminação dos terrenos expectantes (classificados como urbanizáveis nos PDM de 1.ª e 2.ª geração, mas que de facto mantém a sua matriz rural), diminuindo a especulação imobiliária a eles associada.

Uma efectiva monitorização, permitirá avaliar e dessa avaliação decorrerá um planeamento mais esclarecido.

Toda esta mudança de paradigma abrirá portas, esperamos, a fenómenos tão actuais como o da adaptação às alterações climáticas, o das cidades inteligentes e dos territórios sustentáveis, o da economia circular, o da coesão territorial e social.

Por isso, julgamos que esta nova vaga de revisões – a que apelidamos de PDM de 3.ª geração – irá contribuir, em muito para o salto qualitativo que o Ordenamento do Território exigia há muito.

Termino com as mesmas sábias palavras que citei em tempos e que ora adapto: *"As novidades legislativas introduzidas pelo (...)* Novo Quadro legal (...) *têm todas as potencialidades para abrir portas a uma nova era de planeamento do território em Portugal, (...). O desafio está lançado...esperemos que se cumpra*[8]*"*.

Pela experiência que tenho vivido, estou convicta que se cumprirá!

[8] Fernanda Paula Oliveira, in *"Regime Jurídico dos Instrumentos de Gestão Territorial- Alterações do Decreto-Lei n.º 316/2007, de 19 de Setembro*, Almedina, 2008.

# CAPÍTULO II
# INSTRUMENTOS INOVADORES NA GESTÃO DO TERRITÓRIO

# Justiça Territorial: Transferência de edificabilidade como um instrumento para o equilíbrio e sustentabilidade do território

*Ana Queiroz do Vale,*
Urbanista, licenciada em Arquitetura e licenciada em Direito; pós-graduada em Direito do Ambiente, Ordenamento do Território e Urbanismo; doutoranda em Território, Riscos e Políticas Públicas

O exercício da atividade planificatória consagra por natureza consequências desigualitárias entre aqueles a quem se atribui benefícios ou oportunidades urbanísticas, e aqueles a quem se impõem encargos ou sacrifícios. Os planos globais, como é o caso de um plano diretor, enquanto normativo, integrador e vinculativo dos particulares, é o instrumento privilegiado para estabelecer equilíbrios entre todos os contribuintes e atores da economia territorial, devendo garantir igualdade na redistribuição de valor capturado na transformação e utilização do solo, ao valorizar o Capital Natural e possibilitando a remuneração dos serviços prestados pelos ecossistemas. Mecanismos de transferência de edificabilidade ou uma fiscalidade diferenciadora podem ser instrumentos reguladores deste equilíbrio e indutores de um novo modelo económico do território que assegure a incorporação do valor do Capital Natural.

**Palavras chave**: Justiça territorial; serviços dos ecossistemas; planos territoriais; transferência de edificabilidade;

## 1. O Ponto de Partida

O ponto de partida para a comunicação apresentada no I Congresso do Direito do Urbanismo, promovido pela Editora Almedina, foi o artigo de Alexandra Aragão (ARAGÃO 2011), nominado "*A natureza não tem preço...mas devia*", onde a autora afirma que "*é sabido que o valor de mercado dos recursos naturais não reflete corretamente o seu real valor: a floresta não vale só pela lenha, mobília ou pasta de papel que pode produzir, tal como o rio não vale só pelos peixes e pela água para abastecimento (...). Mas o real valor, social e ecológico, dos recursos naturais vai muito além do seu valor de mercado.*"

Por outro lado, o sistema de instrumentos de gestão territorial, e a natureza de cada um dos níveis de planeamento onde assumem especial relevância os planos territoriais, na designação da Lei de Bases da Política Pública do Solo, do Ordenamento do Território e do Urbanismo, estabelecida pela Lei n.º 31/2014 (LBPPSOTU), enquanto instrumento congregador das disposições que vinculam os particulares nas suas determinações de ocupação, uso e transformação do solo, sempre gera, pela sua natureza, desigualdades: nos sacríficos impostos a alguns e nas oportunidades (urbanísticas) concedidas a outros.

## 2. A Justiça Territorial

ARAGÃO (2016) sistematiza as diferentes tipologias de justiça que podem ser consideradas em matéria de serviços ecossistémicos, ou territoriais como se pretende definir, identificando:

- *Justiça distributiva, baseada na proporcionalidade do custo e do benefício, que garante a todos igual acesso aos benefícios dos serviços dos ecossistemas;*
- *Justiça comutativa, baseada no equilíbrio, que requer uma valoração apropriada e um justo pagamento/compensação para o capital natural aplicado em usos produtivos, considerando a apropriação dos serviços dos ecossistemas;*
- *Justiça retributiva, que pressupõe que nenhuma influência humana relevante – positiva ou negativa – nos serviços dos ecossistemas deva deixar de ter uma consequência legal;*

- *Justiça restaurativa, que considera ações corretivas a levar a cabo no caso de degradação ou perda de serviços dos ecossistemas;*
- *Justiça processual relacionada com a legitimação dos processos de decisão, essencialmente baseados na transparência e participação dos cidadãos.*

Para a questão que aqui se aborda, interessam, em primeira instância, a justiça distributiva, a comutativa e a retributiva.

Não podendo a justiça, nestas matérias, ser dissociada do território, e das opções que se tomam sobre a distribuição dos seus recursos, a formulação de um princípio de justiça distributiva, comutativa ou retributiva territorial estará em determinar o que cada um dos três critérios – necessidade, contribuição para o bem comum e mérito – significa no contexto de um conjunto de territórios. Mas a justiça territorial que cada região ou município define e reflete os valores éticos, de solidariedade, respeito e responsabilidade se defendem na produção social do território, assim como reflete uma especifica conceção de equidade em matéria territorial.

Ainda que possamos entender que a desigualdade é uma característica inerente ao plano, uma vez que só estabelecendo diferentes tipos de utilizações e de intensidades de uso do solo o plano cumpre a sua função de determinação do uso mais eficiente do solo, da sua classificação e qualificação, quer por *opção de planeamento, quer pelo conteúdo do seu aproveitamento por referência às potencialidades de desenvolvimento* (CORREIA 2008).

**Figura 1 –Formação dos planos territoriais, formação de desigualdades**

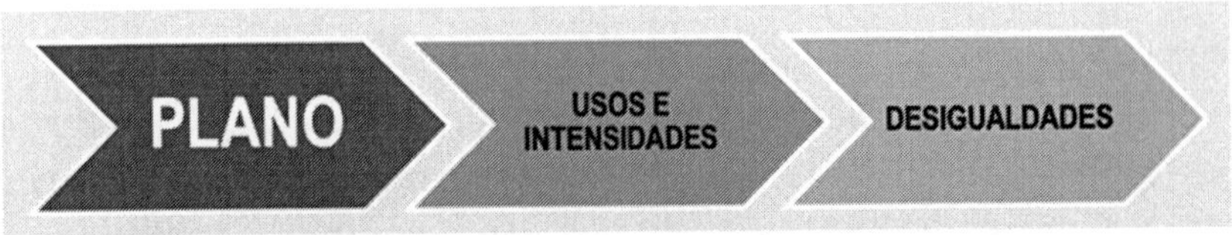


Para CORREIA (2011) *"a primeira impressão que ressalta do confronto entre plano urbanístico e o princípio da igualdade é a de que aquele constitui uma negação deste último. (...) O plano urbanístico tem carácter necessariamente discricionário e é fonte de desigualdades em relação aos proprietários dos imóveis por ele abrangidos"*, e para OLIVEIRA (2011) *"a discricionariedade de planeamento corresponde ao*

*mesmo fenómeno de complementação do tipo legal em que se traduz a discricionariedade administrativa geral, mas com um aumento exponencial do poder de decisão do agente que muitos colocam perto da criatividade, fazendo-a corresponder ao grau máximo da discricionariedade"* (OLIVEIRA 2011).

## 3. O Princípio da Igualdade

No âmbito da formação dos planos territoriais, o princípio da igualdade na distribuição de benefícios e encargos exige a implementação de medidas e instrumentos de distribuição equitativa dos benefícios/oportunidades e dos encargos/sacrifícios, constituindo um direito fundamental dos cidadãos, consagrado na LBPPSOTU e no Regime Jurídico dos Instrumentos de Gestão Territorial, estabelecido pelo Decreto-Lei n.º 80/2015 (RJIGT)[1], um dever para toda a Administração Pública, e ainda um dever constitucional.

A igualdade apresenta-se, aqui, não como ponto de partida, mas como resultado que se pretende alcançar, exigindo-se uma conexão entre critérios e fim, que sejam razoáveis e suficientes à obtenção de uma igualdade jurídico-material.

Exige-se, também no âmbito da formação dos planos territoriais, que os cidadãos sejam iguais perante a Lei, no que se pode entender como uma igualdade jurídica, quer na criação do direito quer na aplicação do direito. Interessa, para o tema que aqui se aborda, a primeira formulação: o plano enquanto criador de direito, já que, também enquanto conformador do direito de propriedade, o plano determina, diretamente, o valor económico potencial do solo.

Se a atividade planificatória tiver em consideração que para as áreas urbanas – onde vivem as pessoas – é necessário que exista um conjunto de espaços tidos como essenciais à sobrevivência das populações que as habitam, trabalham e utilizam, espaços que, pelas suas funções, não podem ser edificados de modo a que todos os ecossistemas possam funcionar e os seus serviços sejam devidamente prestados, então o plano deverá considerar as diversas

[1] Regime Jurídico dos Instrumentos de Gestão Territorial estabelecido pela Lei 80/2015 de 14 de maio (RJIGT)

componentes que determinam o valor do solo e cada uma das suas funções para o equilíbrio territorial.

**Figura 2 –Função social do solo (CARVALHO 2012)**

| Usos do solo | Função social do solo | Remuneração económica da propriedade |
|---|---|---|
| **Ambiental** | ✓ | 0 |
| **Produtivo** | ✓ | Baixa |
| **Suporte (edificatório...)** | ✓ | Alta |

O direito dos proprietários à distribuição equitativa (perequativa) dos benefícios e dos encargos decorrentes dos planos diretamente vinculativos dos particulares, impõe um dever destes instrumentos preverem mecanismos (diretos ou indiretos) de perequação, isto é, de reposição da igualdade, mitigando ou mesmo anulando as desigualdades criadas.

## 4. Serviços Territoriais / Ecossistémicos

No quadro legal português, encontramos a referência aos serviços dos ecossistemas na Lei da Conservação da Natureza (Decreto-Lei n.º 142/2008, al. q). art. 3º), definindo "*Serviços dos ecossistemas –os benefícios que as pessoas obtêm, direta ou indiretamente, dos ecossistemas, distinguindo-se em:*

- *«Serviços de produção», entendidos como os bens produzidos ou aprovisionados pelos ecossistemas, nomeadamente alimentos, água doce, lenha, fibra, bioquímicos ou recursos genéticos, entre outros;*
- *«Serviços de regulação», entendidos como os benefícios obtidos da regulação dos processos de ecossistema, nomeadamente a regulação do clima, de doenças, de cheias ou a destoxificação, entre outros;*
- *«Serviços culturais», entendidos como os benefícios não materiais obtidos dos ecossistemas, nomeadamente ao nível espiritual, recreativo, estético ou educativo, entre outros;*

- *«Serviços de suporte», entendidos como os serviços necessários para a produção de todos os outros serviços, nomeadamente a formação do solo, os ciclos dos nutrientes ou a produtividade primária, entre outros."*

Mais recentemente, na conceção do MAES (2018), os serviços dos ecossistemas reúnem-se em 3 categorias: *aprovisionamento, regulação e cultural*

Pode definir-se serviços ecossistémicos como os benefícios que as pessoas obtêm dos ecossistemas, e que contribuem para o bem-estar humano, na conceção da European Environment Agency (2015), referenciando o Millennium Ecosystem Assessment (2005), e TEEB (2010). Ou na definição do DEFRA (2007): *"Services provided by the natural environment that benefit people":*

- *Some of these ecosystem services are well known including food, fibre and fuel provision and the cultural services that provide benefits to people through recreation and cultural appreciation of nature.*
- *Other services provided by ecosystems are not so well known. These include the regulation of the climate, purification of air*
- *and water, flood protection, soil formation and nutrient cycling*" (DEFRA 2007)

Ora, a ausência de valor atribuído aos serviços dos ecossistemas tem levado que, ao longo dos tempos, tais serviços não são tidos em conta na ponderação e decisão política, levando mesmo ao seu sobre consumo e utilização, pois a perceção é que são infinitos e sempre estarão disponíveis de forma gratuita.

Importa assim considerar devidamente tais serviços e encontrar o valor que reflita a importância que determinado bem ou serviço ecossistémico tem para o bem-estar humano e para o equilíbrio das funções territoriais. Atribuir um valor pode também ser uma importante ferramenta para a proteção e conservação dos recursos prestadores dos serviços ecossistémicos, devendo tal valor refletir os benefícios económicos, sociais, ecológicos e de saúde (ou felicidade). Um dos principais objetivos da valoração dos serviços dos ecossistemas é a de promover mecanismos que assegurem que as externalidades positivas são compensadas e aquelas negativas incorporam os impactos que provocam, remunerando.

Para ARAGÃO (2011) "*a valoração dos serviços dos ecossistemas resulta do reconhecimento de que os elementos naturais desempenham funções sociais e ecológicas importantes, além das tradicionais funções produtiva e de sustentáculo da fauna e da flora. A valoração consiste na identificação e ponderação da importância relativa das diferentes funções desempenhadas por cada ecossistema, as quais são reconduzíveis às (...) categorias de serviços: de produção, de regulação, culturais e de suporte. É a operação de valoração que permite a atribuição de preços, isto é, de valores monetários a pagar pela utilização dos recursos naturais e a receber pela conservação dos serviços dos ecossistemas.*"

O reconhecimento que os elementos naturais desempenham funções determinantes e essenciais ao bem-estar humano, isto é, à sobrevivência das populações, conduz à necessidade de lhe atribuir um valor, ponderando-se o que se deve pagar pela utilização de recursos naturais e receber pela conservação dos serviços prestados pelos ecossistemas, e incorporar esse valor na economia territorial.

A questão que se coloca é:

- *O que devem receber aqueles que, para assegurar funções de equilíbrio territorial, essenciais à vida e bem-estar humano, garantem funções ecossistémicas/territoriais, e, por isso, lhes está atribuído, nos termos do plano, um menos valioso aproveitamento das suas propriedades* [um sacrifício], *em benefício de outros que o têm* [o benefício]*?*

> "*Valorar e remunerar os serviços ecossistémicos, além de uma forma eficaz de promover a sustentabilidade, corresponde a uma exigência de justiça e é atualmente, um dever dos Estados de Direto Ambiental*" (ARAGÃO 2012)

Não pode, pois, o decisor de hoje, face a todas as evidências, aceitar a injustiça como inevitável, mas antes procurar as soluções mais eficientes para minimizar ou anular injustiças territoriais devendo preferir a maximização da justiça ao invés da minimização da injustiça, assente em critérios de reciprocidade, de sustentabilidade, de confiança e consenso.

Assim, a justiça territorial, e a definição das soluções a adotar pelos planos territoriais, determina que se tenha em conta a reciprocidade no contributo para os equilíbrios territoriais, e a perequação dos seus benefícios e dos seus encargos.

Estudos têm sido desenvolvidos quanto à remuneração dos serviços prestados pelos ecossistemas, sendo tal pagamento destinado a atribuir incentivos aos proprietários para que estes usem os seus recursos naturais de uma forma mais sustentável, e ainda potenciando a constituição de externalidades positivas.

No sentido mais operacional, pretende-se identificar o valor dos serviços para que quem os presta seja devidamente remunerado, no sentido que deve ser estabelecido um princípio do protetor-recebedor (ARAGÃO 2011).

Para AERNI (2006) *Payment of Ecosystem Services "is one of the instruments where the straightforward theoretical argument to pay land users for the provision of environmental services is often confronted with a more complex reality (...) aims to address market failure by encouraging affluent beneficiaries of environmental services and owners of ecologically valuable resources to participate in a voluntary agreement that is based on a quid pro quo bargain (payment in return for the adoption of practices that ensure the sustainable provision of environmental services)".*

Também a área da economia tem oferecido diversas teorias para a formulação de um valor dos serviços ecossistémicos (territoriais), quer as estabelecidas no princípio do benefício-valor, quer aquelas baseadas no custo-valor, onde se podem referir os métodos em função da produção, métodos em função da procura e os métodos baseados na perceção do valor.

*Total Economic Valuation* (TEV) é uma das teoria e referências mais comummente utilizadas, e considera que os valores atribuídos aos serviços dos ecossistemas podem ser divididos em "*valor de uso*" e "*valor de não-uso*".

**Figura 3 –Total Economic Valuation (SMITH et al. 2006)**

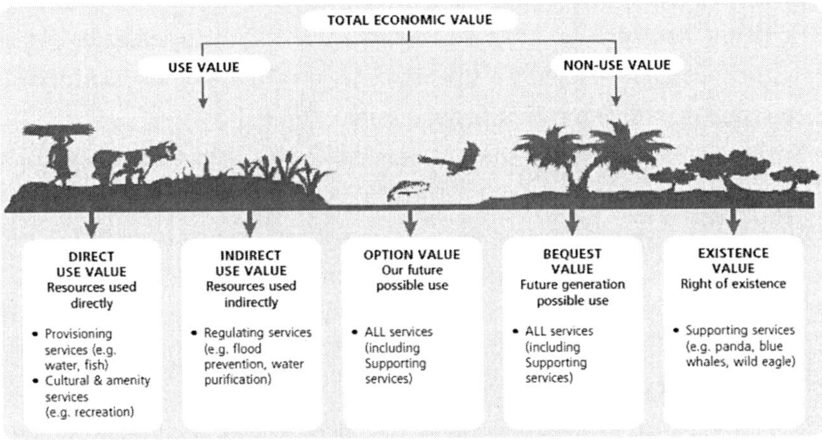


Pode concluir-se que a questão de remuneração dos serviços territoriais, em especial aqueles prestados pelos ecossistemas, coloca-se em três níveis:

- que serviços devem ser remunerados?
- quem paga / quem recebe?
- qual o *quantum* remuneratório?

Devem ser estas as questões a considerar para a definição de sistemas e instrumentos de remuneração dos serviços territoriais, e que se devem colocar em matéria de elaboração de planos de vinculação plurisubjetiva.

## 5. Planos Territoriais

Nos termos da Lei, os planos "*estabelecem opções e ações concretas em matéria de planeamento e organização do território bem como definem o uso do solo*", os "*planos territoriais de âmbito municipal estabelecem, nos termos da Constituição e da lei, de acordo com as diretrizes estratégicas de âmbito regional, e com as opções próprias de desenvolvimento estratégico local, o regime de uso do solo e a respetiva execução*"[2].

[2] LBPPSOTU

Os planos territoriais, em especial pelo seu conteúdo, definem e conformam o direito de propriedade, e, vinculando direta e imediatamente os particulares, determinam as suas funções e por essa via o seu valor e aproveitamento de recursos que daí se obtém, já que são os planos territoriais, e só estes, que classificam e qualificam o solo.

Um plano territorial, pela sua natureza de classificação (e qualificação) do solo sempre cria desigualdades, pela atribuição a uns o benefício edificatório e a outros o encargo de prestar serviços ecossistémicos/territoriais. Mas todos os cidadãos são iguais perante a lei, no que se pode entender como uma igualdade jurídica, quer na criação do direito quer na aplicação do direito. Interessa-nos aqui a primeira formulação: o plano enquanto criador de DIREITOS e DEVERES.

Na classificação do solo, exercício consubstanciado na distinção básica entre solo rústico e solo urbano confere, automaticamente, valores muito distintos às propriedades localizadas de um e de outro lado, definindo o estatuto jurídico da coisa concreta, isto é, a determinação do conteúdo do direito de propriedade.

Nesta ponderação de classificação e qualificação do solo, deve o plano, e os seus decisores, ter como referência a justiça na repartição de benefícios e oportunidades, encargos e sacrifícios.

**Figura 4 – Funções do solo urbano e funções do solo rústico**

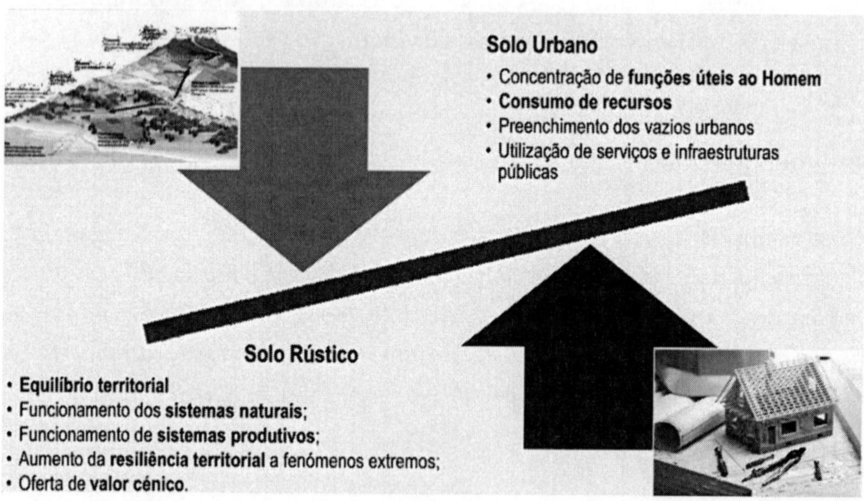

A distinção de aproveitamento entre o solo rústico e o solo urbano, sem a devida ponderação dos benefícios e encargos impostos a nível municipal, leva à desigualdade de consideração de uns e de outros e que não contempla o valor prestado pelos (eco)sistemas (solo rústico) no conjunto do território.

No Solo Urbano: *os proprietários do solo urbano têm, designadamente, os seguintes direitos, nos termos e condições previstos na lei: realizar as obras de urbanização; edificar; (...)*[3]

No Solo Rústico: *os proprietários do solo rústico têm o direito de utilizar os solos de acordo com a sua natureza, traduzida na exploração da aptidão produtiva desses solos, (...), preservando e valorizando os bens culturais, naturais, ambientais e paisagísticos e de biodiversidade.*[4]

## 6. Direito de Propriedade e Direito de Edificar

O regime de propriedade privada em Portugal, assume um estatuto de quase inviolabilidade, exceto em casos em que o interesse público se sobrepõe, mormente no âmbito do direito penal, que se encontram bem identificados na Constituição da República, aliás como é característico de um Estado de Direito.

Estabelece o Código Civil (CC) que a propriedade sobre as coisas confere ao proprietário *o gozo dos direitos de uso, fruição e disposição das coisas que lhe pertencem, dentro dos limites da lei e como a observância das restrições por ela impostas* (CC art. 1305º).

Estabelece-se constitucionalmente a possibilidade de existência de restrições de utilidade pública que condicionam o uso, ocupação e transformação de uma propriedade, muitas delas fundadas no interesse público dos sistemas naturais, ou dos riscos a eles associados, para o próprio ou para terceiros, e ainda, no princípio do bem público ou *bens comuns* (FILIPE et al. 2007).

A conformação do direito de propriedade por via dos planos territoriais é a matéria que mais conflitualidade tem gerado, seja porque os proprietários pretendem obter o máximo aproveitamento dos seus imóveis, ainda que não

[3] LBPPSOTU, art. 13º

[4] LBPPSOTU, art. 13º

tenham qualquer intensão de o concretizar a curto ou médio prazo, ou porque os usos vizinhos às suas propriedades são indesejáveis, ou ainda porque nas suas propriedades recaem interesses públicos que importam em deveres (jurídicos) de conservar, manter ou até mesmo intervir (atuar) para que os mesmos sejam assegurados.

E é também na formação dos planos territoriais, conformadores do direito de propriedade e de edificar, na sua tarefa básica de classificação do solo, que se formam os principais conflitos territoriais.

**Figura 5 – Usos indesejados e usos desejados**

Os planos territoriais, estabelecidos no princípio do zonamento, atribuem aproveitamentos do solo desejáveis e indesejáveis. É dessa sua função que surgem conceitos como NIMBY *(not in my back yard)*, LULU *(local undesirable land use)* ou YIMBY *(yes in my back yard)*. É ao planeamento que cabe ponderar e decidir este conflito de interesses, entre a função social do solo e o direito de propriedade, em respeito pelo princípio da igualdade e pelo interesse público do correto ordenamento do território (CARVALHO 2014).

A principal conflitualidade advém da atribuição do direito a edificar (ou urbanizar) a uns, cujas propriedades vêm classificadas como solo urbano, e a impossibilidade de tal utilização da propriedade de outros, maioritariamente por razões de ordenamento do território e de melhor uso de recursos, ou do estabelecimento de restrições fundadas no interesse público (ou bens públicos), isto é, pela necessidade de proteção desses recursos, da paisagem, ou da biodiversidade, propriedades assim classificadas como solo rústico, e sem possibilidade de edificação nos termos da LBPPSOTU.[5]

[5] Veja-se o caso do dever de manter faixas de gestão de combustível, no âmbito do Sistema Nacional de Defesa da Floresta contra Incêndios, impostas aos proprietários vizinhos a construções, ou àqueles que detêm propriedades nos limites exteriores dos aglomerados, a quem

Numa perspetiva de consideração dos planos territoriais enquanto resolvedores de conflitos, entende-se que tais instrumentos, porque direta e imediatamente vinculativos dos particulares e enquanto conformadores do direito de propriedade, devem conter, não só a identificação e ponderação dos fatores desigualitários, mas em especial dos mecanismos necessários ao estabelecimento do equilíbrio e da justiça territorial, nomeadamente através de instrumentos de descriminação positiva, ao invés de penalizações negativas.

**Figura 6 – Renda fundiária (CARVALHO 2012)**

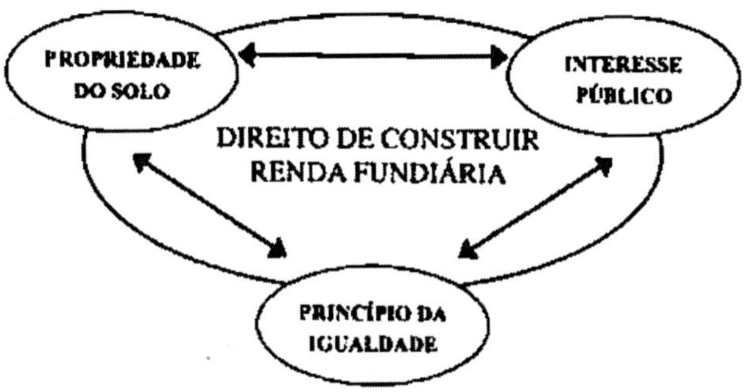


MONTEIRO (2013), define que o direito de construir é constituído pela edificabilidade *que pode ser realizada de acordo com o aproveitamento urbanístico definido pelo plano*, mas também que "a *desmaterialização do direito de construir é uma condição necessária para viabilizar a materialização do edifício e a constituição sobre ele de um novo direito de propriedade*", sendo que o "*solo urbano é, na verdade, mero suporte físico da urbanização e da edificação, sendo absolutamente indispensável como seu suporte jurídico*". Mais adiante, na sua tese, MONTEIRO entende que "*a separação entre o direito abstrato e o direito concreto de construir é, na verdade, o resultado de um desmembramento em dois 'direitos' que, isolados, não permitem realizar o melhor aproveitamento do solo. (...) O objeto do direito é constituído por um bem – utilidade económica criada pelo plano – e não por uma coisa corpórea sobre a qual o proprietário exerce o seu domínio pleno e absoluto*". "*Apesar de a edificabilidade não ser,*

é imposto um dever jurídico de proteger aqueles que beneficiam do direito de edificação ou urbanização *em si mesma, uma coisa corpórea, mas apenas uma realidade jurídica criada pelo plano, pode dizer-se que ao vincular a sua materialização a uma determinada parcela do território – independentemente de se tratar do terreno de onde ela emerge ou de outro para o qual ela possa ser transferida – o plano procede à sua coisificação.* (MONTEIRO 2013)

Também para OLIVEIRA e LOPES (2012) *"a característica iminentemente física do direito do urbanismo e das posições jurídicas por este sancionadas, não inviabiliza que nele tenham lugar figuras ou mesmo direitos desmaterializados (isto é, direitos referidos a certos solos – solos transmissores -, mas que se podem vir a concretizar noutros diferentes – solos recetores –como os atinentes à perequação e a transferência de edificabilidade e que a dissociação jurídica entre o direito de construir e o direito de propriedade privada, por reconhecimento, pelo menos parcial, que o direito de construção como direito subjetivo autónomo é transferível, independentemente do direito de propriedade do solo".*

## 7. A exigência de uma Justiça Territorial: Distribuição de Benefícios e Encargos

Estabelece a LBPPSOTU, no seu artigo 3º, que deve ser assegurada a justa repartição dos benefícios e dos encargos decorrentes da aplicação dos (...) planos territoriais e dos instrumentos de política de solos.

É, assim, obrigação dos planos territoriais encontrar as formas e mecanismos de ultrapassar os conflitos que a atividade planificatória gera, alcançar a obrigação jurídica de justiça e igualdade, e corrigir os efeitos desiguais do plano, visando uma igualdade de oportunidades de aproveitamento do solo, ou seja, em síntese, um RESULTADO MATERIAL IDÊNTICO PARA TODOS OS DESTINATÁRIOS, repondo a igualdade no território, perante os modos diferenciadores de utilização do solo, reequilibrando os encargos e sacríficos impostos a alguns (muitos) e os benefícios e oportunidades permitidos a outros (poucos).

- O solo rústico como prestador de serviços ecossistémicos e garante de regulação de riscos naturais,
- O solo urbano como suporte edificatório, principalmente à produção de habitação e atividades económicas de edificação.

A perequação, enquanto meio de reequilíbrio dos diferentes tipos e das diferentes intensidades de uso, e da dimensão do direito concreto edificatório, corresponde ao *"conjunto de princípios, normativa e procedimentos que corrijam ou compensem as desigualdades criadas por instrumentos de ordenamento do território"* (CARVALHO 2012), deve permitir uma compensação entre funções, sejam elas urbanas, agrícolas, florestais ou ambientais, colocando os diversos proprietários perante uma maior neutralidade, e reequilibradora dos valores de solo.

A perequação é assim um imperativo de justiça, na prossecução do princípio constitucional da igualdade, que, para ser efetiva, obriga que a questão seja encarada conjugadamente e de forma integrada na sua dupla vertente, e para tal considerar:

(i) os benefícios e oportunidades, essencialmente relacionados com o seu valor económico e com as oportunidades urbanísticas, isto é, as faculdades edificatórias, ou da exploração de recursos, entre os quais o recurso solo, concretamente conferidas pelo plano;
(ii) os encargos ou sacrifícios, no sentido do sacrifício imposto aos proprietários e relacionados com a salvaguarda de valores naturais e serviços ecossistémicos, ou na obrigação de manutenção das suas funções, consubstanciados na maior parte das vezes numa imposição de não edificação.

O que leva a questionar-se:

## Justiça Territorial: Utopia ou Exigência (jurídica)?

Efetivamente as experiências de perequação, em especial nos planos territoriais, têm-se verificado entre aqueles que têm já direitos edificatórios (ou a quem estes são atribuídos pelo plano), considerando o plano e os decisores, que a perequação se estabelece (ou deve estabelecer) apenas no solo urbano, e que assim se encontra satisfeito o princípio de igualdade e a desejada Justiça Territorial, mas esquecendo o equilíbrio ecossistémico/territorial e a devida valoração dos sacrifícios/encargos a quem se impõe a prestação de serviços ecossistémicos, na sua quase totalidade com base na classificação (imperativa) de solo rústico, como uma inevitabilidade, perante os benefícios/oportunidades doutros.

Conceitos como a "*vinculação situacional*" do solo (CORREIA 2008) apenas reforçam a necessidade de novos e atuais instrumentos que realizem a justiça no âmbito dos planos territoriais, ao invés de servirem à justificação de soluções injustas, que nada servem ao efetivo dever (jurídico) de remuneração dos serviços prestados pelos ecossistemas e pelos seus territórios.

## 8. Instrumentos de Equilíbrio Territorial

Resultante da classificação e qualificação do solo, o plano determina as funções a que o solo deve ser adstrito e ainda, através de parâmetros urbanísticos, a intensidade de uso de solo (edificabilidade).

Teremos assim para uma determinada parcela, e através das disposições regulamentares, o que concretamente nela se pode edificar, isto é, a sua Edificabilidade Concreta. Esta, no entanto, se constituir o único mecanismo de gestão do território, é geradora de desigualdades e confere vantagens muito significativas a uns (poucos) e sacrifícios a outros (muitos) que devem assegurar todas as demais funções não edificatórias.

Resulta assim a necessidade de se estabelecerem mecanismos conjugados para reequilíbrio das desigualdades criadas pelo plano como forma de remuneração dos serviços prestados pelos ecossistemas/territoriais.

**Figura 7 – O plano territorial assente na edificabilidade concreta, exemplo da injustiça territorial**

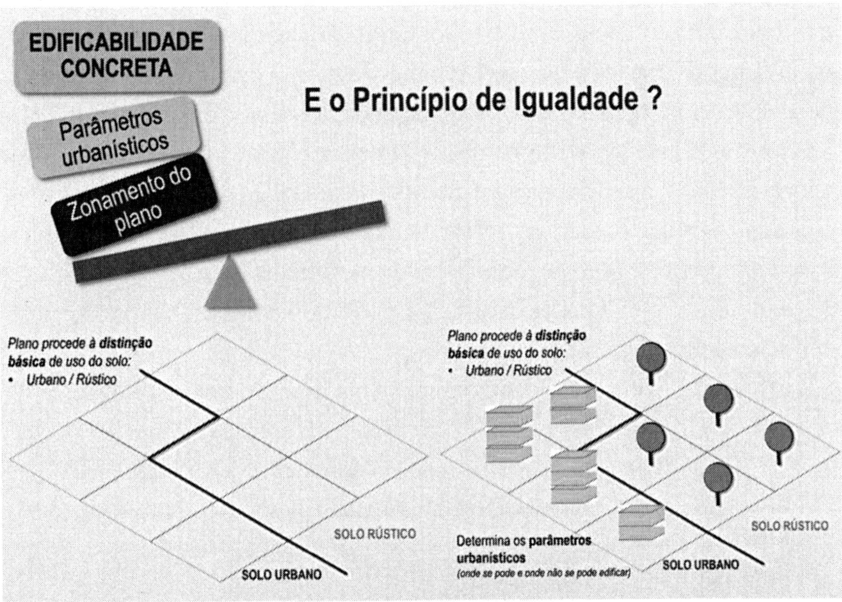


Nesse sentido defendem-se mecanismos conjugados entre Edificabilidade Concreta e Edificabilidade Abstrata, através da função que cada um desses instrumentos desempenha no equilíbrio e na economia territorial.

O RJIGT estabelece que *o valor dos benefícios atribuídos a cada proprietário é o resultado da diferença entre a edificabilidade abstrata e o direito concreto de construção que lhe é atribuído*, sendo que *quando o direito concreto de construção do proprietário for inferior à sua edificabilidade abstrata, o proprietário deve receber uma compensação.*

A Edificabilidade Concreta corresponde à efetiva (concreta) capacidade de edificação, em função dos valores em presença e da sua capacidade de suporte de cada parcela do território em acolher edificação.

A Edificabilidade Abstrata deverá ser estabelecida para realização do princípio da igualdade – assegurar a igualdade de todos os cidadãos perante a Lei (o Plano) – dando execução à justa repartição de encargos/sacríficos e benefícios/oportunidades estabelecidos na Lei.

Se por um lado o titular de um direito de propriedade, destinada à urbanização e/ou edificação, tem a natural expectativa de a vir materializar, por outro, encontram-se os proprietários a quem é imposto o encargo/sacrifício de assegurarem o funcionamento e manutenção dos ecossistemas que asseguram as funções (básicas) da vida humana, devendo consagrar-se mecanismos que assegurem o reequilíbrio e reposição da igualdade entre proprietários.

Importa, na formação dos planos territoriais, e neste novo quadro legal por maioria de razão, exigir a justiça e devida consideração dos serviços prestados pelos ecossistemas e seus territórios, ao invés de apenas aplicar os princípios de perequação, distribuição equitativa de benefícios e encargos, entre aqueles que detêm já o maior dos benefícios, atribuído pelos planos territoriais: o benefício edificatório.

É esse equilíbrio e igualdade que deve o plano territorial assegurar.

**Figura 8 – O plano territorial assente no princípio de justiça territorial e na remuneração dos serviços ecossistémicos prestados pelo território**

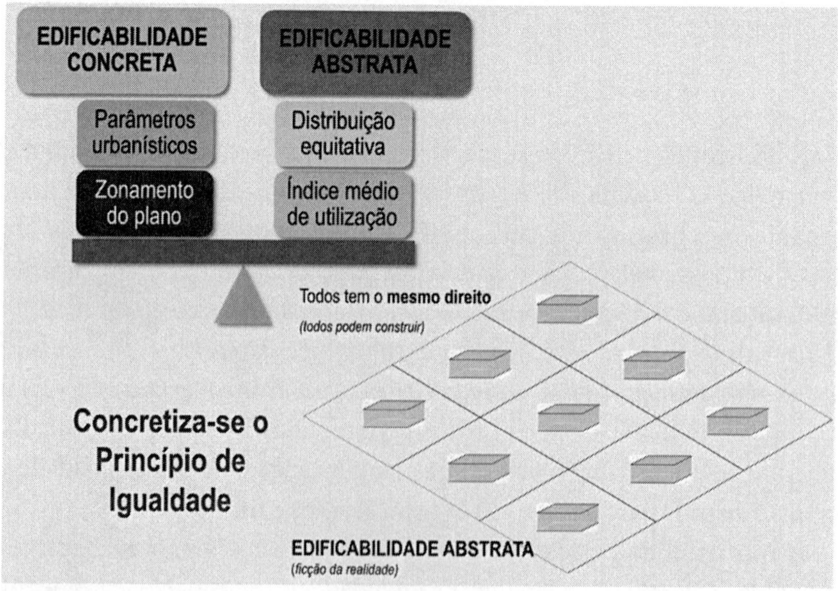


Com o estabelecimento da *Edificabilidade Concreta*, que corresponde à efetiva (concreta) capacidade de edificação, em função dos valores em presença, a capacidade de suporte de cada parcela do território em acolher edificação, reconhecendo que é essa que maximiza, do ponto de vista do interesse público, a melhor utilização do solo, obtém-se um correto aproveitamento dos recursos e potencialidades do território

Com o estabelecimento de uma *Edificabilidade Abstrata*, que se concretiza pelo estabelecimento de um índice medio de utilização aplicável a todo o plano territorial:

- Todos se apresentam iguais perante o plano –Princípio da Igualdade
- Efetiva-se um mecanismo de perequação por forma a *garantir a repartição dos benefícios e oportunidades, e dos encargos e sacríficos que dele resultam*[6]

O quadro legal português consagra o sistema de TRANSFERÊNCIA DE EDIFICABILIDADE, quer na LBPPSOTU, permitindo que a edificabilidade [conferida pelo plano] possa ser transferida para outra parcela, quer no RJIGT consagrando o princípio de compra e venda de edificabilidade.

LBPPSOTU no seu art. 21º estabelece que *os planos territoriais de âmbito intermunicipal ou municipal podem permitir que a edificabilidade por eles atribuída a um lote ou a uma parcela de terreno seja transferida para outros lotes ou parcelas* e que *os planos regulam a previsão da edificabilidade transferida, definindo os termos e condições em que os valores do direito concreto de construir podem ser utilizados, bem como os mecanismos para a respetiva operacionalização.*

Partindo de uma igualdade territorial, ficcionada, obtém-se, através do mecanismo de transferência de edificabilidade, uma possível remuneração dos serviços dos ecossistemas por aqueles que, por lhes ser imposta tal prestação, não podem obter rendimentos equivalentes àqueles que não têm equivalentes restrições/obrigações.

Todos têm o mesmo direito (Edificabilidade Abstrata), o mesmo conteúdo de direito de propriedade, mas apenas nos locais, em que melhor se desempenha essa função e serve a um melhor ordenamento do território e modelo de desenvolvimento, se podem concretizar (Edificabilidade Concreta):

- Edificabilidade Abstrata – garante da igualdade de oportunidades urbanísticas

[6] LBPPSOTU

– Edificabilidade Concreta – garante do correto aproveitamento dos recursos e potencialidades do território

Simultaneamente permite que a primeira parcela fique em exclusivo destinada a funções primordiais do solo rústico, em especial à prestação dos serviços ecossistémicos, e os benefícios construtivos são distribuídos equitativamente por todos os proprietários (solo rústico e solo urbano).

Temos assim por um lado uma Edificabilidade Concreta, destinada à concretização de um correto aproveitamento dos recursos e potencialidades do território, e por outro uma Edificabilidade Abstrata destinada à concretização do princípio da igualdade transcendente do plano, na designação de CORREIA (2008).

A concretização da ocupação/edificação estabelece-se através do mecanismo de Transferência de Edificabilidade, como forma de remuneração dos serviços prestados pelo solo rústico ao solo urbano.

**Figura 9 – Transferência de Edificabilidade (Fonte: Transfer of development rights: a case study of widening of Karl-Marx road, Vijayawada, Índia)**

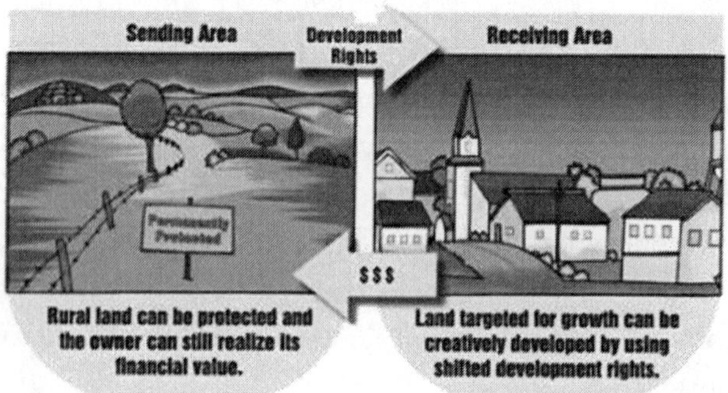


A Transferência de Edificabilidade assenta na emissão de títulos de edificabilidade, proveniente de um determinado terreno a serem executados num outro, e consiste em deslocar direitos de edificabilidade de uma parcela para outra. Esta transferência protege a primeira parcela de especulação ou desenvolvimentos urbanos e permite coloca-los onde melhor servem o interesse público da racional utilização do solo, áreas melhor infraestruturadas e servidas de equipamentos coletivos. Trata-se assim de uma efetiva desmaterialização do direito de edificar. (MONTEIRO 2013 e OLIVEIRA e LOPES 2012).

**Figura 10 – Remuneração dos serviços territoriais entre áreas edificadas e áreas não edificadas (adaptação de MOSKOWITZ & LINDBLOOM 2004)**

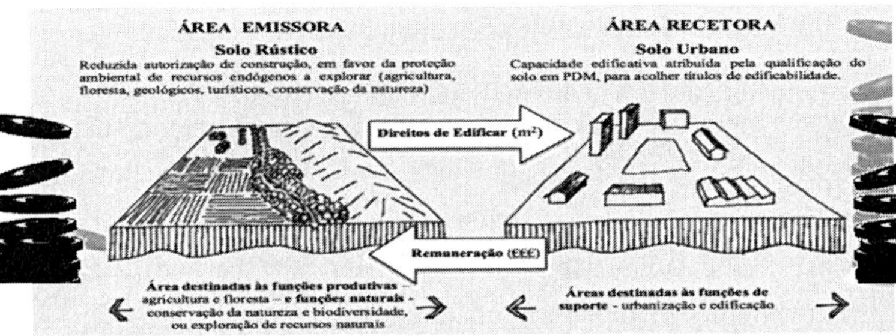


A concretização da igualdade territorial opera-se, neste sistema, pela conjugação dos dois parâmetros e pelo mecanismo de *Transferência de Edificabilidade*, como forma de remuneração dos serviços prestados entre territórios, maioritariamente entre solo urbano (onde se pode edificar) e o solo rústico (que presta a grande parte dos serviços ecossistémicos).

**Figura 11 – Plano territorial que inclui mecanismos de igualdade territorial: Edificabilidade Abstrata, Edificabilidade Concreta e Transferência de Edificabilidade**

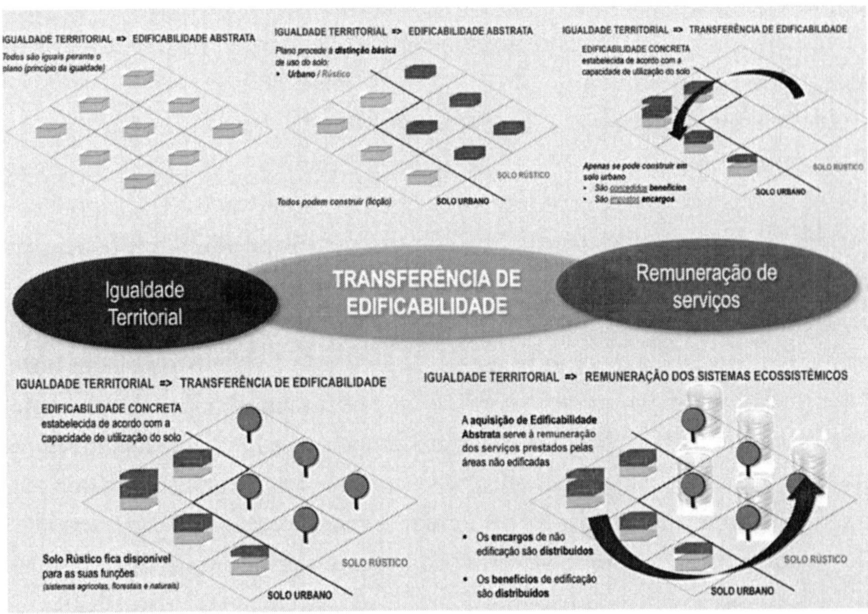

Tem-se assim um sistema que incentiva a transferência voluntária de direitos edificativos (abstratos) de áreas onde se opta por a construção ter menor ou nula expressão, para áreas com maior aptidão para a receber.

A Transferência de Edificabilidade tem assim:

- **Função perequativa**, na distribuição de encargos/sacrifícios e benefícios/oportunidades.
- **Função de política urbanística** servindo à concentração de edificação nas áreas que melhor servem o interesse público no uso racional do território, quer à salvaguarda de áreas onde não se pretende a edificação face à necessidade de salvaguarda de recursos, naturais ou outros, quer ainda à racionalização de infraestruturas e equipamentos e sua eficiência e rentabilização de investimentos públicos;
- **Função de política de solos** através de um conjunto de benefícios e penalidades que se podem estabelecer, face à atuação dos particulares proprietários, face aos seus imoveis.

Este é um dos instrumentos de justiça territorial aplicável aos planos territoriais, conformadores da atuação dos particulares e do seu direito de propriedade, e que pode e deve ser conjugado com outros de outras naturezas (como a política fiscal), mas certo é que importa encontrar instrumentos que assegurem a efetiva manutenção dos ecossistemas, dos seus serviços territoriais e sua remuneração.

Podemos optar por sistemas de equilíbrio territorial, e pagamentos destes serviços ecossistémicos territoriais através da subsidiarização (erário público) ou através da sua inclusão na globalidade da equação de equilíbrio territorial entre benefícios e encargos atribuídos pelos planos.

Importa ainda encontrar sistemas que assegurem a remuneração continua e não apenas estabelecidas no momento de formação do plano ou de efetivação "*do negócio*", e não só uma remuneração única e temporal concentrada, como pode ser entendido o mecanismo da transferência de edificabilidade, sob pena do ecossistema se degradar ou desaparecer por falta de manutenção quando o seu prestador já recebeu a correspondente remuneração e se "*desinteressou*" de qualquer atuação para assegurar os valores em presença.

Mas este instrumento de justiça, no âmbito da formação dos planos territoriais, não trata de uma efetiva valoração dos serviços prestados, ainda que se sirva de formulações relativas entre cada uma das funções territoriais, mas constituiu um efetivo mecanismo de justiça territorial, já que permite:

- **A valoração num sistema de mercado livre;**
- **A remuneração dos serviços ecossistémicos** prestados assumem um valor que sempre se relaciona com o valor que outros proprietários, a quem não está imposta a prestação de tal serviço

E para que os serviços ecossitémicos territoriais possam ser, na devida medida prestados, devem os planos territoriais retirar do solo rústico, urgente e definitivamente, as expectativas, fundadas ou não, de uma possibilidade, efetiva ou remota, de edificação.

Como refere PARDAL (2002) "*os planos territoriais, mais do que reservar solo para uso agrícola, devem preservar o espaço rústico de desenvolvimentos deslocados afetos ao uso urbano, que desorientam o mercado, inflacionam os preços e dificultam o acesso dos agricultores ao solo agrícola*".

## 9. Resumo/Conclusões

Um instrumento de gestão territorial, em especial o plano diretor municipal enquanto instrumento congregador das disposições que vinculam os particulares nas suas determinações de ocupação, uso e transformação do solo para todo o território municipal, sempre gera, pela sua natureza, desigualdades: nos sacrifícios impostos a alguns (muitos) e nas oportunidades urbanísticas permitidas a outros (poucos). Na classificação do solo, exercício consubstanciado na distinção básica entre solo rústico e solo urbano, a linha traçada confere automaticamente valores muito distintos às propriedades localizadas de um e de outro lado, definindo o estatuto jurídico da coisa (imóvel) concreta, isto é, a determinação do conteúdo do direito de propriedade.

O princípio da igualdade na distribuição de benefícios e encargos exige assim o estabelecimento de instrumentos e/ou mecanismos de distribuição equitativa dos benefícios/oportunidades e dos encargos/sacrifícios, constituindo um direito fundamental dos cidadãos, também consagrado no RJIGT e um dever para toda a Administração Pública, conforme estabelecido na Constituição da República Portuguesa.

A igualdade apresenta-se, aqui, não como ponto de partida, mas como resultado que se pretende alcançar, exigindo-se uma conexão entre critérios e fim, que sejam razoáveis e suficientes à obtenção de uma igualdade jurídico-material.

Os cidadãos são iguais perante a Lei, no que se pode entender como uma igualdade jurídica, quer na criação do direito quer na aplicação do direito. Interessa-nos aqui a primeira formulação: o plano enquanto criador de direito.

A Lei, em especial a LBPSOTU e o RJIGT, consagra o direito dos proprietários à distribuição equitativa (perequativa) dos benefícios e dos encargos decorrentes dos planos vinculativos dos particulares, impondo o dever destes instrumentos preverem mecanismos (diretos ou indiretos) de perequação, isto é, de reposição da igualdade, mitigando ou mesmo anulando as desigualdades criadas.

Se a atividade planificatória tiver em consideração que para as áreas urbanas – onde vivem as pessoas – é necessário que exista um conjunto de espaços tidos como essenciais à sobrevivência dos que as habitam, trabalham e utilizam, espaços que pelas suas funções não podem ser edificados de modo a que todos os ecossistemas possam funcionar e os seus serviços sejam devidamente prestados, então o plano terá de considerar as diversas componentes que determinam o valor do solo e de cada uma das suas funções para o equilíbrio territorial.

A perequação, enquanto meio de reequilíbrio das diferentes intensidades do direito concreto edificatório, corresponde ao *"conjunto de princípios, normativos e procedimentos, que corrijam ou compensem as desigualdades criadas por instrumentos de ordenamento do território"*[7]. A perequação permite assim estabelecer uma compensação entre os diferentes usos e intensidades e formas de utilização do solo (urbanas, agrícolas, florestais e ambientais), colocando os diversos proprietários perante uma maior neutralidade, reequilibradora dos valores de solo.

[7] CARVALHO, J. (2012)

A perequação é, pois, um imperativo de justiça, obrigação constitucional da Administração Pública (municipal), de execução do princípio da igualdade[8], e por tal não podem deixar os planos territoriais de estabelecer mecanismos que anulem ou atenuem a desigualdade introduzida, vinculada ou de política de solo.

A prossecução do princípio constitucional da igualdade para ser efetiva obriga a que a questão seja encarada na sua dupla vertente e para tal considerar: (i) os benefícios e oportunidades, essencialmente relacionados com o seu valor económico e com as oportunidades urbanísticas, isto é, as faculdades edificatórias abstratas e concretas conferidas pelo plano (uso); (ii) os encargos ou sacrifícios, no sentido do sacrifício imposto aos proprietários e relacionados com a salvaguarda de valores naturais ou na obrigação de manutenção de funções ecossistémicas, consubstanciados na maior parte das vezes numa imposição de não edificação (não uso).

Importa não deixar de considerar a natureza do direito de edificar, matéria em muito relacionada com os mecanismos que se preconizam, quer em termos da sua relação com o direito de propriedade, quer, na assumida e uniforme doutrina e jurisprudência sobre a distinção entre o direito de propriedade (*jus proprietas*) e o direito de edificar (*jus aedificandi*), nos termos do que já hoje é o enquadramento legal, geral e especial.

Para OLIVEIRA e LOPES[9], *a característica iminentemente física do direito do urbanismo e das posições jurídicas por este sancionadas, não inviabiliza que nele tenham lugar figuras ou mesmo direitos desmaterializados (isto é, direitos referidos a certos solos – solos transmissores –, mas que se podem vir a concretizar noutros diferentes – solos recetores –como os atinentes à perequação e a transferência de edificabilidade* e que a *dissociação jurídica entre o direito de construir e o direito de propriedade privada, por reconhecimento, pelo menos parcial, que o direito de construção como direito subjetivo autónomo é transferível, independentemente do direito de propriedade do solo.*

Adicionalmente, instrumentos de fiscalidade diferenciadora devem ser desenvolvidos como mecanismos de benefício ou penalização. A LBPPSOTU anuncia essa instrumentalização da política fiscal, e prevê um conjunto de institutos, promovendo assim uma atuação integrada, através dos mecanismos

[8] CORREIA, F. A. (2001)
[9] OLIVEIRA, F. P. e LOPES, D. (2012)

já hoje existentes, mas que em todo o caso necessitam de densificação em matéria de codificação fiscal.

Num exercício objetivo de apreciação das condições intrínsecas do território, inserido no desígnio de estabelecer um território capaz de acolher todas as suas funções, valores e serviços prestados ao território e às populações que aí habitam, tendo por base a qualificação do solo, nos termos da Lei, e sem dispensar a obrigação do plano consagrar as soluções que melhor sirvam os seus objetivos de equilíbrio territorial, ou pôr em causa o Princípio da Igualdade, de oportunidades ou na imposição de sacrifícios a todos que são sujeitos pelo plano, importa estabelecer, para além de um mero exercício de classificação e qualificação do solo e correlativas determinações regulamentares, mecanismos efetivos de equilíbrio territorial, de remuneração dos serviços prestados pelos ecossistemas e de igualdade perante oportunidades e sacrifício.

Nessa conceção, os serviços prestados pelos ecossistemas são influenciados por diversos fatores, como as alterações climáticas que afetam nomeadamente a capacidade de resiliência dos sistemas naturais a fenómenos extremos, traduzidos em diferentes comportamentos da sociedade, padrões de consumo e opções de ocupação solo. O bem-estar humano é estabelecido pelo desempenho dos sistemas naturais, influenciando-o simultaneamente pelos impactos provocados pelas exigências de consumo de recursos para satisfação das suas necessidades e estilos de vida.

O reconhecimento que os elementos naturais, em especial o solo rústico//natural, desempenha funções determinantes e essenciais ao bem-estar humano, isto é, à sobrevivência das populações, conduz à necessidade de lhe atribuir valor, ponderando-se o que se deve pagar pela utilização de recursos naturais e receber pela conservação dos territórios prestadores dos serviços ecossistémicos, e incorporar esse valor na economia territorial. A questão que se coloca é: *O que devem receber aqueles que, para assegurar funções de equilíbrio territorial, essenciais à vida e bem-estar humano, garantem funções ecossistémicas, e, por isso, lhes está atribuído, nos termos do plano, um menos valioso aproveitamento das suas propriedades* [um sacrifício], *em benefício de outros que o têm* [o benefício]*?*

Obrigação dos planos territoriais é a de estabelecer instrumentos de equilíbrio territorial e de realização da justiça, garantindo a prestação dos serviços territoriais dos ecossistemas. Alguns instrumentos estão já previstos no quadro legal português, desde 1999, mas continuam de difícil efetivação, como aqueles que se apresentaram no I Congresso de Direito do Urbanismo promovido pela Editora Almedina e no presente documento.

A questão final que se deixa é:

COMO PODEMOS FAZER O TERRITÓRIO MAIS JUSTO, nos serviços por ele prestados e quando elaboramos planos territoriais?

## 10. Referências Bibliográficas


- AERNI, P, "The sustainable provision of environmental services – from regulation to innovation", Springer (2016), https://ia800201.us.archive.org/19/items/springer_10.1007-978-3-319-19345-8/10.1007-978-3-319-19345-8.pdf
- ARAGÃO, A. (2011): "A natureza não tem preço... mas devia", em "Estudos de Homenagem ao Professor Doutor Jorge Miranda", CEDOUA
- ARAGÃO, A. (2017) JUST Side, projeto de investigação internacional sobre Justiça Territorial, coordenado por Alexandra Aragão (em curso)
- CARVALHO, J. (2002): "Conceitos e experiências perequativos" disponível em ARAGÃO, A. & VAN RIJSWICK, H.F.M.W., Compensation in the European Union: Natura 2000 and Water Law. Utrecht Law Review. 10(2), pp.155–160. (2014). DOI: http://doi.org/10.18352/ulr.275
- ARAGÃO, A., et al., "What's law got to do with it? Why environmental justice is essential to ecosystem valuation", Ecosystem Services (2016), http://dx.doi.org/10.1016/j.ecoser.2016.09.012
- BARATA, E. "Fundamentos da análise custo-benefício" integrante da apresentação de suporte da aula lecionada no doutoramento Território, Riscos e Políticas Públicas do IGOT-UL (2017)
- BOYNE, G. "Territorial justice: A review of theory and evidence" (1991)
- BRITO, J. M. M.; TAVARES, A; OLIVEIRA, F.P. Aplicação de princípios perequativos em áreas de riscos naturais – um caso de estudo, Revista CEDOUA n.º 22, pp. 103 (2008).
- BULL, J.W., JOBSTVOGT, N., BÖHNKE-HENRICHS, A., MASCARENHAS, A., SITAS, N., BAULCOMB, C., LAMBINI, C.K., RAWLINS, M., BARAL, H., ZÄHRINGER, J., CARTER-SILK, E., BALZAN, M.V., KENTER, J.O., HÄYHÄ, T., PETZ, K., KOSS, R., Strengths, Weaknesses, Opportunities and Threats: A SWOT analysis of the ecosystem services framework. Ecosystem Services 17, 99-111(2016).
- CARVALHO, J. (2012): "Renda Fundiária, Ordenamento e Perequação" *www.ordenaracidade.pt*
- CARVALHO, J. & OLIVEIRA, F. P. (2016): "Classificação e reclassificação do solo urbano no novo quadro legal", Almedina

- CORREIA, F. A. (2001): "O Plano Urbanístico e o Princípio da Igualdade", Almedina, Coimbra.
- CORREIA, F. A. (2008): "Manual de Direito do Urbanismo", Almedina, Coimbra
- CHIODELLI, F., GSSI (2015): "Equal Treatment in Land Use Planning: Investigating the Ethics of the Tranfer of Development Rights"
- CHRISTIE, M. et al., "An evaluation of monetary and non-monetary techniques for assessing the importance of biodiversity and ecosystem services to people in countries their developing economies", Ecological Economics (2012), http://dx.doi.org/10.1016/j.ecolecon.2012.08.012
- CONSTANZA, *et Al* "The Value of the world's ecosystem services and natural capital" in Nature, vol.387, 15 May 1997, pag 253 a 260, in Aragão A. "A natureza não tem preço... mas devia" ( 2011)
- COSTANZA, R. et al. "The value of the world´s ecosystem services and natural capital", in *Nature*, vol 387 (1997)
- Convention on Biological Diversety (CBD), (2012), disponível em https://www.cbd.int/
- DAVID, N., "O valor económico da paisagem – uma análise comparativa entre métodos de valoração económica", GOT n.º 12 – Revista de geografia e ordenamento do território, pag. 101 a 125, (2017), http://cegot.org/ojs/index.php/GOT/article/download/2017.12.005/pdf
- DAVY, B. "Essential Injustice: when legal institution cannot resolve environmental and land use dispute" (1997) ARAGÃO, A. RevCEDOUA 2.2000 (recensão), pag 125 a 127 (2008)
- DEFRA (Department for food and rural affairs), UK, "An introductory guide to valuing ecosystem services", Defra (2007), http://ec.europa.eu/environment/nature/biodiversity/economics/pdf/valuing_ecosystems.pdf
- DURAN, H. Z., et al., "A methodological approach for the monetary valuation of ecosystem services in three communities of the Colombian Amazon", Agronomía Colombiana (2016) http://www.scielo.org.co/scielo.php?script=sci_abstract&pid=S0120-99652016000100013
- EUROPEAN COMMISSION, Mapping and assessment of ecosystems and their services – ana analytical framework for mapping of ecosystem condition in EU (MAES 2018), http://catalogue.biodiversity.europa.eu/uploads/document/file/1673/5th_MAES_report.pdf
- FENKER, E. (2007): "Valor Económico da biodiversidade", disponível em *http://noticias.ambientebrasil.com.br/artigos/2007/01/22/28939-valor-economico-da-biodiversidade.html*
- FERRÃO, J. "Governança e ordenamento do território: Reflexões para uma governação territorial eficiente, justa e democrática", ICS-UL (2010)
- FILIPE, J. A.; COELHO, M. F.; FERREIRA, M. A., "O drama dos recursos comuns – à procura de soluções para os ecossistemas em perigo", Edições Silabo (2007)
- GARCIA, M. D. "Estudos sobre o princípio da igualdade". Edições Almedina. SA. (2005)
- GUTMAN, P., DAVIDSON, S., A review of innovative international financial mechanisms for biodiversity conservation, WWF-MPO (2017)

- HADLEY, D. et al., "Monetary and non-monetary methods for ecosystem services valuation specification sheet and supporting material", Science policy Integration for Coastal Systems Assessment (SPICOSA) (2011), http://www.coastal-saf.eu/formulation-step/pdf/Specification%20sheet%20economic%20valuation_final.pdf
- HAINES-YOUNG.R, POTSCHIN, M., Towards a Common International Classification of Ecosystem Services (CICES) for Integrated Environmental and Economic Accounting, Documents relating to V5.1 (2018), disponível em https://cices.eu/resources/ e https://cices.eu/content/uploads/sites/8/2018/01/Guidance-V51-01012018.pdf
- HARVEY, D. "A Justiça Social e a Cidade" (Título original: Social Justice and the City) Tradução de Armando Corrêa da Silva, São Paulo, Hucitec (1980) disponível em https://docgo.net/philosophy-of-money.html?utm_source=harvey-david-a-justica-social-e-a--cidade&utm_campaign=download
- KELEMEN, E. et al., "Non-monetary techniques for the valuation of ecosystem services", OpenNESS (2016), http://www.openness-project.eu/library/reference-book/sp-non-monetary-valuation
- KUMAR, P. (coord.), "Key messages and linkages with National and local policies", TEEB, (2013) http://img.teebweb.org/wp-content/uploads/2013/04/D0-Chapter7--Key-Messages-and-Linkages-with-National-and-Local-Policies.pdf
- LAMEIRAS, J.: "As mais valias associadas à classificação do solo como urbano", disponível em *http://www.ij.fd.uc.pt/eventos/ij/2014/ciclo_conferencias/apresentacoes.html*
- LIMA, I. "A complexidade da justiça territorial", Universidade Federal Fluminence (n.d.), disponível em http://isssbrasil.usp.br/artigos/9cbs_1_.pdf
- LIMA, L. S., et al. "Uncertainties in demonstrating environmental benefits of payments for ecosystem services", Ecosystem Services (2017), http://dx.doi.org/10.1016/j.ecoser.2017.09.005
- MALOVICS, G., KELEMEN, E., "Non-monetary valuation of ecosystem services: a tool for decision making and conflict management", (n.d.) https://www.researchgate.net/profile/Eszter_Kelemen/publication/267242458_NON-MONETARY_VALUATION_OF_ECOSYSTEM_SERVICES_A_TOOL_FOR_DECISION_MAKING_AND_CONFLICT_MANAGEMENT/links/547096aa0cf24af340c0c0d8/NON-MONETARY-VALUATION-OF-ECOSYSTEM-SERVICES-A-TOOL-FOR-DECISION-MAKING-AND-CONFLICT-MANAGEMENT.pdf
- MARTIN, D.M., MAZZOTTA, M., "Non-monetary valuation using multi-criteria decision analysis: sensitivity of additive aggregation methods to scaling and compensation assumptions", Ecosystem Services (2017), https://doi.org/10.1016/j.ecoser.2017.10.022
- MASCARENHAS, A., RAMOS, T.B., HAASE, D., SANTOS, R. Participatory selection of ecosystem services for spatial planning: Insights from the Lisbon Metropolitan Area, Portugal. Ecosystem Services. 18, 87-99. (2016). doi:10.1016/j.ecoser.2016.02.011
- McVITTIE A., HUSSAIN S. S. (2013): "The Economics of Ecosystems and Biodiversity" (TEEB), disponível em *http://www.teebweb.org/*, e *http://doc.teebweb.org/wp-content/uploads/2014/03/TEEB-Database-and-Valuation-Manual_2013.pdf*
- MONTEIRO, C. (2013): "O domínio da cidade –A propriedade à prova no Direito do Urbanismo", AAFDL

- MOONEY Harold A. *et Al*, ORGANIZAÇÃO DAS NAÇÕES UNIDAS (2005): Millennium Ecosystem Assessment "Ecosystems and human weel-being", disponível em *http://www.millenniumassessment.org/documents/document.356.aspx.pdf*
- MOSKOWITZ & LINDBLOOM, (2004): "The Latest Book of Development Definitions," New Brunswick Center for Urban Policy Research, Rutgers – The State of New Jersey
- NELSON, A. C., PRUETZ, R. E WOODRUFF, D.: "TDR Hanbook – designing and implementig Transfer Development Rights Programs" (2012), Island Press
- OLIVEIRA, F. P. e LOPES, D. (2012): "Direito do urbanismo e desmaterialização", em Revista CEDOUA n.º 29
- OLIVEIRA, F. P. (2011): "A discricionariedade de planeamento urbanístico municipal na dogmática geral da discricionariedade administraria", Almedina
- ORGANIZAÇÃO DAS NAÇÕES UNIDAS (2012): "Declaração do Capital Natural" –Conference on Sustainable Development (Rio+20), disponível em *http://www.naturalcapitaldeclaration.org/wp-content/uploads/2012/04/natural_capital_declaration_port.pdf*
- PEARCE, D. & MORAN. D. (1994): "O valor económico da biodiversidade" (The economic vallue of diversity), Tradução Raimundo, S. C. Lisboa, Piaget ISBN 972-8407-12-2
- PEREIRA, M, RAMALHETE, F. "Planeamento e conflitos territoriais: uma leitura na ótica da (in)justiça espacial", Finisterra (2017)
- PETERSEN, J., et al., "EU reference document on Natural Capital Accounting, prepared as part of the EU MAES process, revised draft for consultation" (2015), https://projects.eionet.europa.eu/ecosystem-capital-accounting/library/reference-document--natural-capital-accounting/final-revised-reference-document-nca-consultation-january-2015/download/en/1/NCA_draft%20reference%20document_for%20consultation_06-01-2015.pdf
- QUEIROZ DO VALE, A.; "Direito ao território: Igualdade e Capital Natural" em Revista CEDOUA n.º 38, Coimbra, Universidade de Direito de Coimbra (2016)
- QUEIROZ DO VALE, A., "Classificação do solo e urbanismo – atas e comunicações", CCDR--LVT (2016), https://issuu.com/ccdr-lvt/docs/atas-classificacao_solo_final_out_2
- QUEIROZ DO VALE, A.; 2017, "Serviços dos ecossistemas e Transferência de Edificabilidade" em "Ordenamento do Território, Urbanismo e Cidades. Que rumo?", Coordenação Fernanda Paula Oliveira, Almedina, Coimbra (2017)
- QUEIROZ DO VALE, A., "Serviços dos ecossistemas e transferência de edificabilidade", XI Congresso da geografia portuguesa – as dimensões e a responsabilidade social da geografia (2017), http://cgp2017.weebly.com/
- QUEIROZ DO VALE, A., "Ordenamento fora dos perímetros urbanos – Disfuncionalidades no solo rústico", seminário Arquitetura e paisagem fora dos perímetros urbanos no âmbito da alteração do Programa Nacional das Políticas de Ordenamento do Território; Direção-geral do Território / OA, Coimbra (2017) –http://www.arquitectos.pt/?no=2020496552,154
- QUEIROZ DO VALE, A. CYTED, Projeto Just Side – coloquio inaugural (2018) disponível em http://www.cyted.org/es/node/10157
- SCHWARZ, H., "Valoração do capital natural: económica, ecológica ou política?", Economia Global e Gestão, vol 17, ISCTE-IUL Business Scholl (2012) http://www.

scielo.mec.pt/scielo.php?script=sci_arttext&pid=S0873-74442012000100007&lng=p&tlng=p
- SMITH et al., "Economic Valuation of water resources" (2006)
- STEGARESCU, G.; PARTIDÁRIO, M. R. "Quantification of ecosystem services" (2014), https://fenix.tecnico.ulisboa.pt/downloadFile/563345090412748/Quantification%20of%20Ecosystem%20Services%20extended%20abstract.pdf
- SOJA; E.W. "The city and spatial justice" [« La ville et la justice spatiale », tradução de Sophie Didier, Frédéric Dufaux], n° 01 septembre 2009, disponível em https://www.jssj.org/wp-content/uploads/2012/12/JSSJ1-1en4.pdf
- SOUSA L.P., SOUSA A.I., ALVES F.L., LILLEBO A.I. Ecosystem services provided by a complex coastal region: challenges of classification and mapping. In: Short Bio. Scientific Reports. 6, (2016)
- TEEB, The Economics of Ecosystems and Biodiversity Ecological and Economic Foundations. Edited by Pushpam Kumar. Earthscan, London and Washington (2010), http://www.teebweb.org/our-publications/teeb-study-reports/ecological-and-economic-foundations/
- TEEB, "A economia dos ecossistemas e da biodiversidade – um guia rápido: TEEB para formuladores de políticas locais e regionais", (2010) http://www.teebweb.org/media/2010/09/TEEB-D2-Local-and-Regional-Quick-guide_Portuguese.pdf
- TEEB, "A economia dos ecossistemas e da biodiversidade – Integrando a economia da natureza, uma síntese da abordagem, conclusões e recomendações do TEEB", (2010) http://doc.teebweb.org/wp-content/uploads/Study%20and%20Reports/Reports/Synthesis%20report/TEEB_Sintese-Portugues.pdf
- TURKELBOOM et al. "*When we cannot have it all: ecosystem services trad-offs in the context of spatial planning*", Ecosystem Services Journal 26 pp. 566-578, Elsevier (2017)
- UNIÃO EUROPEIA, Five years of ecosystem science for policy & practice 2012—2017 summary reporT OPERAS PROJECT (2018)
- UNITED NATIONS, "Ecossistemas e o Bem-estar Humano", com o apoio do Programa das Nações Unidas para o Ambiente e Desenvolvimento –Avaliação do Milénio dos Ecossistemas (2003), https://www.millenniumassessment.org/documents/document.63.aspx.pdf
- UNITED NATIONS, System of environmental-economic accounting (SEEA) Central framework (2012)
- UNITED NATIONS, System of environmental-economic accounting (SEEA) Experimental ecosystem accounting (2012
- UNITED NATIONS, Living Beyond Our Means –Natural Assets and Human Well-Being –Statement from the Board (2005) https://www.millenniumassessment.org/documents/document.429.aspx.pdf
- WAINGER, L.A. et al., "Monetary valuation methods for ecosystem services benefits" (2014)
- Wealth Accounting and the Valuation of Ecosystem Services (WAVES), (2012), disponível em https://www.wavespartnership.org/ ; https://www.wavespartnership.org/en/frequently-asked-questions-natural-capital-accounting-nc

# Os fundos municipais para a sustentabilidade ambiental e urbanística*

*Carla Amado Gomes*
Professora Auxiliar da Faculdade de Direito da Universidade de Lisboa
Professora Convidada da Faculdade de Direito da Universidade Católica Portuguesa (Porto)

**1.** O Fundo municipal e o seu contexto; **2.** Fontes de receita do Fundo; **3.** Operacionalidade do Fundo; **4.** Finalidades possiveis do(s) Fundo(s); **5.** Nota conclusiva

## 1. O Fundo municipal e o seu contexto

O Fundo municipal para a sustentabilidade ambiental e urbanística (doravante, Fundo) foi criado pelo artigo 64º da Lei 31/2014, de 30 de Maio — Lei de bases gerais da politica de solos, ordenamento do território e urbanismo (doravante, LB). O nº 4 deste preceito dispõe o seguinte:

> *"Os municípios devem constituir um fundo municipal de sustentabilidade ambiental e urbanística, ao qual são afetas receitas resultantes da redistribuição de*

* Este texto serviu de base à minha intervenção no I Congresso Almedina sobre Direito do Urbanismo, que teve lugar nos dias 25 e 26 de Maio de 2018 no hotel Altis (Lisboa), coordenado pela Profª Doutora Fernanda Paula Oliveira, a quem agradeço o convite.

> *mais-valias, com vista a promover a reabilitação urbana, a sustentabilidade dos ecossistemas e a prestação de serviços ambientais, sem prejuízo de o município poder afetar outras receitas urbanísticas a este fundo, com vista a promover a criação, manutenção e reforço de infraestruturas, equipamentos ou áreas de uso público".*

É importante, antes de mais, atentar no contexto que rodeia a criação deste Fundo. Com efeito, cumpre sublinhar a reversão da lógica expansionista das áreas edificáveis, presente em quadros jurídicos anteriores, pela LB. O **solo urbano**, nos termos actuais, é apenas o que está *"total ou parcialmente urbanizado ou edificado e, como tal, afeto em plano territorial à urbanização ou à edificação"* [artigo 10º, nº 2, al. b) da LB], passando o **solo rústico** a constituir uma categoria residual. Esta opção permite induzir contenção na conquista de solos rústicos para construção e, em contrapartida, apostar no aproveitamento de espaços dentro da cidade através da reabilitação de edifícios existentes.

Na expressão de Carlos LOBO, a opção da LB significa "que todo o solo que não seja urbano será rústico até que seja viabilizada a sua edificação ou urbanização. Essa decisão caberá aos decisores municipais, salvaguardadas as devidas condições, *maxime*, a inexistência de restrições de interesse público e a respectiva sustentabilidade financeira e justificação económica. Essa reclassificação dependerá da aprovação de plano de pormenor ou de urbanização, condicionada ao desenvolvimento de um programa estrito de execução"[1].

O mesmo Autor nota que o novo regime é simultaneamente mais permissivo e mais exigente. "É mais permissivo, pois não existirá uma limitação definida previamente à urbanização, a qual era traduzida no conceito de *àrea urbanizável*, pelo que se poderá dizer que toda a área de solo rústico não sujeita a restrição de utilidade pública é passível de reclassificação. É mais restritivo, pois essa reclassificação dependerá de opção municipal tendo em consideração a sua política urbanística, assentando tanto na demonstração de viabilidade económica (com apresentação de garantias para o desenvolvimento

[1] Carlos Batista LOBO, *O Novo Modelo de Regulação Económica do Solo, do Ordenamento do Território e do Urbanismo*, in Dossier: A nova lei de bases do solo, do ordenamento do território e do urbanismo (Lei nº 31/2014, de 30 de Maio), in E-publica, nº 2, 2014, pp. 82-83 — disponível em https://www.fd.uc.pt/~fpaula/pdf/novidades_julho14.pdf

e demonstração de inexistência de alternativas de desenvolvimento mais económicas, nomeadamente opções de reabilitação), como na demonstração da viabilidade financeira (com interiorização da integralidade dos encargos com as infraestruturas de suporte e da apresentação de plano de pormenor ou plano de urbanização com programa de desenvolvimento exigente e cronologicamente definido)"[2].

Regista-se assim, nas palavras do Autor, uma "devolução" do poder de definição da política urbanística ao Município, que a deverá conduzir numa óptica de avaliação do interesse municipal[3].

Este recentramento da política urbanística no interesse público de um planeamento viável e equilibrado — em vez de um planeamento irrealista e especulativo — explica a existência do Fundo. Isto porque, tendencialmente e muito em função do tipo de concelho de que se tratar haverá, por um lado, mais margem para densificar o urbanizado, sobretudo através da reabilitação e, por outro lado, mais espaço a aproveitar para dar respiração aos aglomerados urbanos e a usos ambientalmente amigos.

Por outras palavras, quer na vertente da reabilitação urbana, quer na vertente da valorização dos usos dos solos rústicos, a figura do Fundo ganha relevância. De acordo com Fernanda Paula OLIVEIRA, o fundo tem potencial para se constituir num relevante instrumento de gestão do solo rústico (não urbanizável), concorrendo dessa forma para um sistema de ocupação territorial mais justo e sustentável[4].

## 2. Fontes de receita do Fundo

Atentando na redacção do nº 4 do artigo 62º da LB, *supra* citado, parece poder conceber-se duas destinações possíveis das verbas inscritas no Fundo, tendo em consideração a proveniência da receita. Assim,

[2] Carlos Batista LOBO, *O Novo Modelo..., cit.*, p. 83 (sublinhado meu).

[3] Carlos Batista LOBO, *O Novo Modelo..., cit.*, p. 83.

[4] Fernanda Paula OLIVEIRA, *A utilização do solo rústico (não urbanizável)*, in Desafios Actuais em Matéria de Sustentabilidade Ambiental e Energética, coord. de Suzana Tavares da Silva, Coimbra, 2017, pp. 271 segs, 288.

i) Para promover a reabilitação urbana, a sustentabilidade dos ecossistemas e a prestação de serviços ambientais, contar-se-ia com receitas resultantes da redistribuição de mais-valias fundiárias;
ii) Para promover a criação, manutenção e reforço de infraestruturas, equipamentos ou áreas de uso público, utilizar-se-iam outras receitas urbanísticas.

i) Quanto ao primeiro grupo, deve tomar-se em especial consideração o disposto no artigo 64º da LB (Redistribuição de benefícios ou encargos)

> *"1 – Todas as operações urbanísticas sistemáticas e não sistemáticas estão sujeitas ao regime económico-financeiro regulado nos termos da lei e dos artigos seguintes.*
> *2 – Os planos territoriais de âmbito intermunicipal ou municipal contêm instrumentos de redistribuição equitativa de benefícios e encargos deles resultantes.*
> *3 – A redistribuição de benefícios e encargos a efetivar no âmbito dos planos territoriais de âmbito intermunicipal ou municipal toma por referência unidades operativas de planeamento e gestão, bem como unidades de execução, considerando a globalidade de território por eles abrangida.*
> *4 – A redistribuição de benefícios e encargos a efetivar nos termos do número anterior, aplica-se a todas as operações urbanísticas sistemáticas e não sistemáticas que ocorram no território em causa, concretizando a afetação das mais-valias decorrentes do plano ou de ato administrativo.*
> *5 – A redistribuição de benefícios e encargos a efetivar no âmbito de unidades de execução ou de outros instrumentos de programação determina a distribuição dos benefícios e encargos pelo conjunto dos respetivos intervenientes.*
> *6 – Para efeitos do disposto nos números anteriores, os planos territoriais de âmbito intermunicipal ou municipal fundamentam o processo de formação das mais-valias fundiárias e definem os critérios para a sua parametrização e redistribuição.*
> *7 – A lei pode ainda estabelecer mecanismos de distribuição de encargos e benefícios destinados a compensar os custos decorrentes da proteção de interesses gerais, nomeadamente, a salvaguarda do património cultural, a valorização da biodiversidade ou da proteção de ecossistemas".*

Tendo em atenção que, tendencialmente,

- quem tinha solo urbanizável que passe a ser classificado como rústico[5], verá o seu valor patrimonial diminuir, bem como reduzidos os benefícios e encargos inerentes às potenciais operações de edificação;
- que quem tinha solo urbanizável ou solo urbano com urbanização programada, após a sua classificação como solo urbano (logo, após a boa conclusão das operações descritas), vê o seu valor patrimonial aumentar, podendo ver acrescer benefícios mas também encargos urbanísticos (custos de infraestruturas devidas inerentes à densificação urbanística);

é sobretudo a segunda categoria de situações que vai alimentar o Fundo, através do mecanismo a que alude o nº 6 do artigo 64º, dado que se o proprietário do solo quiser concretizar a mais valia promovida pelo plano, densificando o solo parcial ou totalmente edificado, terá que pagar ao município.

Recorrendo uma vez mais aos ensinamentos de Carlos LOBO, assinale-se que "A afectação social de mais-valias concretiza a perequação à escala municipal. É devida pela reclassificação do solo como urbano e *pela outorga de direitos de edificação* (...). No caso de preexistências edificadas ou de edificabilidade concreta já atribuída por plano territorial anterior, a afectação social de mais-valias só incide sobre a edificabilidade adicional outorgada pelo novo instrumento ou acto (...).

Trata-se de um mecanismo de perequação geral inovador, que visa a captura de mais-valias fundiárias (...) Tem, assim, uma função compensatória de sujeitos com constrangimentos edificatórios. Porém, a sua utilização dependerá de uma acção positiva (acção de serviços ambientais ou acção

[5] Tenha-se em mente o disposto no artigo 82º, nº 3, da LB:
"3 – *Nos procedimentos de elaboração, alteração ou revisão de planos territoriais a que se refere o número anterior, os terrenos que estejam classificados como solo urbanizável ou solo urbano com urbanização programada, mantêm a classificação como solo urbano para os efeitos da presente lei, até ao termo do prazo para execução das obras de urbanização que tenha sido ou seja definido em plano de pormenor, por contrato de urbanização ou de desenvolvimento urbano ou por ato administrativo de controlo prévio*".

de reabilitação), não se premiando comportamentos passivos (distingue-se, assim, da compensação cega de agentes que não conduzem acções activas).

Estão previstos dois eventos distintos potencialmente geradores de vantagens patrimoniais: a reclassificação do solo por plano urbanístico (mais-valia fundiária típica) e o aumento de carga edificatória que ocorra mesmo sem reclassificação do uso do solo (outorga de direitos de edificação por via de acção administrativa).

Esta quantificação diferencial da vantagem patrimonial visa unicamente a compensação pelo ganho extraordinário. Competirá à Assembleia Municipal a determinação da percentagem de afectação social de mais-valia a aplicar, justificada pela orientação de política urbanística adoptada, podendo ser definidas taxas diferenciadas em função das áreas territoriais de incidência, abrangidas pelo plano diretor municipal. É neste enquadramento que devem ser interpretados os nºs 6 e 7 do artigo 64º da LB"[6].

Na verdade, se pensarmos na função ambiental do solo, faz sentido que os proprietários que vêem o potencial edificatório dos solos de sua titularidade aumentar contribuam para o desenvolvimento daquela função por parte dos proprietários de solo rústico. Como explica Fernanda Paula OLIVEIRA[7], a questão de saber se um proprietário de solo rústico pode ser remunerado pelas externalidades positivas produzidas pelo seu terreno ganha hoje acuidade e merece resposta positiva. Todavia, cumpre saber o que constitui valor acrescentado para efeitos de remuneração, ou seja, o que se traduz numa benfeitoria *necessária* (dever associado à função social da propriedade rústica) ou *voluptuária* (poder de incrementar a qualidade dos serviços ambientais produzidos), pois só a segunda deve ser remunerada.

Como escreve a Autora citada, "não são todos os usos nem todas as inibições a dar lugar a esta possibilidade, devendo o legislador explicitar, de forma clara, os *usos correntes* admitidos nestes solos (não remuneráveis) os quais, uma vez identificados, permitem o cálculo de uma compensação *a pagar* pelo proprietário sempre que seja autorizado (por plano ou licença) a realizar um uso mais remunerador (nomeadamente, o edificatório) e, em contrapartida, o cálculo de uma compensação *a receber* pelo proprietário sempre que ele leve

[6] Carlos Batista LOBO, *O Novo Modelo..., cit.*, pp. 89-90.
[7] Fernanda Paula OLIVEIRA, *A utilização do solo rústico..., cit.*, p. 286.

a cabo um uso ambientalmente mais adequado, que pode ser ou não compatível com os usos correntes"[8].

Fernanda Paula OLIVEIRA apela, assim, à constituição de um "fundo eco-perequativo", que pode rever-se, pelo menos parcialmente, nos termos do Fundo em análise[9].

Tudo isto faz ainda mais sentido se lermos o artigo 2º da LB, que estabelece que:

> *"Constituem fins da política pública de solos, de ordenamento do território e de urbanismo:*
> *a) Valorizar as potencialidades do solo, salvaguardando a sua qualidade e a realização das suas funções ambientais, económicas, sociais e culturais, enquanto suporte físico e de enquadramento cultural para as pessoas e suas atividades, fonte de matérias-primas e de produção de biomassa, reservatório de carbono e reserva de biodiversidade;"*

e que a alínea a) do nº 2 do artigo 3º da LB apela também

> *"à preservação de recursos naturais, à salvaguarda da capacidade de produção dos ecossistemas a longo prazo e da biodiversidade, do equilíbrio biológico, do clima e da estabilidade geológica, harmonizando a vida humana e o ambiente",*

não esquecendo, em especial, nos termos do artigo 13º, nº 2, da LB que:

> *"Os proprietários do solo rústico têm o direito de utilizar os solos de acordo com a sua natureza, traduzida na exploração da aptidão produtiva desses solos, diretamente ou por terceiros, preservando e valorizando os bens culturais, naturais, ambientais e paisagísticos e de biodiversidade".*

ii) No segundo grupo, o Fundo beneficiará da afectação de outro tipo de receitas, como taxas urbanísticas (nos termos do artigo 116º do RJUE), passando

[8] Fernanda Paula OLIVEIRA, *A utilização do solo rústico..., cit.*, p. 287.

[9] Fernanda Paula OLIVEIRA, *A utilização do solo rústico..., cit.*, p. 287.

pelo IMI [10], por compensações por acréscimo de edificabilidade (artigo 178º, nº 6 do DL 80/2015, de 14 de Março: Regime Jurídico dos Instrumentos de Gestão Territorial, RJIGT), entre outras.

Uma questão que se pode aqui colocar é a de saber se a taxa turística pode contribuir para este segundo grupo — refira-se que a Câmara Municipal de Loulé anunciou que vai alimentar o Fundo por recurso à taxa turística a partir de Janeiro de 2019. Voltaremos a este ponto adiante.

## 3. Operacionalidade do Fundo

O Fundo criado pela LB não mereceu desenvolvimento pelo RJIGT, mas isso não impede, de acordo com Fernanda Paula OLIVEIRA, a sua utilização ou mobilização sempre que se mostrem necessários na situação concreta[11]. Remanesce uma dúvida, no entanto, sobre a ausência na lei — na LB ou no RJIGT — de qualquer índice mínimo de afectação de receitas a este Fundo. Constituindo a sua criação um dever, tal indicação pareceria essencial, sob pena de o volume de receitas afectadas ser tão inexpressivo que, na prática, equivalha à não existência do mesmo.

Vários Municipios já os criaram – abrindo simplesmente uma verba no orçamento municipal.

## 4. Finalidades possíveis do(s) Fundo(s)

Como se observou, o artigo 62º, nº 4 da LB traça várias destinações possíveis das verbas inscritas no Fundo, tendo em consideração a proveniência da receita:

[10] Carlos Batista LOBO (*O Novo Modelo..., cit.*, p. 87) enfatiza que as infraestruturas que beneficiarem essencialmente o "grupo de munícipes", tais como estradas municipais, equipamentos culturais e desportivos, jardins, onde os beneficiários não são individualmente identificados, mas identificáveis na óptica do grupo, deverão ser financiadas pelo IMI.

[11] Fernanda Paula OLIVEIRA, *A utilização do solo rústico..., cit.*, p. 288.

i) promover a reabilitação urbana, a sustentabilidade dos ecossistemas e a prestação de serviços ambientais (receitas resultantes da redistribuição de mais-valias);
ii) promover a criação, manutenção e reforço de infraestruturas, equipamentos ou áreas de uso público (outras receitas urbanísticas).

No primeiro grupo, o financiamento do Fundo pode aproveitar quer ao próprio município (*maxime*, na vertente da reabilitação urbana), quer ao apoio de iniciativas privadas (tanto na reabilitação como na promoção da qualidade dos recursos ecossistémicos) (i); no segundo grupo, a verba será canalizada sobretudo para o financimento de obras promovidas pelo município (ii).

Como se vê, as finalidades são bastante distintas, o que me leva a questionar se este Fundo não será(ão), na verdade, dois fundos diferentes. Na verdade, o segundo segmento da norma aponta para uma realidade que se prende com outras "sustentabilidades", de coesão social e económica, e que tem desde logo expressão no artigo 8º da LB[12].

i) Quanto ao "primeiro" fundo, no que toca à reabilitação urbana, esse é um dos caminhos indicados pela LB, e uma necessidade crescente nos grandes centros urbanos – hoje particularmente dificultada pelo "assalto" turístico, de curta e longa duração, ao imobiliário de cidades fortemente atractivas como Lisboa e Porto.

Nesta vertente, por exemplo, em Lisboa, a ligação entre o Fundo e o Programa Renda Acessível[13], promovido pela Câmara Municipal de Lisboa, pode facilmente ser estabelecida, na medida em que este programa visa a regeneração urbana através da construção ou reabilitação de edifícios de propriedade municipal seus e do financiamento de equipamentos complementares, como creches e escolas. Um outro exemplo de convocação deste Fundo poderia

[12] Cfr. as alíneas:
"d) *Garantir a existência de espaços públicos destinados a infraestruturas, equipamentos e espaços verdes ou outros espaços de utilização coletiva, acautelando que todos tenham acesso aos mesmos em condições de igualdade;*
e) *Garantir a sustentabilidade económica das obras indispensáveis à instalação e à manutenção de infraestruturas e equipa*mentos."

[13] http://www.cm-lisboa.pt/noticias/detalhe/article/programa-renda-acessivel

residir na operação de reconversão urbanística que a Câmara Municipal de Lisboa projecta para os antigos terrenos da Feira Popular, nos quais, entre outros imóveis, nascerão 700 fogos de renda "acessível" de propriedade municipal.

Como se disse, as verbas a sair deste Fundo tanto podem reverter para iniciativas municipais como de particulares, desde que obedeçam à lógica de reabilitação, com ou sem densificação do edificado.

Ainda no âmbito do "primeiro" fundo, no plano das iniciativas privadas, o realce vai para o pagamento de serviços ambientais (a questão da sustentabilidade dos ecossistemas torna esta vertente demasiado vaga).

Neste plano, a maior dificuldade é a errância terminológica e a indefinição legislativa. Na verdade, no seio da LB, o legislador utiliza duas expressões aparentemente sinónimas — "serviços ambientais", no artigo 62º, nº 4, e "serviços de suporte e dos sistemas naturais", no artigo 61º, nº 1. Esta alternância não deixa claro se se está a remeter para a alínea *q)* do artigo 3º do DL 142/2008, de 24 de Julho, que fala em "serviços dos ecossistemas" (cfr., em especial, o seu ponto iv)[14], ou para alguma outra realidade.

Numa área "nova" como esta em Portugal, para evitar incertezas e incrementar a operacionalização das figuras, conviria promover a coerência entre diplomas e, dada a originalidade, fornecer-se uma listagem exemplificativa do que se pode entender por estes serviços. Isto sem embargo de cada município, em função das suas características — desde logo, ser predominantemente rural ou urbano; se rural, com maior incidência na agricultura ou silvicultura... — fazer publicar uma listagem dos serviços ambientais remuneráveis (cfr., por exemplo, uma proposta disponível no site do Instituto de Conservação da Natureza e das Florestas, subscrita por organizações das indústrias florestais sobre o pagamento de 100€/ha aos proprietários que queiram plantar sobreiros)[15].

[14] "«Serviços de suporte», entendidos como os serviços necessários para a produção de todos os outros serviços, nomeadamente a formação do solo, os ciclos dos nutrientes ou a produtividade primária, entre outros".

[15] "Serviços do Ecossistema em Espaços Florestais – Contributos para uma Economia Verde em Portugal" – Posições e perspetivas das organizações da indústria florestal (29.Fevereiro.2012) — disponível em http://www2.icnf.pt/portal/pn/biodiversidade/ei/unccd-PT/pancd/resource/doc/seef/2012fev29/industria/120229-apcor-paulobessa

A *Estratégia Nacional de Conservação da Natureza e Biodiversidade para 2030*, recentemente aprovado pela Resolução do Conselho de Ministros 55/2018, de 7 de Maio, sublinha a necessidade de desenvolver o pagamento por "serviços dos ecossistemas", mas reconhece a fase embrionária em que ainda nos encontramos:

> *"O mapeamento, a avaliação da condição e a valoração dos ecossistemas e dos serviços de ecossistemas tem sido comprovado como a metodologia mais robusta para tornar tangível a conservação da natureza e o valor da biodiversidade nos ciclos económicos, permitindo a sua efetiva integração e ponderação no quadro da gestão política e operacional dos países.*
> *Percebe-se, assim, que se destaque a necessidade de conceber e adotar uma estratégia que vise o mapeamento dos ecossistemas existentes em Portugal e seus serviços mais relevantes. Neste contexto, importa ainda proceder a uma avaliação do seu estado de conservação, bem como levar a cabo uma valoração dos serviços prestados, tendo presente a simultânea identificação das prioridades de recuperação de ecossistemas degradados, identificando a natureza das intervenções a adotar para contrariar essa degradação".* **(Ponto 4.3.1.)**

Uma vez detectados e mapeados, será possível atribuir valor a actividades que se dediquem a promovê-los:

> *"Os ecossistemas proporcionam uma ampla gama de benefícios diretos e indiretos. Florestas, espaços agrícolas e agroflorestais, zonas húmidas, rios, lagos e oceanos fornecem uma grande variedade de produtos (alimentos, água, matérias-primas), que estão na base do desenvolvimento das sociedades humanas. Para além desta função de aprovisionamento, os ecossistemas cum- prem uma função singular na regulação dos diferentes ciclos naturais (água, ar e outros recursos naturais e genéticos essenciais à vida) e têm um valor cultural cada vez mais apreciado e mobilizador. Deste modo, considera-se fundamental criar as condições para levar a cabo uma valoração dos principais serviços prestados pelos ecossistemas, a nível nacional, regional e local, visando a sua contabilização económica assente numa estratégia de utilização sustentável e eficiente dos recursos, e definir modelos que permitam a integração deste valor nos diferentes sectores de atividade, na economia e nas finanças.*

> *Nesta perspetiva, é também crucial estudar metodologias para a remuneração dos serviços dos ecossistemas, que, a título experimental, serão testadas em áreas protegidas selecionadas para constituírem um projeto-piloto neste âmbito".* **(Ponto 4.3.2.)**

ii) Quanto ao "segundo" fundo, no plano das infraestruturas, já se realçou a enfâse que o artigo 8º da LB confere aos deveres de manutenção de equipamentos sociais. Ponto é que exista uma conexão entre a fonte de receita e o resultado da sua afectação. Por exemplo, faz todo o sentido que receitas do IMI sejam afectas à manutenção de infraestruturas de saneamento ou trânsito, uma vez que a ocupação imobiliária desgasta esse tipo de equipamentos.

Já o anúncio da Câmara Municipal de Loulé no sentido de criar um fundo ao abrigo do artigo 62º, nº 4 da LB para "*... a sustentabilidade ambiental e* turística *e usar o dinheiro quer no reenchimento das praias do litoral do concelho, quer para fazer face a «prejuízos decorrentes de incêndios ou cheias"* me levanta dúvidas, uma vez que só muito remotamente a pressão turística pode ser responsável pelas alterações climáticas e fenómenos extremos que elas provocam.... Veja-se que o artigo 5º da Lei 53-E/2006, de 29 de Dezembro (Regime geral das taxas das autarquias locais) erige o princípio da justa repartição dos encargos públicos como um dos pilares fundamentais nesta matéria, especificando, no nº 2, que

> *"As autarquias locais podem criar taxas para financiamento de utilidades geradas pela realização de despesa pública local, quando desta resultem utilidades divisíveis que beneficiem um grupo certo e determinado de sujeitos, independentemente da sua vontade".*

Claro que o problema aqui é prévio à afectação das receitas ao Fundo: a questão prende-se, antes disso, com o lançamento da própria taxa com tais fundamentos, que é ilegal.

## 5. Nota conclusiva

O Fundo em análise é uma figura recente e sofre da passividade do legislador relativamente à sua regulamentação. Pode ser uma boa ideia, se não for malbaratada pela ignorância ou pelo abuso. Que estas linhas possam contribuir para novas reflexões sobre as suas utilizações possíveis, no respeito pelos objectivos que presidirem à sua criação, nomeadamente de um repensar das políticas de solos, ordenamento do território e urbanismo.

# Um Caminho para a melhoria da Prática Urbanística*

*Jorge Carvalho,*
*Urbanista, Professor da Universidade de Aveiro*

## 1.

Tenho afirmado, em diversas ocasiões, que o Sistema de Planeamento e Administração Urbanística praticado em Portugal se tem revelado ineficaz.

As razões de tal afirmação assentam em olhar global sobre as transformações que ocorreram nas últimas décadas no território português:

- casuísmo edificatório, traduzido em fragmentação e dispersão;
- construção nova em excesso e abandono da "velha";
- mobilidade assente, quase exclusivamente, no automóvel individual;
- mais valias fundiárias arrecadadas por proprietários e promotores;
- insuficiente racionalidade coletiva no aproveitamento dos recursos ambientais, energéticos e financeiros.

Tenho também defendido, não poucas vezes, a indispensabilidade de uma profunda alteração da atual *praxis* urbanística. Sublinho: a alteração necessária é mesmo a da prática corrente, já que o quadro legal em vigor, mesmo com diversas contradições e insuficiências, estabelece no essencial as linhas da

* Os anexos a este texto podem ser consultados em http://bit.ly/2Csd8r4

necessária alteração; considero até que a recente LBSOTDU (Lei 31/2014) exige que esse processo seja encetado.

Procuro, neste artigo, traçar as linhas gerais de um caminho que considero possível e adequado para ultrapassar a falta de eficácia, justiça e transparência do processo que vai ocorrendo, cumprindo e interpretando o quadro legal em vigor. Fá-lo-ei apresentando o que penso deverão ser as linhas orientadoras dessa nova Prática Urbanística, articulando em cada uma delas objetivos com instrumentos e articulando essas linhas entre si, visando um todo coerente. Apresentarei também um conjunto de casos, recolhidos da nossa prática profissional mais recente, que ilustrarão o como fazer.

O esquema seguinte enuncia de forma muito direta e muito sintética o Modelo que defendemos e praticamos.

São objetivos essenciais desse Modelo:

– A *Reabilitação Urbana*, necessariamente associada a uma atitude de *Contenção Edificatória*;
– A *Estruturação do Território*, a qual exige operações que denominamos de *Colmatação Estruturante*.

E, para alcançar tais objetivos, afigura-se necessário a adoção de uma política pública de *Afetação das Mais Valias*, racional, transparente e operativa.

## 2.

Afigura-se hoje consensual a necessidade de evitar o retorno à forte dinâmica de realização de obra nova que ocorreu no passado e de investir na **reabilitação urbana**.

Os números falam por si. Entre 1981 e 2011 o número de alojamentos cresceu 2,4 milhões enquanto o número de famílias apenas aumentou 1,1 milhão. No ano 2000 o investimento no sector residencial incidiu quase apenas em obra nova; na reabilitação apenas 10,3%, enquanto na média europeia esse valor foi de 58,2%[1].

Ocorreu, então, uma crise no sector imobiliário (inevitável e até salutar, face a realidade dos números, nada comparável às que ocorreram em Espanha ou nos EUA), a que se seguiu a crise financeira/económica. A construção parou durante alguns anos.

A retoma em curso apresenta características distintas da anterior dinâmica edificatória: não é excessiva nem generalizada; ocorre em locais que revelam alguma racionalidade (áreas centrais ou com apetência turística); integra uma maior dimensão de reabilitação[2]. Perante os "juros zero" e o forte incremento do turismo, os valores do imobiliário voltam a disparar, atingindo números

[1] Ministério das Obras Públicas, Transportes e Habitação, 2004, "O Sector da Habitação no ano 2003"

[2] Esta ideia, das obras de reabilitação estarem a aumentar, carece de precisão. Consultado o INE – "Estatísticas de Construção e Habitação 2017"- constata-se que as obras de reabilitação registadas (edifícios concluídos) pouco têm aumentado, sendo apenas 4.171 em 2017 e representando apenas 30% do total (70% de obras novas, portanto). Em leitura mais aprofundada, verifica-se que 83% das obras de reabilitação registadas correspondem a obras de ampliação (2.902) e de reconstrução (571); ou seja, as obras de alteração registadas são muito poucas e não há registo relativo a obras de conservação. Acontece (DL555/99, alterado pelo DL136/201 4, Art.º6.º) que não estão sujeitas a licença nem a comunicação prévia as obras de conservação e as obras de alteração que não impliquem modificações na estrutura nem no exterior (fachadas ou cobertura). Constatando-se, de forma empírica, que a maioria das obras de reabilitação em curso são deste tipo, logo concluímos que não dispomos de informação sobre o que está a ocorrer. Fica-nos a convicção... assente quase apenas em observação direta.

insustentáveis; mas, note-se, tal acontece apenas em locais "apetecíveis", hoje e previsivelmente no futuro. Importa não confundir estas ocorrências localizadas com a globalidade do País.

No País a aposta na reabilitação está por concretizar.

É necessário perceber as razões que presidiram à construção de tantos edifícios novos e ao abandono dos "velhos": a procura preferia "o novo"; do lado da oferta era "o novo" que permitia maiores lucros. Se tais factos não forem alterados a aposta na reabilitação generalizada será perdida.

É indispensável a adoção de uma política publica que altere o quadro anterior, fazendo que para promotores e para utilizadores a reabilitação surja como vantajosa relativamente à edificação nova. Para tal, há que favorecer/apoiar a primeira e que dificultar/penalizar a segunda.

A política pública para a reabilitação urbana, a conjugar entre Governo e Municípios, deveria integrar:

| | |
|---|---|
| Ações urbanísticas: | Integração territorial<br>Qualificação do espaço público<br>Animação da vida local |
| Ações incidindo nos edifícios: | Pressões e incentivos aos proprietários<br>Incentivos a promotores e a utilizadores<br>Ação pública direta |

Combater a existência de muitos edifícios degradados e devolutos é o desafio central. Tal foi acontecendo porque o imobiliário funciona como valor de reserva, assente na convicção de que este com o tempo sempre se irá valorizar, gerando atitudes imobilistas, pré-capitalistas, quase sempre ignorando custos de oportunidade.

A forma mais eficaz de contrariar esta atitude é o **imposto sobre o imobiliário**. Este, para atingir o máximo de eficácia, deveria ser de valor significativo, ser pago periodicamente e incidir sobre o valor potencial do imóvel (e não sobre o seu valor real). Um imposto com estas características

– especialmente se sujeito a agravamentos em casos de degradação e/ou de não uso do edifício e a redução ou isenção em casos de reabilitação e efetivo uso – altera radicalmente a atitude dos proprietários, contraria o imobilismo, obriga-os a rentabilizar ou a vender e, em consequência, a baixar os preços.

Este caminho já foi aberto pelo quadro legal em vigor através da variação do IMI previsto no quadro das ARU. Mas há que lhe fazer estas ressalvas:

- Sendo que o IMI incide sobre o valor patrimonial do imóvel (e não, como seria útil, sobre seu valor potencial) casos há, nomeadamente o de ruínas, em que o valor do imposto é diminuto.
- Para que o instrumento de fiscalidade seja eficaz, são importantes os incentivos, mas ainda mais os agravamentos significativos. No caso de ruínas, triplicar o IMI (que é o máximo que a lei permite) traduz-se em valor ainda muito baixo.
- A pressão para que os edifícios degradados e devolutos entrem de facto e massivamente no mercado é instrumento essencial; só assim baixarão os preços de venda; só assim a reabilitação poderá competir com a obra nova.

Outro instrumento a utilizar é o **incentivo a promotores e a utilizadores.** Também neste domínio foram dados passos importantes. Estão previstos benefícios fiscais relativos ao IMI, ao IRC, a rendimentos prediais e mais valias e ao IRS. Esperam-se apoios financeiros, nomeadamente juros bonificados, para a realização de obras de reabilitação no quadro das ARU.

Interessa aprofundar este caminho no âmbito da Política da Habitação. Há que conseguir que a realização de obras de reabilitação e a consequente utilização desses edifícios seja vantajosa para promotores e utilizadores quando comparadas com a construção e utilização de edifícios novos. Para tal há desde logo que fazer contas, comparativas, considerando custos iniciais de imóvel, custos de construção, licenciamento e taxas urbanísticas e a globalidade dos impostos.

Para além destes instrumentos indiretos, assentes na fiscalidade, importa ainda que ocorram **ações diretas dos municípios**, em substituição de proprietários.

Estão (algumas delas de há muito) previstas na legislação em vigor (DL 55/99, republicado pelo DL 136/2014; DL 307/2009, republicado pela Lei 32/2014):

- intimação dos proprietários para a execução de obras;
- em caso de incumprimento, execução pela Câmara Municipal de obras coercivas, ou expropriação por utilidade pública, ou venda forçada;
- arrendamento forçado após execução de obras coercivas.

Afigura-se que, face aos atuais meios municipais, estas ações de substituição não podem ser utilizadas de forma massiva. Mas podem e devem ser utilizados em determinadas situações, nas especialmente gravosas e, sobretudo, em localizações simbólicas, com efeito multiplicativo, por exemplo em local central da área a reabilitar e que tenha sido objeto de qualificação de espaço público.

Estas intervenções exigem investimento municipal inicial; mas este pode (e em muitos casos deve) ser recuperado na íntegra.

Estas ações diretas municipais, mesmo que apenas pontuais, são fundamentais para que as intimações para reabilitar sejam levadas a sério.

A aposta na reabilitação urbana deve incluir, para além das ações relativas aos edifícios, algumas outras que incidam no seu enquadramento.

É o caso das obras de **qualificação do espaço público** e de infraestruturas, que têm acontecido com muita frequência, sobretudo em "centros históricos", para as quais têm havido apoios financeiros.

Sendo caminho a prosseguir, apenas duas notas:

- Seria muito importante articular as obras de requalificação do espaço público com as ações relativas a edifícios atrás enunciadas;
- Algumas obras no espaço público afiguram-se excessivas, por vezes demasiado afirmativas, por vezes injustificadamente caras. Considero que as boas soluções de espaço público assentam muito na sua funcionalidade e na relação com a função e forma dos edifícios envolventes e que, muitas vezes, pode ser otimizada através de uma atitude formal de relativa neutralidade.

Mudando de enfoque, importa sublinhar que a cidade não é apenas nem sobretudo mineral, é atualmente o principal habitat humano, e que a **vivência urbana** que ocorre em cada local é aspeto fundamental em qualquer abordagem de reabilitação urbana.

Assim sendo, antes de mais, há que procurar defender e valorizar a identidade de cada local, com a permanência de residentes e das funções que nele (ainda) permanecem.

Tal não obsta a que se perspetive um processo de renovação (indispensável nas áreas que se encontram quase abandonadas), procurando mistura de usos e de estratos sociais. Penso que a *gentrificação* e o *turismo*, exigindo cautelas, procurando que não sejam excessivos, constituem potenciais a não desperdiçar.

Importante é, ainda, perspetivar ações de animação destes espaços, atraindo pessoas, dando-lhes visibilidade, sendo que também neste domínio os excessos deverão ser evitados.

Estas últimas observações remetem-nos para outra abordagem, de planeamento urbanístico, perceber o potencial e estabelecer o papel que uma área a reabilitar deverá desempenhar no quadro do território aonde se insere. Trata-se de considerar e promover a sua **integração territorial.**

Exige uma abordagem em dois âmbitos, partindo do geral para o particular:

- Leitura global do território alargado onde se insere (pode ser uma cidade) e estabelecimento de opções de fundo relativas à Estruturação desse território. A este tema à frente voltarei.
- Leitura global da área a reabilitar e da respetiva envolvente, potenciando conexões, nomeadamente de acessibilidade e de visibilidade, e utilizando a envolvente para resolver carências da área a reabilitar (é o caso, frequente, das necessidades de estacionamento).

Atualmente os processos de reabilitação em curso mais frequentes ocorrem no âmbito de ARU e das correspondentes ORU.

A proposta que elaborámos para a **ORU Cidade de Peniche**, publicado em DR de 23/11/2017, ilustra em parte o que atrás se defende, sendo de destacar:

- A solução de "integração territorial", a qual norteou toda a proposta de regeneração e requalificação urbana;
- O quadro relativo à fiscalidade, o qual adota os máximos incentivos e agravamentos permitidos por lei;
- A criação pelo Município de uma "Bolsa de Venda e Arrendamento de Edifícios a Custos Controlados", na qual os proprietários podem colocar os respetivos prédios, ficando assim desobrigados de agravamentos fiscais;
- O sublinhar da necessidade de um contacto sistemático e continuado dos serviços municipais com os proprietários, utilizando incentivos e pressões, para que o objetivo da reabilitação seja alcançado.

O **Anexo 1** contém figura com a solução de "integração territorial" e um quadro com os incentivos e agravamentos fiscais adotados nesta ORU Cidade de Peniche.

## 3.

Referi, atrás, que os incentivos à reabilitação urbana devem ser acompanhados por uma atitude de **contenção edificatória**, evitando a multiplicação de obras novas que ocorreu no passado.

Tal política de contenção implica:

- uma diminuição substancial dos perímetros urbanos;
- uma resposta perante a ocupação dispersa, muito extensa e até agora sempre crescente;
- o aumento dos encargos urbanísticos e dos impostos associados a obra nova.

A diminuição substancial dos **perímetros urbanos** é hoje um imperativo legal decorrente da LBSOTDU e do consequente RJIGT (DL 80/2015). Tendo estabelecido um novo conceito de solo urbano – "*...o que está total ou parcialmente urbanizado ou edificado e, como tal, afeto em plano territorial à urbanização ou edificação*" – exige uma classificação *ex novo* com ele consentânea (o que implica a eliminação do solo urbanizável) e obriga, para tal, a uma revisão dos PDM e/ou PU em vigor.

De referir, não obstante, que a delimitação do solo urbano não pode reduzir-se a uma mera delimitação da ocupação existente, terá também que cumprir os demais desígnios estabelecidos por lei, nomeadamente o de definição de uma "*estratégia de desenvolvimento territorial*" e o de "*estruturação da ocupação do solo*".

Este tema é tratado, de forma detalhada, na publicação "Classificação do solo no novo quadro legal", 2016, J. Carvalho e F.P. Oliveira, Ed Almedina.

A aplicação prática deste desígnio pode ser observada no **Plano de Urbanização de Abrantes,** publicado em DR de 05/06/2017 – (ver **Anexo 2**, no qual se confronta o macro zonamento adotado com o perímetro urbano do plano anteriormente em vigor).

O objetivo de contenção edificatória não pode ignorar a existência de extensas áreas de **edificação dispersa.**

De notar que são áreas "parcialmente urbanizadas ou edificadas" e, assim sendo, até poderiam ser classificadas como solo urbano. Mas a LBSOTDU estabelece, logo no seu artigo 2.º, os imperativos de "*aproveitamento racional eficiente do solo*" e de contenção da "*edificação urbana e ocupação dispersa*". Nada refere, contudo, sobre como enquadrar a dispersão existente.

Desenvolvemos investigação muito aprofundada sobre o assunto, a qual pode ser consultada na obra "*Custos e benefícios, à escala local, de uma Ocupação Dispersa*", publicada pela DGT em 2013.

De tal obra retiramos as seguintes conclusões e orientações que passámos a praticar:

- A Ocupação Dispersa é muito mais cara que a concentrada (ocupa 5 vezes mais solo, as infraestruturas custam 3 vezes mais), sendo contraditórias (não conclusivas) as preferências dos utilizadores. O alastramento da ocupação dispersa deve, sem dúvida, ser evitado.
- Mas o que fazer, como ordenar a ocupação dispersa existente?
- Assumir, antes de mais, que existe, que corresponde a um híbrido urbano/rural e que como tal se deverá manter, eliminando as expectativas de que um dia será urbanizada;

- Enquadrar esta ocupação em unidades vivenciais, acentuando ou criando a respetiva centralidade, um pequeno núcleo urbano a reforçar e equipar;
- Registar as vias e as infraestruturas existentes e estabelecer que não serão ampliadas;
- Estabelecer uma edificabilidade baixa, localizada ao longo das vias, função da capacidade das infraestruturas existentes;
- Fomentar e recriar a função agrícola nas diversas parcelas.

Este caminho é compaginável com o quadro legal em vigor, uma vez que o DR 15/2015 estabelece (e esclarece) que as áreas "*com características híbridas, de uma ocupação urbano rural*" podem ser classificadas como solo urbano, na categoria de "*espaços urbanos de baixa densidade*", ou como solo rústico, na categoria de "*áreas de edificação dispersa*".

Foi o que fizemos no PU de Abrantes (volte-se ao **Anexo 2**), em que foi identificada uma grande área de ocupação urbano/rural (antes perímetro urbano) a qual, função da capacidade das infraestruturas e de condicionantes ambientais, foi subdividida naquelas duas categorias de espaço.

Recomendo a consulta deste PU para conhecer a normativa adotada para estas duas categorias de espaço e também o modelo utilizado para confrontar e racionalizar a relação entre infraestruturas e edificabilidade.

Tal Modelo encontra suporte teórico na obra de Frederico Moura e Sá, "*A infraestrutura como referencial para o Ordenamento do Território*", 2016, (dissertação de doutoramento na UP), consultável em *ordenaracidade.pt*.

Retome-se o objetivo de partida, o de contrariar a expansão e a obra nova, favorecendo a reabilitação.

Para tal importa isentar de taxas urbanísticas a reabilitação urbana (nomeadamente quando não implique aumento da área de construção) e, ao contrário do que tem acontecido, há que confrontar a obra nova com os reais e correspondentes **encargos urbanísticos**. Estes, considerando infraestruturas gerais e infraestruturas locais, ascendem a um custo médio que ronda os 150 €/ m$^2$ de área de construção.

Um realce relativo à edificação dispersa: mesmo que não servida de todas as infraestruturas, o seu custo é ainda assim bem mais elevado; tais edificações pagam, quase sempre, encargos diminutos; ou seja, as taxas urbanísticas praticadas são injustas e têm fomentado a dispersão.

Este tema será à frente retomado, quando abordar a "perequação dos encargos".

## 4.

No Modelo que venho a explanar para a melhoria da prática urbanística a **Estruturação do Território** surge como desígnio central:

Remeto o leitor para o artigo *"Matriz Estruturante de Territórios Urbanos Emergentes"*[3], no qual é formulada uma metodologia para a estruturação do território. E, para um maior aprofundamento conceptual do tema, recomendo a obra de Carina Pais, "Colmatação Estruturante – conceito instrumental para o Ordenamento da Cidade", 2018 (dissertação de doutoramento no IST), consultável em *ordenaracidade.pt.*

Resumindo o que nestes documentos se afirma e defende:

A cidade emergente cresceu de forma casuística, fragmentada, dispersa, pouco estruturada, com deficiências funcionais e de legibilidade.

A vivência de um território urbano, "como a de qualquer habitat de qualquer ser vivo", assenta num conjunto de referências que o organiza e torna percetível, uma rede de *elementos estruturantes* que articula as suas diferentes partes (*unidades territoriais*).

Elementos estruturantes são todos aqueles que, a uma determinada escala e em enfoque simultaneamente funcional e percetivo, se revelem como os mais marcantes. São eles, referidos de forma muito sintética, a Rede de Mobilidade, os Corredores Ecológicos (perspetivados na sua função ambiental, mas também de usufruto humano), os Polos Vivenciais (centralidades e todos

[3] Artigo integrado no livro "Classificação do Solo no novo quadro legal", de J. Carvalho e F.P. Oliveira, 2016, ed. Almedina

os que revelem especial capacidade atrativa) e os Monumentos – ver esquema seguinte.

Modelo/referencial para Estruturar a Cidade Alargada

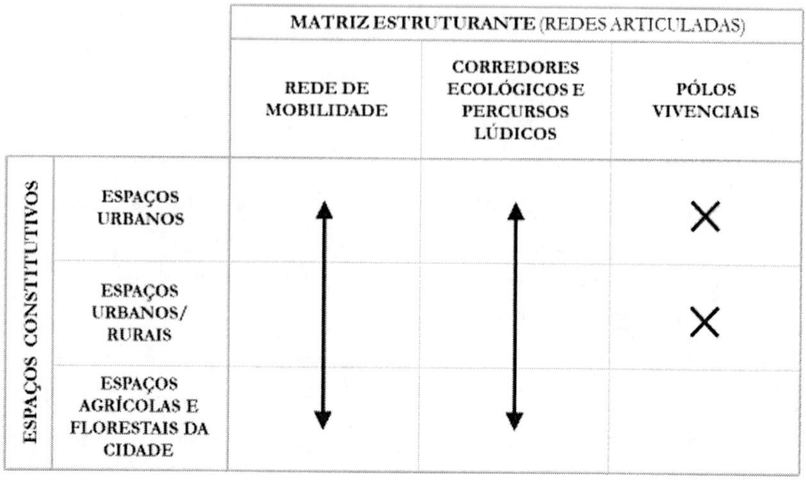


A **metodologia** assenta em:

- Identificação dos elementos estruturantes que, melhor ou pior, sempre existem em qualquer território;
- Identificação das respetivas deficiências e potencialidades, uma a uma, mas também na sua organização em rede;
- Proposta de operações urbanísticas a desenvolver, as necessárias para ultrapassar deficiências e aproveitar potencialidades com vista à qualificação da Rede Estruturante.

Trata-se, nesta metodologia, de encarar os territórios urbanos tal como eles hoje são e de assumir a dificuldade, mas sobretudo a necessidade e a vontade de os ordenar. E trata-se, para tal, de utilizar e articular saberes antigos e outros mais recentes: eixos e centros, muito utilizados no funcionalismo modernista; referenciais simbólicos e percetivos, tal como foram formulados por Lynch; estrutura ecológica, articulando a abordagem ambiental com a funcionalista; defesa da identidade, atualmente tratada em diversas abordagens disciplinares.

Para ser operativa, a metodologia formulada suscita também a mobilização articulada de diversas técnicas de ordenamento: estrutura/zonamento, desenho urbano e planeamento estratégico, se possível integrados em plano de regulação variável.

De notar que esta necessidade de estruturação do território se coloca em cada um dos diversos âmbitos (escalas) territoriais: cidade alargada, parte cidade ou bairro; também ao nível regional e nacional. Metodologicamente, revela-se fundamental que em cada caso se parta do geral para o particular, sem prejuízo de em cada âmbito ser identificada e qualificada a respetiva Estrutura e destas serem conectadas entre si.

De notar, por último, que esta metodologia é praticável, de forma articulada, na generalidade dos instrumentos do ordenamento: PROT, PDM, PU, PP, ORU, Unidades de Execução, identificação e conceção das operações urbanísticas necessárias.

Foi utilizada nos casos já referidos da ORU Cidade de Peniche e do Plano de Urbanização de Abrantes.

Para ilustrar resultados alcançados com esta metodologia, anexo alguns elementos relativos à **ORU do Montijo**, publicada em DR. de 25/06/2018, a qual foi elaborada em articulação com a revisão do PDM (ver **Anexo 3**).

## 5.

A estruturação do território exige então operações urbanísticas específicas, com localização e programa próprios, que raramente podem ser apenas de reabilitação no seu sentido estrito, porque quase sempre exigem alargamento substancial do espaço público. Constituem, na maioria dos casos, operações de "*regeneração urbana*" (na definição da LBSOTDU, artigo 61.º) e de "*reestruturação urbana*" ou "*renovação urbana*" (nas definições constantes do DR 9/2009).

Carina Pais[4] denomina-as operações de "**Colmatação Estruturante**", estabelecendo as seguintes definições:

- *Colmatação*: conceito que faz a ponte entre os de "*reabilitação*" e de "*expansão*" e que se traduz numa "*expansão endógena com objetivo de regeneração urbana*";
- *Colmatação estruturante:* um tipo de colmatação com objetivo específico, uma "*colmatação de conexão qualificadora da estrutura urbana*".

Tais operações, para que ocorram nos locais e com os programas de que o território necessita, não ocorrem por geração espontânea, terão que ser de iniciativa municipal. Para que sejam exequíveis – e no cumprimento do quadro legal em vigor – terão que recorrer, na maioria dos casos, a "*sistemas de execução*" por cooperação ou imposição administrativa, no quadro de "*unidades de execução*".

Remeto os leitores para muito do que já escrevi sobre sistemas e unidades de execução, consultável no *ordenaracidade.pt.*

Destaco apenas algumas ideias fundamentais:

- Trata-se de processo fácil do ponto de vista administrativo que, desde que em consonância com o planto territorial aplicável, só depende da iniciativa municipal;
- Exige em cada caso um programa específico e a sua delimitação pode ser (é conveniente que o seja) acompanhada por desenho urbano preliminar, não vinculativo, ao qual pode ser atribuído o valor de informação prévia.
- Exige estimativa económica; se não for rentável é indispensável, para que se execute, uma participação financeira municipal; se o for, poderá ser financiado apenas por proprietários e outros investidores e, a ser necessário investimento municipal, este deve ser recuperado na íntegra (desejavelmente com lucro).

[4] Carina Pais, "Colmatação Estruturante - Conceito Instrumental para o Ordenamento da Cidade", 2018, consultável em *ordenaracidade.pt.*

- A viabilidade económica de um empreendimento depende muito do valor atribuído ao solo, sendo que este depende muito (a nível de mercado e em contexto de expropriação) da respetiva edificabilidade, a qual é estabelecida pelo plano territorial aplicável. A adoção generalizada de uma edificabilidade média é a melhor forma de tornar o valor do solo mais razoável, justo e transparente (a isto à frente voltarei).
- Em qualquer caso, para que a operação de facto ocorra, é indispensável que a Câmara Municipal se disponibilize para substituir qualquer proprietário que não queira participar e, em consequência e se necessário, para recorrer à expropriação por utilidade pública.
- O processo concretiza-se através de um reparcelamento e do correspondente contrato de urbanização, em tudo similar a um loteamento banal, mas tendo por base uma parceria entre proprietários e possivelmente outros investidores, um dos quais poderá ser a Câmara.
- Mesmo ocorrendo apenas com recurso a investimentos privados, é importante que a Câmara se disponibilize para assessorar o processo (nas perspetivas técnica, jurídica e financeira), visando a sua transparência e eficiência e a maior segurança dos intervenientes.

A dinamização de operações urbanísticas pelos municípios, nos locais e com os programas de que o território necessita, mobilizando para o efeito proprietários e outros investidores, é a alteração mais importante da prática urbanística que proponho.

Para que aconteça terá que haver uma alteração substancial na administração urbanística municipal, passando de passiva (apenas respondendo a solicitações) a ativa (tomando a iniciativa, empreendedora, fazendo acontecer).

É aposta difícil, porque implica uma mudança de fundo, técnica e cultural. Mas é indispensável. Sem tal alteração manter-se-á a ocupação casuística, assente na iniciativa (ou falta de iniciativa) de cada proprietário e o ordenamento continuará a ser muito pouco eficaz.

O potencial desta alteração, deste novo caminho, é enorme.

Apresenta-se no **Anexo 5** uma síntese das propostas que elaborámos para responder a um desafio que se afigurava muito difícil: o estabelecimento de relações pedonais entre quatro áreas, centradas no cruzamento entre a A2 e o IC20, à entrada de **Almada**, logo após o atravessamento da Ponte 25 de Abril.

Fixando uma edificabilidade média de 0,5m2 de área de construção/ m2 de terreno (as propostas desenvolvidas articulam-se com a revisão, em curso, do PDM) e apostando na mobilização de diversos proprietários e investidores, o objetivo formulado revelou-se exequível. Exige iniciativa e capacidade de mobilização, exige tempo, mas a maioria das operações que integra afiguram-se autofinanciáveis, sendo que o investimento municipal não recuperável em pouco excede os 2 milhões de €.

## 6.

O processo de construção e de transformação das cidades, exigindo investimento público, nomeadamente nas infraestruturas e equipamentos, tem um forte impacto no valor do solo. Gera uma enorme **mais valia**, crescente:

- Em todas as situações em que vai aumentando a expectativa de edificabilidade;
- Quando a Administração estabelece, em plano, a possibilidade edificatória;
- E quando a Administração concede, através de licença, o direito a edificar.

Exemplificando: um prédio de 1 ha localizado na envolvente de uma cidade média portuguesa vale (no mercado) 50 mil € ou 1 milhão de €, conforme seja ou não afeto à construção.

Coloca-se, neste quadro, uma questão básica (jurídica, económica e política), a de saber quem deverá arrecadar essa mais valia:

- O proprietário, que é detentor de um direito, mas que é ator essencialmente passivo nesse processo de valorização?

- Ou a Administração Pública (intérprete e protagonista da função social do solo), cujos atos administrativos (plano e licença) criam essa mais valia?

Até agora, na prática urbanística corrente, a quase totalidade desta mais valia tem sido arrecadada pelos proprietários, embora de uma forma muito desigual, variando em função dos usos que o plano estabelece para cada parcela.

O quadro legal atual, respeitando o princípio da igualdade e reconhecendo a função social do solo, estabelece o enquadramento para uma prática totalmente distinta:

- Atribuindo aos municípios (através do plano) a competência para estabelecerem a parte das mais valias que será afeta aos proprietários e a que será afeta à função social do solo, integrando um "Fundo Municipal de Sustentabilidade Ambiental e Urbanística".
- Exigindo uma perequação entre proprietários, o direito a uma mesma edificabilidade média para todos os prédios com características similares e mecanismos de compensação quando tal não possa ocorrer.

Vale a pena reproduzir o conteúdo de algumas **disposições da LBSOTDU** neste domínio, o que faço na caixa de texto seguinte, considerando disposições relativas a:

- Fins e princípios
- Afetação de mais valias
- Fiscalidade imobiliária, a qual é finalmente assumida como instrumento de Ordenamento do Território, sendo que seria muito importante que fosse totalmente compatibilizada com o Código do IMI:
- Avaliação (pública) do solo, passo importante para tornar o mercado imobiliário mais transparente e mais compatível com os objetivos de Ordenamento do Território, sendo de sublinhar a importância de que fosse revisto o Código de Expropriações, conjugando-o com o conteúdo desta Lei de Bases.

## Disposições da LBSOTDU

**"Fins" e "princípios":**

- *Art.º nº2 b): Garantir o desenvolvimento sustentável, a competitividade económica territorial, a criação de emprego e a organização eficiente do mercado fundiário, tendo em vista* evitar a especulação imobiliária *e as práticas lesivas do interesse geral*
- *Art.º nº3 f):* Equidade, assegurando a justa repartição dos benefícios e dos encargos *decorrentes da aplicação dos programas e planos territoriais e dos instrumentos de política de solos*

**Afetação de Mais Valias:**

- *Art.º 64º nº6: ... os planos territoriais de âmbito intermunicipal ou municipal fundamentam o processo de formação das mais-valias fundiárias e definem os critérios para a sua parametrização e redistribuição*
- *Art.º 68º nº2: As* mais-valias *originadas pela edificabilidade estabelecida em plano territorial* são calculadas e distribuídas entre os proprietários e o Fundo Municipal *de Sustentabilidade Ambiental e Urbanística*
- *Art.º 64º nº4: A* redistribuição de benefícios e encargos *a efetivar nos termos do número anterior,* aplica-se a todas as operações urbanísticas *sistemáticas e não sistemáticas que ocorram no território em causa, concretizando a afetação das mais-valias decorrentes do plano ou de ato administrativo*

**Fiscalidade Imobiliária:**

- *Art.º 63º nº1: A tributação do património imobiliário urbano respeita o princípio da equivalência ou do benefício, atendendo ao investimento realizado em infraestruturas, equipamentos, regeneração urbana, qualificação ambiental....*
- *Art.º 62º nº5: Os instrumentos tributários podem ter taxas de tributação diferenciadas em função dos custos das infraestruturas territoriais disponibilizadas, da respetiva utilização e de opções de incentivo ou desincentivo justificadas por objetivos de ambiente e ordenamento do território.*

**Avaliação (pública) do Solo:**

- *Art.º 67º nº2: A avaliação tem por objeto a determinação:*
  a) *Do* valor fundiário para *efeitos de* execução dos planos *territoriais de âmbito intermunicipal ou municipal, na ausência de acordo entre os interessados;*
  b) *Do preço a pagar ao proprietário na* expropriação por utilidade pública *e na venda ou no arrendamento forçados, nos termos da lei;*
  c) *Do valor dos imóveis para* efeitos fiscais.

Todas estas disposições legais são respeitadas e operacionalizadas no **Plano de Urbanização de Abrantes**, sendo que o **Anexo 5** resume e sintetiza a sua normativa.

Sublinho alguma dela:

- Estabelecimento de uma edificabilidade média para toda a Cidade, afetando uma parte (pequena) ao Fundo Municipal da Sustentabilidade, mas anulando-a quando os proprietários se disponham a participar em operações urbanísticas de parceria, programadas pela Câmara Municipal.
- Encargos de Urbanização padronizados para toda a Cidade, proporcionais à área de construção que exceda a existente (o que isenta as obras de reabilitação sem ampliação).
- Estabelecimento, em anexo ao Regulamento, de valores imobiliários de referência, considerando e compatibilizando os constantes nos diversos diplomas legais em vigor, o que pode ser um importante contributo para a maior transparência do mercado e em eventuais situações de expropriação.

## 7.

Tal como referido no início, este delinear de CAMINHO PARA UMA NOVA PRÁTICA URBANÍSTICA cumpre e interpreta o quadro legal em vigor, centrando-se na prática corrente e propondo para esta uma profunda alteração. Pô-lo em prática está hoje ao alcance dos municípios, exigindo apenas (um "apenas" que não é "pouco") vontade política e capacidade técnica.

Seria ainda muito útil para a eficácia do ordenamento urbanístico:

- A total compaginação e complementaridade do Código de Expropriações e do Código do IMI com a LBSOTDU.
- Uma profunda agilização – uma ação "*simplex*" – no processo de elaboração dos planos de ordenamento, o qual se vai arrastando por tempos inimagináveis, centrado nos gabinetes e em burocracia quase sempre inútil, bem longe dos reais problemas e desafios hoje presentes no território.

# CAPÍTULO III
# DIREITO DO URBANISMO EM PRÁTICA

# Questões do Contencioso Administrativo de Direito Local e Regional

*Cristina Gallego dos Santos,*
Juíza Desembargadora do Tribunal Central Administrativo Sul

No contencioso administrativo das regiões autónomas e autarquias locais a litigiosidade em matérias de urbanismo e ordenamento do território assume posição destacada, envolvendo entidades públicas e particulares.

Dentro desta matéria, 44 processos decididos no Tribunal Central Administrativo Sul e seleccionados para a revista trimestral *Questões Atuais de Direito Local/QADL*, números 00 (Outubro/Dezembro 2013) a 16 (Outubro/Dezembro 2017) agrupam as seguintes temáticas:

a. Demolição – Reposição da legalidade – nove
7291/11, 7.3.2013 - 6471/10, 23.5.2013 - 12515/15, 29.10.2015 - 12666/15, 16.12.2015 - 9153/12,16.6.2016 - 13360/16, 16.3.2017 - 846/09.4, 9.11.2017 - 22/13.1BEBJA, 6.12.2017 - 1197/16.3BESNT, 20.4.2017
b. Loteamento – Obras de urbanização – três
9940/13, 21.11.2013 - 4366/08, 23.1.2014 - 124/07.5, 4.10.2017
c. Projecto de arquitectura /projecto de especialidades – dois
4520/08, 10.10.2013 - 8426/12, 2.3.2017
d. Escassa relevância urbanística – um
8325/11, 6.3.2014

e. Obras de conservação/ampliação – dois
8063/11, 24.4.2014 – 11480/14, 2.2.2017
f. Parque Natural – quatro
7597/11, 21.11.2013 – 8031/11, 6.2.2014 – 12216/15, 6.6.2016 – 13624/16, 18.5.2017
g. Discricionariedade de planificação/zonamento funcional – dois
10095/13, 19.12.2013 – 4292/08, 25.9.2014
h. PDM – quatro
4070/08, 2.2.2013 – 10680/13, 8.5.2014 – 10413/13, 16.6.2016 – 4332/08, 9.11.2017
i. REN – dois
9718/13, 24.10.2013 – 12373/15, 1.10.2015
j. POOC – faixa de protecção de arribas – um
7990/11, 8.5.2014
k. Direito de propriedade do terreno – três
10491/13, 19.12.2013 – 8322/11, 5.6.2014 – 11559/14, 6.11.2014
l. Desafectação do domínio público (AUGI) – um
11200/14, 5.6.2014
m. POLIS – domínio público – um
13644/16, 4.5.2017
n. Taxas urbanísticas – um
10401/13, 25.9.2014
o. Acção popular (defesa de interesses difusos) – um
10452/13, 23.01.2014
p. Resíduos – três
7864/11, 6.2.2014 – 12760/15, 14.1.2016 – 9036/12, 4.5.2017
q. Lamas – um
8007/11, 24.4.2014
r. Qualidade de vida – ruídos nocturnos – um
12871/16, 21.4.2016
s. Obra coerciva – estado de necessidade – um
8069/11, 2.4.2014
t. Medidas preventivas (143º/RJIT) – um
6976/10, 8.5.2014

*

Seguem-se 24 processos em matéria de contratação pública, tendo maioritariamente por objecto questões centradas na fase de execução do contrato e, em menor número, questões atinentes à fase pré-contratual mediante acção de impugnação do acto de adjudicação ou dedução de providências cautelares de suspensão de eficácia deste.

a. Patologias da execução do contrato – dezoito
5703/09, 12.9.2013 - 7387/11, 20.2.2014 - 8195/11, 6.3.2014 - 4630/08, 25.9.2014 - 11448/14, 20.11.2014 - 11339/14, 20.11.2014 - 3629/08, 30.4.2015 - 10996/14, 28.5.2015 - 12178/15, 28.8.2015 - 12248/15, 12.11.2015 - 12681/15, 28.1.2016 - 10327/13, 2.6.2016 - 13299/16, 30.6.2016 - 13348/16, 14.7.2016 - 8456/12, 3.11.2016 - 799/16.2BEALM, 4.5.2017 - 55/15.3BEPDL, 9.11.2017 - 357/08, 23.11.2017

b. Pré-contratual – seis
12338/15, 28.8.2015 - 5176/09, 17.9.2015 - 13213/16, 5.5.2016 - 13255/16, 19.5.2016 - 13747/16, 24.11.2016 - 13025/16, 15.12.2016

*

Em função do volume de litigiosidade o direito do trabalho surge na terceira posição temática – 12 processos -, tendo por objecto questões ligadas à problemática do tempo de trabalho e de não trabalho, remuneração da categoria e processos disciplinares.

10748/13, 23.1.2014 - 10809/14, 20.2.2014 - 10805/14, 6.3.2014 - 10773/14, 6.3.2014 - 10828/14, 6.3.2014 - 11002/14, 24.4.2014 - 8298/11, 8.5.2014 - 11465/14, 12.2.2015 - 7311/11, 28.1.2014 - 12565/15, 16.6.2016 - 13346/16, 16.6.2016 - 12864/16, 13.9.2016

*

Por último, no período assinalado de Outubro/2013 a Dezembro/2017, seguem-se 23 processos visando temáticas jurídicas dispersas.

a. Acto político/acto administrativo/questões orgânicas – sete
   9768/13, 24.4.2013 - 10949/14, 24.4.2014 - 11571/14, 18.12.2014 - 11690/14, 15.1.2015 -4554/08, 26.2.2015 - 7.4.2016
b. Perda de mandato/dissolução de órgão autárquico – cinco
   9817/13, 24.4.2013 - 11758/14, 15.1.2015 - 11139/14, 14.5.2015 - 13231/16, 5.5.2016 -13190/16, 5.5.2016
c. Responsabilidade civil extracontratual – quatro
   9006/12, 11.2.2016 - 8639/13, 21.4.2016 - 9149/12, 19.5.2016 - 9679/13, 15.12.2016
d. Intimação para acto devido/sanção pecuniária compulsória – três
   12493/15, 12.11.2015 - 150/16/1.BELRE-A, 16.2.2017 - 107/16.0BE-LLE-B, 7.4.2016
e. Questão fiscais – dois
   2644/07, 7.3.2013 - 11497/14, 6.11.2014
f. Acesso a documentos administrativos – um
   9316/12, 10.1.2013

***

No âmbito de competência do Tribunal Central Administrativo Norte e seguindo a mesma sistemática, vejamos agora o quadro resultante.

Em matéria de urbanismo e ordenamento do território, no período da *QADL*, números 00 a 16 (Outubro/Dezembro 2013 a 2017) temos 51 processos decididos no TCAN, segundo as seguintes temáticas:

a. Demolição – reposição da legalidade – treze
   2260/04, 14.06.2013 - 2155/10, 08.11.2013 - 3303/10, 14.02.2014 - 742/08, 28.02.2014 - 440/12, 15.05.2014 - 1563/05, 15.07.2014 - 649/12, 15.07.2015 - 283/05, 08.01.2016 - 1316/11, 08.01.2016 - 853/11, 04.03.2016 - 3134/15, 20.05.2016 - 1311/12, 30.11.2016 - 455/17, 30.08.2017

b. Loteamento – Obras de urbanização – oito
1173/06, 14.03.2013 - 175/09, 12.07.2013 - 875/07, 20.11.2014 - 85/09, 16.01.2015 - 614/06, 16.01.2015 - 858/08, 02.07.2015 - 151/06, 09.10.2015 - 1446/05, 03.06.2016
c. Obras de construção/conservação/ampliação – Reabilitação urbana – oito
2428/14, 06.03.2015 - 1350/14, 31.08.2015 - 562/05, 05.06.2015 - 8/05, 05.02.2016 - 132/12, 15.07.2016 - 154/10, 15.07.2016 - 836/05, 09.09.2016 - 534/09, 23.09.2016
d. PDM – Discricionariedade de planeamento – Zonamento funcional – três
1801/06, 17.04.2015 - 2316/08, 17.04.2015 - 1831/07, 28.04.2017
e. REN/RAN – três
1224/08, 19.11.2015 - 658/11, 19.02.2016 - 850/11, 06.05.2016
f. Direito de propriedade do terreno – dois
715/06, 26.09.2013 - 78/10, 10.03.2017
g. Domínio público – baldios – dois
506/12, 21.10.2016 - 711/14, 18.11.2016
h. Taxas urbanísticas – dois
180/08, 22.02.2013 - 2507/10, 13.09.2013
i. Acção popular (defesa de interesses difusos) – três
125/13, 14.02.2014 - 720/06, 04.03.2016 - 580/15, 20.05.2016 -
j. Resíduos – um
48/13, 08.05.2015
k. Qualidade de vida – ruídos nocturnos – dois
2704/07, 12.07.2013 - 647/14, 11.02.2015
l. Obra coerciva – dois
559/12, 22.05.2015 - 1033/08, 08.04.2016
m. Licença de utilização/alteração de uso/licença de exploração – dois
1103/06, 08.02.2013 - 1243/14, 22.05.2015

*

Seguem-se 19 processos em matéria de contratação pública, maioritariamente centrados na fase de execução do contrato e, em menos de metade, respeitantes a questões atinentes à fase pré-contratual mediante acção de impugnação do acto de adjudicação ou dedução de providências cautelares de suspensão de eficácia deste.

c. Patologias da execução do contrato – treze
363/13, 12.07.2013 - 1552/08, 11.10.2013 - 549/12, 15.05.2014 - 290/08, 25.09.2014 - 1608/12, 20.11.2014 - 1161/14, 06.05.2016 - 2380/15, 10.03.2017 - 1496/12, 07.04.2017 - 3172/16, 28.04.2017 - 46/13, 11.05.2017 - 174/06, 07.07.2017 - 1831/07, 07.07.2017 - 374/13, 15.09.2017
d. Pré-contratual – seis
626/15, 11.09.2015 - 647/07, 18.03.2016 - 2322/14, 08.04.2016 - 1224/16, 24.03.2017 - 2296/16, 01.05.2017 - 440/16, 26.05.2017

*

O direito do trabalho surge também com 19 processos, centrados na problemática recorrente do tempo de trabalho e de não trabalho, remuneração da categoria e processos disciplinares.

2348/06, 07.03.2013 - 2269/10, 19.04.2013 - 3374/11, 26.09.2013 - 1624/10, 26.09.2013 - 2504/10, 06.12.2013 - 2453/08, 15.05.2014 - 415/12, 15.07.2014 - 339/10,24.10.2014 - 312/11, 20.11.2014 - 139/10,15.07.2015 - 441/10,05.02.2016 - 2567/07, 18.03.2016 - 1996/10, 01.07.2016 - 1815/12, 15.07.2016 - 1166/13,15.07.2016 - 3279/11, 09.09.2016 - 860/13, 10.02.2017 - 2714/14, 24.03.2017 - 663/12, 11.05.2017

*

Por último, no período assinalado de Outubro/2013 a Dezembro/2017, seguem-se 26 processos visando temáticas jurídicas dispersas.

a. Acto político/acto administrativo/questões orgânicas – treze

2005/12, 05.04.2013 - 106/12, 19.04.2013 - 1853/13, 14.03.2014 - 212/12, 28.03.2014 - 216/08, 11.09.2015 - 347/04, 09.10.2015 - 133/11, 04.12.2015 - 906/08, 19.02.2016 - 1032/2003, 08.04.2016 - 265/09, 07.10.2016 - 1107/06, 07.10.2016 - 121/17, 15.09.2017 - 877/16, 15.09.2017

b. Perda de mandato/inibição de exercício de cargo – cinco
213/13, 28.06.2013 - 86/16, 09.09.2016 - 434/16, 23.01.2017 - 1944/16, 10.03.2017 - 731/17,14.07.2017
c. Responsabilidade civil extracontratual – dezoito
793/06, 22.02.2013 - 242/05, 22.03.2013 - 541/06, 17.01.2014 - 1334/12, 14.03.2014 - 163/11, 15.05.204 - 1013/07, 24.10.2014 - 188/2002, 24.04.2015 - 2777/06, 22.05.2015 - 449/06, 02.07.2015 - 241/05, 02.07.2015 - 95/11, 11.09.2015 - 392/09, 09.10.2015 - 1411/08, 09.10.2015 - 752/09, 04.12.2015 - 1092/08, 18.12.2015 - 23/11, 22.01.2016 - 318/11, 20.05.2016 - 507/09, 09.09.2016
d. Intimação para acto devido/sanção pecuniária compulsória – um
884/12, 05.04.2013
e. Questões fiscais –um
2708/11, 28.06.2013
f. Execuções – um
762/12, 25.01.2013

***

No tocante aos processos que subiram em recurso ao Supremo Tribunal Administrativo e seguindo a mesma sistemática, vejamos agora o quadro resultante.

Em matéria de urbanismo e ordenamento do território, no período da *QADL*, números 00 a 16 (Outubro/Dezembro 2013 a 2017) temos 39 processos decididos no Tribunal Supremo, segundo as seguintes temáticas:

a. Demolição – reposição da legalidade – cinco
136/13, 30.05.2013 - 855/13, 24.10.2013 - 1373/13, 18.12.2013 - 1636/15, 01.06.2016 - 866/16, 30.03.2017
b. Loteamento – Obras de urbanização – cinco

112/11, 15.01.2013 – 226/14, 25.09.2014 – 624/14, 09.07.2015 – 120/14, 31.03.2016 – 395/16, 23.06.2016

c. Obras de construção/conservação/ampliação – Reabilitação urbana – dois
651/12, 10.09.2014 – 694/14, 10.09.2014
d. Parque Natural – PROT/Algarve – dois
996/06, 15.10.2014 – 299/14, 23.06.2016
e. PDM – Discricionariedade de planeamento – Zonamento funcional – três
468/13, 18.12.2013 – 624/14, 30.04.2015 – 444/13, 14.07.2015
f. REN/RAN – um
1422/13, 06.11.2014
g. Domínio público – Cedências – Desafectação – quatro
925/12,05.02.2013 – 614/13, 29.04.2014 – 1174/12, 26.06.2014 – 1048/15, 27.10.2016 -
h. Acção popular (defesa de interesses difusos) – dois
989/11, 13.02.2014 – 926/14, 09.10.2014
i. Águas – Efluentes – Resíduos –seis
295/15, 24.09.2015 – 755/15, 08.10.2015 – 914/15, 14.01.2016 – 682/14, 07.04.2016 – 1542/15, 30.06.2016 – 910/14, 13.10.2016
j. Qualidade de vida – ruídos nocturnos – um
267/16, 13.10.2016
k. Obra coerciva – estado de necessidade – dois
815/15, 29.10.2015 – 649/15, 24.11.2015
l. Licenciamento estabelecimento comercial/industrial – seis
37/13, 26.09.2013 – 337/13, 10.10.2013 – 535/13, 05.12.2013 – 978/15, 10.03.2016 – 206/16, 08.09.2016 – 846/15, 29.09.2016
m. Licença de utilização/alteração de uso/licença de exploração – dois
1323/12, 14.02.2013 – 1446/13, 02.12.2014

*

Atento o volume processual, no período assinalado de Outubro/2013 a Dezembro/2017, surge em segundo lugar o grupo das temáticas jurídicas dispersas, com 34 processos.

a. Acto político/acto administrativo/questões orgânicas – dezassete
145/13, 05.03.2013 - 252/13, 21.03.2013 - 798/12, 20.06.2013 - 469/13, 04.07.2013 - 77/11, 10.07.2013 - 407/13, 17.10.2013 - 710/13, 11.12.2013 - 856/10, 18.12.2013 - 583/14, 24.06.2014 - 583/14, 09.10.2014 - 923/14, 20.11.2014 - 948/14, 27.11.2014 - 109/15, 22.04.205 - 675/15, 07.04.2016 - 823/15, 07.04.2016 - 1371/14, 30.06.2016 - 617/14, 22.03.2017
b. Perda de mandato/dissolução de órgão autárquico – quatro
963/14, 27.11.2014 - 868/16, 29.09.2016 - 869/16, 13.10.2016 - 1144/16, 10.11.2016
c. Responsabilidade civil extracontratual – onze
183/13, 24.04.2013 - 604/09, 10.10.2013 - 576/12, 31.10.2013 - 512/13, 06.02.2014 - 1743/13, 06.03.2014 - 963/09, 15.05.2014 - 352/12, 19.06.2014 - 1238/12, 05.02.2015 - 1389/14, 25.03.2015 - 683/16, 16.02.2017 - 1356/14, 22.03.2017
d. Questões fiscais – dois
1434/16, 08.03.2017 - 1356/14, 22.03.2017

*

Em terceiro lugar, as questões em matéria de contratação pública surgem com 11 processos, centrados indistintamente tanto na fase pré-contratual (acção de impugnação do acto de adjudicação ou dedução de providências cautelares de suspensão de eficácia deste) como na fase de execução do contrato.

a. Patologias da execução do contrato – quatro
1228/15, 28.04.2016 - 84/15, 12.05.2016 - 344/15, 12.05.2016 - 1228/15, 14.12.2016
b. Pré-contratual – sete
47307A, 07.05.2015 - 542/15, 10.09.2015 - 1021/15, 07.01.2016 - 1403/12, 14.01.2016 - 1371/15, 28.01.2016 - 1396/15, 28.01.2016 - 867/16, 29.09.2016

*

Por último, no período assinalado de Outubro/2013 a Dezembro/2017 o direito do trabalho surge em posição de muito reduzida litigiosidade – 3 processos –, tendo por objecto questões ligadas à problemática do tempo de trabalho e de não trabalho, remuneração da categoria e processos disciplinares.

110/13, 13.02.2014 – 440/15, 24.09.2015 – 38/15, 25.02.2016

***

Cabe sintetizar o que nos diz a revista *Questões Atuais de Direito Local/QADL*, números 00 a 16 (Outubro/Dezembro 2013 a 2017).

As duas temáticas preponderantes na litigiosidade que envolve a Administração Regional e Autárquica, em 1ª Instância, nos TCA's e no Supremo, correspondem ao direito de urbanismo e ordenamento do território (total de 134 processos) e ao direito da contratação pública (total de 54 processos) e, do somatório, resultam 188 processos.

Nada surpreendente, para quem está no terreno.

Trata-se de áreas jurídicas com tendências claramente expansivas posto que, como destaca a doutrina, "(..) num relance sobre a actividade contratual pública dos últimos tempos, parece ser empiricamente demonstrável que quase sempre que a Administração Pública se relaciona com os particulares em matérias relevantes, seja ao nível de projectos infra-estruturais, seja ao nível do direito do urbanismo ou até mesmo no domínio do direito do ambiente, fê-lo através de contratos administrativos (..)".[1]

Ou seja, a realidade evidencia que "(..) o contrato representa um instrumento fundamental ao serviço das medidas de privatização no domínio da execução de tarefas públicas (..)", pelo que "(..) ao florescimento de uma "*contratação interna*", que se processa entre entidades da Administração Pública, numa época como esta, não só faz sentido como se impõe que o direito administrativo responda ao desafio de se adaptar ao ambiente contratual que envolve a vida administrativa (..)".[2-3]

[1] Pedro Melo, *Comentários ao novo Código de Procedimento Administrativo*, in *Comentários ao novo CPA*, Coord. Carla Amado Gomes/Ana Fernanda Neves/Tiago Serrão, aafdl/2015, pág.723.

[2] Pedro Gonçalves, *Entidades privadas com poderes públicos*, Almedina/2005, pág. 350.

[3] Pedro Gonçalves, *A relação jurídica fundada em contrato administrativo*, CJA nº 64, pág. 36.

*

A assinalada tendência expansiva da litigiosidade em matérias de direito do urbanismo e ordenamento do território e de contratação pública configura-se, pois, como uma constante expectável, iniciada que foi aquando da ampliação do âmbito da justiça administrativa operada pelas revisões constitucionais de 1989 e 1997 e concretizada pela reforma introduzida mediante a conjugação de duas Leis: a Lei 13/2002, 19.2 (Estatuto dos Tribunais Administrativos e Fiscais – ETAF) e a Lei 15/2002, 22.2 (Código de Processo nos Tribunais Administrativos – CPTA) ambos entrados em vigor em 1.1.2004 e este último objecto de revisão pelo DL214-G/2015, 2.10.

Esta Reforma de 2002/2004 teve a enorme virtualidade de transcender as fronteiras acanhadas do contencioso de mera anulação ao consagrar na lei ordinária o princípio constitucional da *tutela jurisdicional efectiva* (artºs. 20º/5 e 268º/4 CRP), aqui incluindo a tutela cautelar (artº 2º/1 CPTA) até então reduzida, penso que mais por inércia que por razões normativas, à suspensão de eficácia do acto administrativo.

Citando o Poeta, a Reforma de 2002/2004 abriu as portas dos tribunais administrativos ao *contencioso de plena jurisdição* no âmbito dos poderes declarativos, constitutivos, condenatórios, intimativos, preventivos e executivos, *v.g.* perante a Administração (artº 2º/2 CPTA) mediante a atribuição de competência para, nos termos constitucionais (artºs 209º/1b) e 212º/3 CRP), administrar a justiça "*nos litígios emergentes das relações jurídicas administrativas*" (artºs. 1º e 4º ETAF).

*

No contencioso administrativo de direito regional e local, não constitui surpresa que a maior *tranche* processual corresponda ao bloco normativo do direito do urbanismo e ordenamento do território, convocando, primacialmente, o complexo codificado do RJUE (DL 555/99, 16.12, cuja 13ª alteração foi introduzida pelo DL 136/2014, 9.9) e RJIGT (DL 380/99, 22.9 e alterações), actualmente o novo RJIGT saído da revisão operada pelo DL 80/2015, 14.5 em linha com as inovações de classificação e qualificação do solo, introduzidas pela Lei de Bases da Política Pública do Solo (Lei 31/2014, 30.5) e diploma regulamentar (Dec. Reg. 15/2015, 19.8).[4]

Sendo expectável que assim continue.

Efectivamente, por via do DL 136/2014, a reconfiguração da comunicação prévia em sede de RJUE fez cessar a natureza que anteriormente lhe era consignada (*comunicação prévia com prazo*) de meio de controlo preventivo da administração sobre a operação urbanística pretendida pelo particular (artº 4º/4 RJUE), passando a meio de controlo *a posteriori* (*mera comunicação prévia*) no domínio dos poderes administrativos de fiscalização (artº 34º/2 RJUE), admitindo, em caso de operação urbanística ilegal, o decretamento de medidas de reposição da legalidade urbanística (artº 35º/8 RJUE).[5]

Sucede que o artº 134º CPA na revisão de 2015 aprovada pelo DL 4/2015, 7.1 consagrou estes dois regimes da *mera comunicação prévia* (artº 134º/1) e da *comunicação prévia com prazo* (artº 134º/2), não impeditivos de adopção de medidas de defesa da legalidade em sede de fiscalização.[6]

O que implica que, no domínio das concretas operações urbanísticas envolvidas nos casos concretos submetidos a juízo, haja que proceder à configuração da actividade de fiscalização sucessiva e consequente delimitação dos campos próprios de aplicação do regime da comunicação prévia, o consagrado no CPA e o previsto no RJUE.

*

De modo que, nestas áreas de direito do urbanismo e ordenamento do território e de contratação pública, salvo ocorrência imprevisível que de

[4] Fernanda Paula Oliveira, *Classificação do solo no novo quadro legal*, Almedina/2016, págs. 15/17 e 48/54.

[5] Fernanda Paula Oliveira, *A nova configuração das comunicações prévias introduzida pelo DL 136/2014 de 9 de Setembro*, in *A revisão do Regime Jurídico da Urbanização e da Edificação*, Coord. Cláudio Monteiro/Jaime Valle/João Miranda, Almedina/2015 págs.67/70; *Mais uma alteração ao Regime Jurídico da Urbanização e da Edificação ao Regime Jurídico da Urbanização e da Edificação*, Almedina/2014, págs.18/23.

[6] João Miranda, *A comunicação prévia no novo Código do Procedimento Administrativo*, in *Comentários ao novo CPA*, Coord. Carla Amado Gomes/Ana Fernanda Neves/Tiago Serrão, aafdl/2015, págs. 499/502 e 504/506; Mário Aroso de Almeida, *Comentários à revisão do Código de Procedimento Administrativo*, Almedina/2016, págs.266/267.

momento não se vislumbra, o contencioso administrativo de direito regional e local continuará a merecer destaque, exigindo a mais que tardia tradução em lei ordinária da especialização dos tribunais administrativos, em ordem a que os Tribunais, nas categorias consagradas no artº 209º CRP – complexo de órgãos de soberania, conforme artºs. 110º/1 e 202/1 CRP [7] – evidenciem a função jurisdicional segundo o padrão constitucional da qualidade e eficiência expectáveis.

[7] Jorge Mirando/Rui Medeiros, *Constituição Portuguesa – Anotada*, Tomo III, Coimbra Editora/2007, pág. 14; Sérvulo Correia, *Direito do contencioso administrativo*, LEX/2005, págs. 567/569.

# A prática jurídica: um caso atual

*Fernanda Paula Oliveira,*
Professora Auxiliar da Faculdade de Direito da Universidade de Coimbra e jurisconsulta

## 1. Considerações preliminares

O presente texto, visa apresentar, a título exemplificativo, uma situação prática que consideramos atual face às mais recentes novidades legislativas.

Esta situação coloca desde logo questões que se prendem com a alteração legislativa em matéria de classificação e qualificação dos solos e a quase que incontornável realidade de terem de ser reconduzidos a solos rústicos muitos solos que, até há pouco, estavam classificados como urbanos. Tendo em conta o facto de muitos instrumentos de planeamento municipal estarem a ser revistos e terem de efetuar a classificação dos solos de acordo com os novos critérios, obrigando a reconduzir à classe do solo rústico, solos até aí classificados de urbanos, tem-se colocado a questão de saber se há (e em que casos) lugar ao pagamento de uma indemnização por expropriação do plano.

Ainda a propósito da situação que aqui vamos analisar, discutiremos uma outra que se prende com casos de operações urbanísticas que estiveram "paradas" durante anos sem que tenha sido declarada a sua caducidade e que, tendo em conta as novas dinâmicas de mercado, se pretendem retomar atualmente, num momento, porém, em que já entraram em vigor novos instrumentos de planeamento que impedem a concretização daquela operação urbanística.

A questão que neste caso se coloca é a de saber se pode a câmara municipal não declarar a caducidade, embora esteja verificada uma causa objetiva para tal ou se, pelo contrário, está obrigada a fazê-lo.

Vejamos, pois.

## 2. A situação de facto

O caso que aqui vamos analisar assenta na seguinte situação de facto:

i) Está em vigor num determinado município um plano de pormenor que prevê a expansão urbana de uma área de 170,94 ha e que destina: 50,75ha para infraestruturas; 42,11ha para espaços verdes; 32,97ha para equipamentos; 7396 fogos destinados a habitação; total de investimento em infraestruturas: 115 milhões de euros; programa de execução: previsão de, no prazo de dois anos, se proceder à execução da fase 1, que integra grande parte da rede fundamental.

ii) Foram outorgados diversos protocolos com proprietários, incluindo um que previa a obrigação de cedência de 20 ha para edificação de um conjunto de equipamentos desportivos; a execução antecipada das infraestruturas gerais, equipamentos e espaços verdes; a construção de uma piscina municipal; a constituição de um fundo de compensação e a apresentação dos contratos de urbanização;

iii) Foram aprovados 4 loteamentos e uma unidade de execução para viabilizar um projeto privado de relevo para o município.

Em 2016 é feito o ponto da situação e concluiu-se que, apesar do envolvimento proativo da Câmara Municipal, não foi cumprido nenhum dos protocolos, não foi executada qualquer infraestrutura nem foram cedidos os terrenos para os equipamentos desportivos; não foi igualmente assinado nenhum contrato de urbanização, nem foi requerido qualquer alvará de loteamento.

Na avaliação da oferta de habitação e das necessidades estimadas apurou-se a existência de uma oferta no concelho na ordem dos 20 mil fogos, sem incluir os fogos previstos no Plano de Pormenor. A proposta deste plano de mais 7 mil fogos, equivalente a mais 20 mil habitantes, não tem qualquer correspondência com as projeções demográficas conhecidas para 2025.

Em sede de revisão do Plano Diretor Municipal, o município terá, de acordo com a legislação vigente, de fundamentar a delimitação das áreas urbanas previstas bem como de prever as devidas consequências no programa de execução do Plano. Em face desta realidade o município em causa pondera revogar este plano mas tem dúvidas sobre se, revogando-o (tácita ou expressamente), corre o risco de ter de indemnizar os detentores de terrenos naquela área, nomeadamente a Banca, por violação do princípio da confiança que os levou a adquirir direitos de crédito sobre tais terrenos.

Tem ainda dúvidas sobre se esta situação pode ser reconduzida ao disposto no n.º 3 do artigo 82.º da Lei de Bases, segundo a qual:

> *"Nos procedimentos de elaboração, alteração ou revisão de planos territoriais a que se refere o número anterior, os terrenos que estejam classificados como solo urbanizável ou solo urbano com urbanização programada, mantêm a classificação como solo urbano para os efeitos da presente lei, até ao termo do prazo para execução das obras de urbanização que tenha sido ou seja definido em plano de pormenor, por contrato de urbanização ou de desenvolvimento urbano ou por ato administrativo de controlo prévio."*

## 3. Razão de ordem

De modo a fornecer uma resposta cabal às várias questões suscitadas, torna-se necessário explicitar, como ponto prévio, o novo quadro legal aprovado a partir de 2014 e que aponta para uma contenção, se não mesmo redução, dos solos urbanos, com o estabelecimento de novos critérios, mais exigentes, a ser imperativamente seguidos na tarefa de classificação de uma área como urbana. Esta explicitação permite tornar claro que a área abrangida pelo plano de pormenor não tem, no presente momento, as caraterísticas que lhe permitam ser integradas na classe de solo urbano.

Feita esta análise prévia é possível apontar aquelas que são as soluções mais adequadas às questões centrais colocadas e que se prendem com existência de um eventual dever do Município indemnizar os proprietários dos solos abrangidos pelo plano de pormenor por força de uma opção de planeamento que o venha colocar em causa, designadamente que o venha revogar.

A propósito deste conjunto de questões, cotejaremos a previsão legal quanto às várias situações de indemnização decorrentes de opções de planeamento com a situação em apreço, de modo a verificarmos se estas se integram naquelas e terminaremos aferindo se a presente situação se pode reconduzir ao previsto n.º 3 do artigo 82.º da Lei n.º 31/2014, que permite transitoriamente e em certas condições (veremos quais) que certos solos que não cumpram os atuais critérios para serem classificados como urbanos se mantenham nessa classe. Esta questão é tratada em último lugar porque a sua cabal compreensão apenas será possível depois de uma análise aturada às situações de indemnização por danos do plano feitas no ponto precedente.

## 4. Uma "nova classe" de solo urbano: os objetivos e os critérios

### *4.1. O "novo" solo urbano: objetivos da alteração*

*i.* A classificação é a tarefa de planeamento que determina o destino básico do solo. Este é um dos domínios que mais alterações sofreu com a Lei n.º 31/2014, de 31 de maio (que veio estabelecer as bases gerais da política pública de solos, de ordenamento do território e de urbanismo, doravante Lei de Bases) e com o Decreto-Lei n.º 80/2015, de 14 de maio (que aprovou o novo Regime Jurídico dos Instrumentos de Gestão Territorial, doravante RJIGT).

Assim, e desde logo, as duas classes de uso do solo anteriormente previstas – solo urbano e solo rural – dão agora origem às classes de *solo urbano* e *solo rústico* (diferença que não é, em si mesma, relevante), mas – isso sim, com relevo – o solo urbano passa a ser agora, apenas, o que *está total ou parcialmente urbanizado ou edificado* e, como tal, *afeto por plano territorial à urbanização e edificação* (e não já aquele para o qual é reconhecida vocação para o processo de urbanização e de edificação); e o solo rústico é o que se destina a certos usos "naturais" em função da "*sua reconhecida aptidão*" para tal, ainda que se apresente como uma classe residual porque nela se deve integrar também o solo que, ainda que não dotado desta aptidão, "*não seja classificado como urbano*" (cfr. artigo 71.º do RJIGT).

Como se afirmou expressamente na divulgação pública desta lei, desaparece, assim, da classe dos solos urbanos, a categoria dos "solos urbanizáveis", ainda que esta não seja, quanto a nós, uma novidade de monta se tivermos presente que esta categoria de solo já não se encontrava prevista na anterior Lei de Bases de 1998 (Lei n.º 48/98, de 11 de agosto) nem na versão anterior do RJIGT (Decreto-Lei n.º 380/99, de 22 de setembro), que introduziram de forma expressa e desenvolveram o conceito de *programação da execução*: a classe do solo urbano já só integrava, então, o *solo urbanizado* (infraestruturado) e o *solo de urbanização programada*, conceito este que abrangia o solo urbano *ainda não urbanizado mas com a urbanização já programada* e o solo urbano *ainda não urbanizado e cuja urbanização ainda não se encontrava programada*, embora o plano admitisse a sua urbanização, mediante prévia programação.

O que muda, agora, relativamente à situação anterior, é o desaparecimento, da classe do solo urbano, daqueles solos em relação aos quais, não obstante o plano lhes reconhecesse vocação para o processo de urbanização e edificação (e por isso os classificava como urbanos, com as regras a que urbanização e a edificação têm de dar cumprimento), ainda não tenham sido objeto de programação.

Com efeito, a dúvida que se colocou nos trabalhos de preparação da Lei de Bases de 2014 foi a de saber se esta categoria operativa de solo urbano se deveria reconduzir à classe de solo rústico, transformando-se em urbano com a aprovação da programação (ainda que o incumprimento desta pudesse fazer reverter o solo à situação anterior, de rústico) ou se deveria integrar, antes, a classe do solo urbano, ainda que, enquanto a programação não fosse aprovada, tivesse um estatuto (em termos de direitos e de deveres) equivalente ao do solo rústico.

Ora, na resposta a esta dúvida, a tese que veio a ganhar na Lei n.º 31/2014 foi a de que o solo ainda não urbanizado nem edificado e desde que não tivesse sido objeto de programação, deve ser reconduzido ao solo rústico.[1] Isto porque se assumiu que os solos total ou parcialmente urbanizados são mais do que suficientes para satisfazer as necessidades urbanísticas existentes

[1] Já o solo para o qual a sua execução tenha sido programada, mantém-se na classe do solo urbano desde que seja cumprida essa programação, caso contrário, reverte para o solo rústico. Esta é a situação a que se refere o artigo 82.º da Lei n.º 31/2015 que trataremos no ponto 3 do presente texto.

e porque se entendeu que a integração dos solos ainda não urbanizados nem programados nos perímetros urbanos mais não é do que um incentivo à especulação fundiária: o simples ato de classificar um determinado solo como urbano teve, efetivamente, durante anos, como consequência, uma imediata valorização do mesmo, que foi sendo incorporada pelo seu proprietário sem que este tivesse feito o que quer que fosse, em termos de investimento, que o justificasse. Com a agravante de esses solos terem ficado, na maioria das vezes, expectantes, sem outros usos.

Pode, assim, afirmar-se que com a nova definição de solo urbano como aquele que está "*total ou parcialmente urbanizado ou edificado e, como tal, afeto em plano territorial à urbanização ou à edificação*" (artigo 10.º da Lei de Bases e o artigo 71.º do atual RJIGT), pretendeu-se alterar o paradigma de planeamento dos últimos anos – que sobredimensionou os perímetros urbanos (muito acima das reais necessidades de urbanização e edificação até por força do incontornável decréscimo demográfico) sem que tenha existido uma qualquer estratégia municipal que o justificasse. Paradigma este que teve como consequência a *dispersão urbana* (das infraestruturas e das edificações no território), com todos os desperdícios associados –, e pretendeu-se, ainda, promover, em definitivo, um paradigma de *contenção*, de *colmatação* e de *reabilitação* urbanas, mediante o aproveitamento do existente.[2]

Este é o novo conceito de solo urbano que passa a valer para efeitos de ordenamento territorial, estando os municípios obrigados a adota-lo nos processos de planeamento que sejam desencadeados ou desenvolvidos ao abrigo da nova legislação, *maxime*, na revisão dos respetivos Planos Diretores Municipais, sendo certo que todos os planos municipais têm de estar adequados a esta nova classificação até 13 de julho de 2020.[3]

[2] Sobre este novo paradigma de planeamento cfr. o nosso *Novas Tendências do Direito do Urbanismo. De um Urbanismo de Expansão e de Segregação a um Urbanismo de Contenção, de Reabilitação Urbana e de Coesão Social*, Coimbra, Almedina, 2012.

[3] É isso que decorre da norma transitória relativa à classificação e qualificação dos solos e que consta do n.º 2 do artigo 82.º da Lei de Bases segundo o qual as regras relativas à classificação dos solos são aplicáveis aos procedimentos de *elaboração*, *alteração* ou *revisão* de planos territoriais de âmbito municipal ou intermunicipal *que se iniciem após a data da entrada em vigor da Lei de Bases* (portanto, após 29 de junho de 2014), ou àqueles que, tendo-se iniciado em data anterior, o respetivo procedimento ainda se encontre pendente um ano após a entrada em vigor da referida Lei de Bases (isto é, aqueles que não estivessem concluídos em 29 de junho de 2015).

Desde a Lei de Bases de 2014 e do RJIGT de 2015 que esta passou a ser a nova realidade em termos de classificação e qualificação dos solos e, por isso, a partir dessa data não podiam os proprietários de prédios situados em "solos urbanizáveis" deixar de ter a consciência desta nova realidade e de que, caso não destinassem, entretanto, os seus prédios para os fins previstos nos planos, iniciando procedimentos de execução, corriam o risco de, a qualquer momento (com o limite temporal de 2020), os verem ser "transformados em solos rústicos.

*ii.* Sendo o conceito de solo urbano, no novo quadro legal, um conceito distinto do de solo urbano à luz do enquadramento jurídico anterior, que apela, por isso, para a mobilização de critérios distintos (sobre esses critérios debruçar-nos-emos no ponto seguinte), a tarefa de identificar, nos novos instrumentos de planeamento, os solos urbanos (concretamente a tarefa da delimitação dos novos perímetros urbanos à luz desses novos critérios) não pode ser feita comparando o que existia no plano anterior e o que se vai prever no novo plano (comparação entre plantas de ordenamento), porque estaríamos a comparar realidades incomparáveis, por assentarem, precisamente, em distintos critérios.

Pelo contrário, essa tarefa vai consistir, em primeira linha, em "*olhar para o território e para as suas características*" e verificar se os solos cumprem os critérios da Lei e do Decreto Regulamentar n.º 15/2015, de 19 de agosto, para serem considerados como urbanos, sem se atentar no que consta dos planos diretores municipais em vigor.

O que significa que esta tarefa consistirá numa classificação *ex novo,* que não pode (nem deve) ser confundida com o procedimento de reclassificação previsto no artigo 72.º do RJIGT, procedimento este que apenas se justifica, dado o grau de exigência que coloca, para aquelas situações em que um solo não tenha sido considerado urbano à luz dos novos conceitos.

Determina, por sua vez, o n.º 2 do artigo 199.º do RJIGT QUE "... *os planos municipais ou intermunicipais devem, no prazo máximo de cinco anos após a entrada em vigor do presente decreto-lei, incluir as regras de classificação e qualificação previstas no presente decreto-lei, sob pena de suspensão das normas do plano territorial que deveriam ter sido alteradas, não podendo, na área abrangida e enquanto durar a suspensão, haver lugar à prática de quaisquer atos ou operações que impliquem a ocupação, uso e transformação do solo*".

Assim, da mesma forma que se justificará, utilizando os novos critérios, que amplos espaços urbanizáveis sejam reconduzidos à classe de solo rústico (porque não cumprem o critério de estarem total ou parcialmente urbanizados – o que significa que não estamos a reclassificar como rústico um solo que era urbano, mas a classificar um solo como rústico, por não cumprir os critérios para ser urbano –, pode também justificar-se que um atual espaço rural, porque dotado de algumas infraestruturas e de edificação que cumpra as exigências do Decreto Regulamentar n.º 15/2015, venha a ser reconduzido ao solo urbano – o que significa que não estamos a reclassificar como urbano um solo que era rural, mas a classificar um solo com urbano, por cumprir os critérios para o efeito.[4]

### *4.2. O "novo" solo urbano: os critérios para a classificação*

*i.* Os critérios para a classificação de um solo como urbano são, de acordo com a Lei de Bases e o RJIGT, o de este se encontrar *total ou parcialmente urbanizado.* Ainda que estes dois diplomas legais não tenham identificado os critérios a ter em conta para considerar um solo como *parcialmente urbanizado* (esses critérios apenas foram fixados no Decreto Regulamentar n.º 15/2015), a verdade é que logo afirmámos que a delimitação do solo urbano, tarefa maior do planeamento e que corresponde à delimitação dos perímetros urbanos, não pode traduzir-se numa mera delimitação da ocupação existente, assente no solo estar ou não estar *total ou parcialmente urbanizado e/ou edificado.*[5] Pelo contrário, a tarefa de planeamento sempre foi, e continua a ser, uma *projeção no futuro* de um modelo que o município, de acordo com aquela que é a sua estratégia, pretende instituir para o seu território. Planear é "projetar" o futuro e não fazer um levantamento do existente, que apenas é relevante como ponto de partida para o planeamento, mas não a sua finalidade última.

Assim, se é certo que, nos termos da lei, a classificação do solo urbano deve ter, como ponto de partida, o que está total e parcialmente urbanizado

[4] Também neste sentido, de que se trata de uma classificação *ex novo*, cfr. Cristina Guimarães, *in.*, "Classificação e qualificação dos solos: princípios e alguns exemplos práticos", *in Ordenamento do Território, Urbanismo e Cidades. Que rumo?* Vol. I, Coimbra, Almedina p. 260 e ss.

[5] Cfr. Jorge Carvalho e Fernanda Paula Oliveira, *Classificação do Solo no Novo Quadro Legal,* Coimbra, Almedina, 2016, p. 16

[exigência constante do artigo 10.º da Lei de Bases e na alínea a) do n.º 2 do artigo 71.º do RJIGT], a mesma tem de ser vista em articulação com outros normativos relevantes do novo quadro legal, pelo que deve ser levada a cabo tendo em conta, ainda, quer os objetivos da gestão territorial estabelecidos na Lei de Bases (artigo 37.º) quer os objetivos estabelecidos pelo RJIGT para a generalidade dos planos municipais quer, por fim, os objeto e conteúdo do plano diretor municipal (definir a *estratégia de desenvolvimento territorial*) e do plano de urbanização (*estruturar a ocupação do solo*).

Ou seja, e dito de outro modo, a classificação dos solos urbanos tem de servir todos estes conteúdos e objetivos e procurar fazê-lo de forma o mais possível holística e integral.[6]

Assim, para além da contenção edificatória e do desenvolvimento de políticas de regeneração urbana – é a este objetivo que se pretende responder com a exigência de que os perímetros urbanos sejam marcados a partir do que está total ou parcialmente edificado –, existem outros objetivos abrangentes, também eles dependentes da classificação do solo e que esta deve visar, a saber: (i) o desenvolvimento económico/social e a consequente distribuição e localização de atividades económicas; (ii) a qualificação ambiental, incluindo a conservação da natureza e a prevenção de riscos naturais e (iii) o estabelecimento de um modelo de organização espacial. Tudo a exigir a estruturação do território municipal e de cada um dos seus aglomerados urbanos.

Isto significa que *elaborar um plano* e, nesse âmbito, *classificar o solo* (em especial, classificar o solo urbano – que corresponde à delimitação dos respetivos perímetros urbanos) é mais do que marcar no território o que já está urbanizado (total e parcialmente). E é bem mais do que apenas olhar para os planos elaborados à luz do quadro legal anterior e excluir deles o solo urbanizável, até porque pode fazer sentido que muitos dos anteriores solos urbanizáveis permaneçam no "novo" solo urbano, por se apresentarem como fundamentais e indispensáveis para a concretização de opções estratégicas do município: basta pensar que muitos dos solos urbanizáveis correspondiam a áreas de colmatação dos espaços urbanos existentes (vazios urbanos), colmatação essa que se apresenta como indispensável para a estruturação do território.

[6] Idem., p. 16.

*Conclusão intermédia:* tendo em conta o que afirmámos neste ponto particular, e olhando para a situação concreta que aqui nos trás, concluímos, tendo em conta os dados de facto anteriormente expostos, que a área abrangida pelo plano de pormenor corresponde, claramente a uma daquelas áreas que, não estando total ou parcialmente urbanizadas, não podem permanecer no solo urbano por razões municipais estratégicas ou por razões de estruturação do território.

Pelo contrário, como afirmado *supra*, é o próprio município que reconhece que este plano não está adequado nem às necessidades conhecidas nem ao mercado existente e previsível (a proposta deste plano, de mais 7 mil fogos, equivalente a mais 20 mil habitantes, não tem sequer qualquer correspondência com as projeções demográficas conhecidas para 2025), apresentando-se, por isso, como uma solução indesejável e de difícil sustentação. Aliás, a única limitação que leva o município a ponderar com maiores cautelas uma revogação sem mais do plano de pormenor são apenas as eventuais consequências indemnizatórias que daí possam advir, que terão necessariamente custos que não podem deixar de devidamente sopesados no processo de planeamento.

*ii.* Se o que referimos antes resulta de uma leitura integrada de todos os normativos vigentes e enunciados, vejamos o que nos dizem os critérios que, segundo o Decreto Regulamentar n.º 15/2015, devem ser cumpridos para que um solo seja classificado como urbano, critérios esses que são cumulativos.

Assim, se a alínea b) do n.º 3 do artigo 7.º deste Decreto Regulamentar faz particulares exigências quanto à "*existência de aglomerados de edifícios, população e atividades geradoras de fluxos significativos de população, bens e informação*" e a alínea c) determina a necessidade de "*existência de infraestruturas urbanas e de prestação dos serviços associados*" (exigindo que existam, no mínimo, os sistemas de transportes públicos, de abastecimento de água e saneamento, de distribuição de energia e de telecomunicações), já a alínea a) exige que o solo urbano esteja *inserido no modelo de organização do sistema urbano municipal* (o qual é definido, com plena autonomia, pelo município) e a alínea e) obriga a que classificação de um solo como urbano seja feita de forma a garantir a *coerência dos aglomerados urbanos existentes* e a *contenção da fragmentação territorial.*

Como facilmente se concluirá, as exigências constantes das alíneas a) e e) conferem aos municípios um papel revelante na delimitação dos seus perímetros urbanos, já que é a eles que cabe definir uma *estratégia para o seu território*, em especial *o modelo de organização do sistema urbano que pretendem promover*, modelo este que, de acordo com a referida alínea a), deve orientar a delimitação dos seus perímetros urbanos; e é aos municípios que cabe definir a coerência que pretende para os seus aglomerados urbanos e as formas de contenção da sua fragmentação, ambos fatores relevantes a considerar na delimitação dos seus perímetros.

Realçamos aqui, com particular relevância, o facto de, a inexistência numa determinada área estratégica para o município, de *infraestruturas urbanas e de prestação dos serviços associados* a que se refere a alínea c), não ser impeditivo de a mesma ser classificada como solo urbano: para que tal aconteça, basta que o município, que a considera estratégica para a estruturação do território, garanta que a mesma será provida destas infraestruturas, num horizonte temporal que terá de ficar devidamente estabelecido (programação) ou, como se afirma na referida alínea c), *mediante a sua inscrição no respetivo programa de execução e as consequentes inscrições nos planos de atividades e nos orçamentos municipais*. Trata-se de uma exigência que visa garantir um planeamento mais responsável, mais realista e mais operativo: o facto de uma área considerada estratégica para o município não se encontrar ainda urbanizada (nem sequer parcialmente), não é impeditivo da sua integração no perímetro urbano; em todo o caso, tal área apenas poderá aí ser integrada se houver a *real garantia* de que tal urbanização *vai efetivamente ocorrer*, o que significa que o município apenas deve prever no plano ações que sejam realizáveis e viáveis do ponto de vista económico-financeiro num determinado lapso temporal, que tem de ficar devidamente identificado e com o financiamento garantido.

Assim, se uma determinada área, classificada como rural de acordo com o plano municipal elaborado à luz do quadro legal anterior, se apresenta como estratégica para o município (por exemplo, para a *criação* de uma área de atividades económicas ou de uma zona empresarial responsável ou para a *ampliação de uma já existente*), mas a mesma não está dotada de infraestruturas que a sirvam, nada impede que o município, quer num procedimento de alteração especificamente desencadeado para o efeito quer na revisão do plano diretor municipal, classifique aquela área como *solo urbano* desde que a sua urbanização fique *devidamente programada*, mediante a sua inscrição no programa de execução e esteja garantido à partida o respetivo financiamento.

Se não existirem as aludidas infraestruturas nem estiver garantida a viabilidade da sua execução, então aquela área não pode ser classificada como urbana.

*Conclusão intermédia:* tendo em conta o que acabamos de afirmar, e voltando à situação em apreço, podemos considerar, como referimos *supra*, não está aqui em causa uma área que, por motivos de estratégia municipal, deva permanecer urbana. Muito pelo contrário, está em causa um plano desajustado da realidade atual (e das reais necessidades do Município) que faz sentido seja revogado no âmbito da revisão do Plano Diretor Municipal. A única duvida que permanece, nesta intenção de revogar o plano de pormenor é o de saber se tal revogação terá consequências indemnizatórias. Dúvida a que responderemos *infra*.

*iii.* Uma área na qual não estejam verificados os critérios para a sua classificação como solo urbano deve ser integrada na classe de solo rústico. Assumindo o legislador que as áreas que se encontram total ou parcialmente urbanizadas ou programadas e que, por isso, vão ser integradas, por opção do plano, no solo urbano, são mais do que suficientes para satisfazer as necessidades urbanísticas e funcionais do Municipio, o legislador assume que uma eventual reclassificada de solos rústicos para urbanos será absolutamente excecional. O grau de dificuldade que é imposto à futura reclassificação de solos rústicos como urbanos visa, precisamente, evitar reclassificações isoladas, desconexas e inconsistentes, ou seja, reclassificações avulsas.

Isto significa que o caráter excecional da reclassificação deve ser entendido não apenas na perspetiva jurídica, mas também no significado corrente do termo: terá de ser rara, raríssima, já que raros serão os casos em que as demonstrações de sustentabilidade exigidas pelo novo RGIT (artigo 72.º n.º 3) poderão ser aceites como credíveis. De facto, para que o solo classificado como rústico à luz dos novos critérios seja reclassificado de urbano é necessária a verificação de um conjunto de exigências cumulativas (artigo 72.º desta lei articulado com o artigo 8.º do Decreto Regulamentar n.º 15/2015), a saber:

(a) A existência de concretas pretensões urbanísticas sobre o território que o Município considere, de acordo com a estratégia por si definida, necessárias ao seu desenvolvimento económico e social e indispensáveis à sua qualificação urbanística;

(b) A inexistência de áreas urbanas disponíveis e comprovadamente necessárias para acolher esta pretensão e a sua finalidade (demonstrado através, designadamente, dos níveis de oferta e procura de solo urbano, com diferenciação tipológica quanto ao uso, e dos fluxos demográficos);

(c) A viabilidade (sustentabilidade) económica e financeira da transformação do solo (identificando-se, designadamente, os sujeitos responsáveis pelo financiamento, a demonstração das fontes de financiamento contratualizadas e de investimento público) e demonstração do impacto da carga urbanística proposta no sistema de infraestruturas existente, e a previsão dos encargos necessários ao seu reforço, à execução de novas infraestruturas e à respetiva manutenção;

(d) A aprovação (alteração ou revisão) de plano de pormenor *com efeitos necessariamente registais*, devidamente contratualizado quanto: (i) aos encargos urbanísticos das operações; (ii) às condições de redistribuição de benefícios e encargos, considerando todos os custos urbanísticos envolvidos; (iii) ao prazo de execução das obras de urbanização e das obras de edificação (o qual deve constar expressamente da certidão do plano a emitir para efeitos de inscrição no registo predial).

Deste conjunto amplo de exigências constata-se, de facto, que a opção de transformar solo rústico em solo urbano é assumida como excecional: terá sempre que proceder a demonstração da inexistência de alternativas mais económicas, nomeadamente de reabilitação e a inexistência de solos classificados com urbanos que possam ser destinados ao fim pretendido; e terá ainda de estar associada a uma intervenção urbanística viável do ponto de vista económico e financeiro, com apresentação de garantias para o seu desenvolvimento e com interiorização da totalidade dos encargos com as infraestruturas de suporte, bem como da apresentação de um plano de pormenor com programa de desenvolvimento exigente e cronologicamente definido. O que pretende tornar claro que apenas desenvolvendo todo o processo produtivo complexo de urbanização, com a assunção dos encargos correspondentes, os *proprietários* obterão o direito urbanístico pretendido, sendo tendencialmente eliminada qualquer expectativa fundada de "mais-valia caída do céu" resultante da simples classificação do solo como urbanizável. [7]

Note-se que a exigência de a reclassificação ser feita por via de *planos de pormenor com efeitos registrais* se compreende pelas seguintes razões: (i) por ser um *plano*, já que a sua natureza reguladora lhe permitirá a alteração do plano municipal em vigor (está em causa uma reclassificação que só pode operar por outra opção de planeamento); (ii) por ter efeitos registais, porque os poucos casos em que tal será admissível deverão traduzir-se em *execução efetiva* e não apenas em ato de valorização especulativa da propriedade.[8]

*Conclusão intermédia:* deste último ponto resulta que se a área abrangida pelo plano de pormenor for classificada como rústica, como parece ter de ser por não cumprir os critérios para integrar a classe de solo urbano, uma sua eventual reclassificação para urbana será absolutamente excecional.

### *4.3. Conclusão preliminar*

Concluímos, assim, tendo em conta o novo quadro legal em vigor desde 2014, que a área de abrangência do referido plano de pormenor não contém as características exigidas para poder ser classificada como solo urbano.

Tirada esta conclusão, incidamos agora a nossa atenção nas questões que se prendem com um eventual dever de indemnização do Município aos

[7] Com isto se dá cumprimento ao novo paradigma da legislação urbanística segundo o qual o plano por si só não concede direitos e que os proprietários apenas adquirem direitos se e na medida em que cumpram os deveres correspetivos: de elaborar projetos, de urbanizar, de licenciar, de pagar taxas, de fazer cedências e compensações, etc.

[8] O n.º 6 do artigo 72.º do RJIGT prevê uma exceção para a reclassificação do solo que se destine exclusivamente à *execução de infraestruturas* e de *equipamentos de utilização coletiva*: nestes casos, ainda que a reclassificação continue a só poder ser concretizada cumpridos que sejam os critérios previstos nos n.ºs 1 e 3 – o que a torna excecional –, dispensa-se, todavia, a elaboração (exigente) de plano de pormenor com efeitos registais, processando-se esta reclassificação através de procedimentos de elaboração, revisão ou alteração de planos territoriais, nos quais é fixado o respetivo prazo de execução. Compreende-se que assim seja por estar em causa uma reclassificação destinada a fins públicos, ainda que, e bem, não se dispense esta reclassificação do cumprimento das demais exigências, designadamente de um prazo de execução e da demonstração da viabilidade económica financeira.

proprietários dos prédios situados nesta área pelo facto de classificar como rústicos prédios que o plano de pormenor classificava como urbanos.

## 5. Da responsabilidade por danos do plano.

### *5.1. A regra geral do carácter não indemnizatório das opções do plano*

Fixa o n.º 1 do artigo 171.º do RJIGT o princípio geral, justificado na função social dos solos, do *carácter não indemnizatório das disposições dos planos territoriais* (sejam inicias sejam as resultantes da sua alteração ou revisão), de onde decorre a *subsidiariedade do dever de indemnização* e uma preferência pelos mecanismos de perequação.

O mesmo resulta da leitura conjugada dos n.os 1 e 3 do artigo 17.º da Lei de Bases – que determinam o dever de indemnizar apenas em determinadas circunstâncias: quando as disposições dos planos afetem *direitos preexistentes e juridicamente consolidados* ou quando os *sacrifícios impostos tenham efeito equivalente a uma expropriação*) – com o seu n.º 2, que exige a intervenção, em primeira liga, de mecanismos de perequação.

Em face deste princípio geral, a responsabilidade decorrente do exercício da tarefa pública de planeamento tem um âmbito limitado, só existindo em hipóteses precisas que a doutrina designa de "*expropriações do plano*" ou "*expropriações em sentido substancial*".

Nestas, ao contrário das expropriações em sentido clássico ou acessórias ao plano, o bem permanece na titularidade do seu proprietário originário; contudo, e porque as limitações introduzidas são de tal ordem que afetam o conteúdo essencial do direito de propriedade, esvaziando o seu valor económico, as mesmas justificam um tratamento similar ao deferido no artigo 62.º da Constituição: o pagamento de uma indemnização.

### *5.2. Da indeminização por afetação de direitos preexistentes e juridicamente consolidados*

*i.* A identificação, feita no artigo 171.º do RJIGT, das situações de expropriação dos planos, em especial quando esteja em causa a modificação (alteração ou revisão) de anteriores instrumentos de planeamento, sempre se relacionou com outra, recorrente no direito do urbanismo: a da relação entre o *jus aedificandi* (direito de urbanizar, de lotear e de construir) e o direito de propriedade dos solos. Esta foi uma questão amplamente tratada pela jurisprudência dos nossos Tribunal Constitucional e Supremo Tribunal Administrativo, sendo a posição tradicional a que nega, à luz do texto constitucional, em especial do seu artigo 62.º, a integração do *jus aedificandi* no direito de propriedade privada, concluindo antes pela sua natureza jurídico-pública. O que significa que o uso e a fruição do bem objeto do direito de propriedade pelo respetivo titular não se apresentam nem livres nem absolutos, antes estando jus-publicisticamente enquadrados e condicionados em nome da função social que lhe está inerente.

Esta matéria foi objeto de tratamento na Lei de Bases de 2014, que veio consagrar legalmente um conceito-quadro de direito de propriedade do solo que o perspetiva como um direito *integrado por múltiplas posições jurídicas ativas e passivas* (um direito composto por outros direitos, faculdades, deveres), de *conteúdo aberto* e *progressivo* (suscetível de aquisição gradual de novos direitos ou faculdades na sequência do cumprimento de um conjunto de deveres).

O que significa, por outras palavras, a assunção de que o plano, por si só, não concede direitos urbanísticos; a aquisição destes é feita de forma progressiva e mediante o cumprimento, por parte do proprietário, dos deveres e ónus urbanísticos inerentes ao processo de urbanização. Com esta solução visou evitar-se que, por via do plano, se concedesse uma renda monopolista ao proprietário que nada investe para a obter, ficando tal obtenção dependente do desenvolvimento de todo um processo produtivo complexo.

Isto significa, por outras palavras, a assunção pelo legislador de que o plano não confere direitos independentemente dos atos de gestão urbanística que o concretize, o que significa que, em princípio apenas quando uma nova opção de planeamento afete este tipo de atos, haverá lugar a indemnização

É precisamente esta a situação a que se refere o n.º 2 do artigo 171.º segundo o qual o "*sacrifício de direitos preexistentes e juridicamente consolidados que determine a caducidade, revogação ou a alteração das condições de licença, da comunicação prévia ou informação prévia válidos e eficazes determina o dever de justa indemnização.*"

A doutrina inclui nesta previsão legal, de forma inegável, as disposições dos planos que ponham em causa (fazendo caducar, determinando a sua revogação ou impondo a alteração) não só licenças, comunicações prévias ou informações prévias favoráveis, mas também autorizações de utilização bem como aprovações de projetos de arquitetura emitidos validamente antes da sua entrada em vigor e que não hajam entretanto caducado. A base para esta norma encontra-se no artigo 17.º da Lei de Bases de 2014, que determina o dever de pagamento de uma indemnização quando ocorra, por força de planos territoriais, o sacrifício de *direitos preexistentes e juridicamente consolidados*.[9]

*ii.* Ora, como referido *supra*, na área de abrangência do plano de pormenor foram aprovados (licenciados) quatro loteamentos que, contudo, nunca chegaram a obter o respetivo alvará.

Dúvidas não restam, atualmente, que as licenças de loteamento são atos constitutivos de direitos.[10] Porém, como é sabido, os direitos conferidos por estas licenças não são direitos "eternos", estando previstos prazos dentro dos quais o respetivo titular tem de cumprir um conjunto de *ónus* (o caso do requerimento do alvará e o caso do pagamento das taxas) ou de *deveres* (o caso da realização das obras)[11]; o não cumprimento desses ónus ou deveres dentro dos prazos legalmente estipulados, faz *caducar* a licença, o que significa que esta *perde os seus efeitos.*

Daqui resulta que, se a licença tem como efeito *conceder direitos urbanísticos ao interessado,* já a sua caducidade determina a *cessação desses efeitos* o que, na prática, tem como consequência a perda, para o respetivo titular, dos direitos que dela decorriam.

[9] Para que ocorra a caducidade, revogação ou alteração de um destes atos de gestão urbanística anteriores ao plano por força deste, é necessário que ele o determine expressamente, caso contrário, precisamente porque a regra é a de os planos apenas regularem situações futuras, os mesmos não são afetados por norma de planeamento posterior. Neste sentido, *vide* o nosso "A regulamentação de situações intertemporais pelos planos diretores municipais", in *Revista de Direito Público e Regulação,* n.º 2, julho de 2009, pp. 41-55, disponível em *http://www.fd.uc.pt/cedipre/pdfs/revista_dpr/revista_2.pdf.*

[10] Sobre a licença de loteamento como ato constitutivo de direitos cfr., por todos, Parecer da Procuradoria-Geral de Republica n.º 33/2016, publicado no Diário da República, 2.ª série, N.º 116, de 19 de junho de 2017.

[11] A diferença entre deveres e ónus está nas consequências jurídicas decorrentes do respetivo incumprimento. Enquanto nos primeiros esse incumprimento implica uma sanção jurídica (designadamente contraordenacional), nos segundos o seu incumprimento tem apenas como consequência não poder o interessado retirar um benefício que retiraria, caso os tivesse cumprido.

No enquadramento jurídico das caducidades urbanísticas tem-se entendido que a caducidade que aí está em causa não é, em regra, a *caducidade-preclusiva* (que aparece associada a um comportamento de inatividade do titular do direito, extinguindo-se o direito pelo seu não exercício no prazo); pelo contrário o que se vem afirmando é que, na maior parte das vezes, não está ligado a estas caducidades nenhum interesse público de que o direito tenha de ser exercido num determinado prazo sob pena de não o poder mais ser, acentuando-se, até, pelo contrário, que o ocorre é a necessidade de as operações urbanísticas serem efetivamente realizadas e não ficarem inacabadas.

Este último tipo de caducidade (frequentemente designada de *caducidade sanção)* tem com o traço característico a necessidade de ela ter de ser declarada pela Administração para poder operar, admitindo-se que tal declaração envolva algum um espaço de apreciação e valoração quanto à verificação ou não das causas de caducidade, designadamente, a aferição da existência ou inexistência de causas imputáveis ao particular pelo não cumprimento dos deveres e ónus que lhe competia cumprir.

É por isso que a declaração de caducidade é antecedida de audiência prévia dos interessados, permitindo à Administração avaliar (e valorar) as *causas do não cumprimento* que sejam, nesse âmbito, invocadas pelo interessado, no contexto da situação concreta (facto não imputável ao titular da licença, ocorrência de motivo justificativo), com vista a formular um juízo prévio quanto à sua repercussão na manutenção da relação jurídica em causa e dos efeitos que ela possa ter do ponto de vista do interesse público.

Significa isso que, estando verificada objetivamente uma causa de caducidade, pode, ainda assim, a câmara municipal não a declarar, o que resultará necessariamente de um juízo de ponderação que aquele órgão faça entre a *situação do interessado* (que pode não ter cumprido o ónus ou encargo dentro do prazo definido por motivos que não lhe são imputáveis, motivos esses que têm de ser invocados e apreciados pela Administração) e o *interesse público envolvido* (analisando se existem interesses públicos que se oponham à realização da operação urbanística ou se, pelo contrário, o interesse público exige que essa declaração não seja proferida).

Assim, justifica-se que não seja declarada a caducidade se o interessado invoca motivos justificativos para o não cumprimento do prazo – motivos esses que, depois de devidamente ponderados, são aceites como legítimos pela Administração – e se, simultaneamente, o interesse público não se opuser (porque, por exemplo, os instrumentos de planeamento à luz do qual a licença foi emitida permanecem em vigor donde se conclui que a operação sempre poderia obter uma licença em tudo igual àquela que ira ser declarada caducada) ou, até, impuser uma solução que garanta a plena eficácia da licença (porque, por exemplo, as obras de urbanização não concluídas já estão realizadas numa grande percentagem ou porque há lotes que já foram vendidos e neles até já existem construções, concluindo-se ser preferível permitir a conclusão do que já se iniciou em vez de se declarar a caducidade e potenciar uma situação inacabada e desqualificada no território).

Decorre do que acabamos de referir que, estando verificadas objetivamente as condições para ser declarada a caducidade, apenas se admite que ela não o seja caso a Administração, num juízo de avaliação e de ponderação que necessariamente terá de fazer em face das circunstâncias concretas (e que terá de ser devidamente explicitado) entenda mais adequado para o interesse público não o fazer.

É, aliás, neste sentido que deve ser interpretado o disposto no n.º 5 do artigo 71.º do RJUE, versão atual, segundo o qual "*as caducidades previstas no presente artigo devem ser declaradas pela câmara municipal, verificadas as situações previstas no presente artigo, após audiência prévia do interessado*".

Este artigo, ao contrário do que se poderia pensar, não vem eliminar o espaço de avaliação e de ponderação dos interesses envolvidos a que nos referimos antes – e que são típicos das caducidades urbanísticas –; apenas acentua que, verificadas as causas objetivas de caducidade, *a regra é declara-la,* e que uma *exceção a essa regra* tem de resultar de uma ponderação dos interesses envolvidos devidamente explicitada da qual resulte poder manter-se relação jurídica em causa sem prejuízo para o interesse público.

Portanto, e como ponto de partida, deve ter-se presente, que colocando-se o particular numa posição de poder objetivamente ver declarada a caducidade (pense-se na hipótese em que, depois de já ter passado o prazo para requerer o alvará sem que a caducidade tenha sido declarada, o interessado vem, ao abrigo do n.º 2 do artigo 76.º do RJUE, requer a prorrogação desse prazo) não terá um direito de exigir, sem mais, que essa prorrogação seja deferida; esta apenas o poderá ser se a câmara municipal concluir que existiram motivos justificativos para a apresentação intempestiva do requerimento (que lhe terão de ser apresentados pelo interessado) e, bem assim, que não existem motivos de interesse público que se oponham a essa prorrogação, que permitirá que a licença permaneça eficaz na ordem jurídica por mais um ano.

Tendo em conta o que foi referido, consideramos que, no caso concreto, mesmo que a caducidade dos referidos quatro loteamentos não tenha ainda sido declarada pela câmara municipal, está este órgão obrigado a fazê-lo: por um lado porque está verificada uma causa objetiva de caducidade, por outro lado porque se alteraram, por motivos que se relacionam com o interesse público de uma ocupação territorial mais sustentável, os critérios legais para a classificação de um solo como urbano, não sendo já possível, tendo em conta as características da área, que os terrenos para os quais foi emitida a licença de loteamento sejam classificados como urbanos. O que significa a existência de um interesse público a opor-se à manutenção dos efeitos daquelas licenças.

A este propósito é necessário ter presente que quer a *declaração da caducidade* quer a *sua não declaração*, são *atos administrativos*[12] que, como tal, se devem pautar pelo interesse público que cabe à Administração prosseguir. Isto significa que se estivermos perante uma licença em relação à qual se verifica uma causa objetiva de caducidade (por exemplo, porque o alvará não foi requerido dentro do prazo), mas que viabiliza uma operação que está em desconformidade com o novo quadro jurídico entretanto entrado em vigor, não declarar a caducidade é praticar um ato em desconformidade com esse quadro jurídico, contrariando os interesses públicos que com ele se pretende alcançar. Nestes casos, a câmara municipal tem o *dever de declarar a caducidade*, porque este órgão tem de pautar sempre a sua decisão pela salvaguarda do interesse público.

O que significa, em conclusão, que sendo declarada a caducidade dos loteamentos licenciados na área do plano de pormenor, não ocorre a situação a que se refere o n.º 2 do artigo 171.º do RJIGT: se bem que tenham existido, na área do plano de pormenor, *direitos juridicamente consolidados* anteriores à revisão

[12] A não declaração de caducidade não é, na maior parte das vezes, um ato expresso, mas um ato implícito: se o pedido de emissão do alvará vem formulado fora do prazo, a sua emissão, não obstante este facto, tem implícita uma decisão da Administração de não declarar a caducidade (decisão essa que, para ser válida, tem de resultar da ponderação concreta que tenha feito dos interesses em presença).

do Plano Diretor Municipal (no âmbito da qual se pretende revogar o plano de pormenor) – no caso, decorrentes de quatro licenças de loteamento – os mesmos *já não são eficazes* (porque caducaram) não se devendo essa caducidade à revogação do plano de pormenor, mas à conduta não diligente dos respetivos titulares, por não terem requerido tempestivamente o respetivo alvará.

Em suma, a caducidade destes direitos é totalmente imputável aos interessados e não à Administração Municipal que não tem, por isso, de pagar qualquer indemnização ao abrigo do n.º 2 do artigo 171.º do RJIGT.

### 5.3. *Da indeminização por afetação de posições decorrentes de planos de pormenor com efeitos registais*

Nos termos do n.º 3 do artigo 171.º há ainda lugar a indemnização quando a nova opção de planeamento restrinja o "*aproveitamento urbanístico constante da certidão de um plano de pormenor com efeitos registais (...) durante o prazo de execução previsto na programação do plano*".

Bem vistas as coisas, esta situação ainda se reconduz à previsão constante do n.º 2 – *direitos adquiridos e juridicamente consolidados* – já que os planos de pormenor, *desde que registados* (não bastando, por isso, a mera emissão da certidão como parece dar a entender este artigo), produzem os mesmos efeitos que uma licença de loteamento.

Se o plano de pormenor a que nos estamos a referir contivesse todos os elementos para poder ser levado a registo[13], poderia, perfeitamente, ter-se optado, quanto á execução deste plano, por duas vias alternativas: quer pela emissão de distintas licenças de loteamento (com obras de urbanização), quer pela emissão de certidões, por áreas, do plano de pormenor, certidões que

[13] Sendo possível levar a registo as operações de transformação fundiária previstas num plano de pormenor, tal não significa a necessidade de registo ter de incidir sobre a totalidade do plano. A solução do registo da totalidade do plano não faria sentido (e seria particularmente complexa) nas situações de grande extensão da área de incidência do plano ou naquelas em que este se encontra dividido em várias unidades de execução. Neste último caso, uma vez que a cada unidade de execução corresponderá uma operação de reparcelamento independente, sendo cada uma delas enquadrada pelos correspetivos contratos de urbanização, o registo do plano será parcial, correspondendo ao registo da transformação da situação fundiária da respetiva unidade de execução. O título para o registo será, nestes casos, os contratos de urbanização para a execução do plano conjuntamente com a certidão deste.

se assumiriam, juntamente com os contratos de urbanização assinados pelos vários interessados[14], como título bastante para a individualização no registo predial dos prédios (lotes) deles resultantes, dispensando qualquer ato autorizativo posterior. Após esta individualização no registo, o plano passaria a produzir os mesmos efeitos que uma licença de loteamento.

Refira-se que nos termos do artigo 109.º, n.º 1 do RJIGT a emissão da certidão do plano depende do prévio pagamento das taxas urbanísticas devidas e, sempre que preveja a realização de infraestruturas, como é o caso, pressupõe que as mesmas sejam caucionadas (n.º 2 do mesmo artigo). Mais, seria no momento do registo do plano (ou da unidade de execução do plano) que se opera, para além da transformação da situação fundiária, a integração no domínio público municipal das áreas de cedência (n.º 6 do artigo 108.º do RJIGT).

Note-se ainda que os planos de pormenor contêm um *plano de financiamento* e um *programa de execução.* No caso do plano de pormenor a que aqui nos estamos a referir, identificam-se e avaliam-se, no plano de financiamento, os grandes fatores de custo, independentemente da responsabilidade pela concretização de cada um dos investimentos (sendo as principais componentes dos custos as referentes à urbanização geral; parques e zonas verdes e equipamentos); e procede-se à atribuição nominal dos investimentos, distribuindo a responsabilidade pelos principais agentes investidores (câmara municipal, concessionários, promotores privados e organismos públicos/Estado).

No que concerne à execução, este plano de pormenor deixou, no respetivo programa, alguma flexibilidade à sua implementação, a qual ficava dependente de *critérios de mercado e de capacidade financeira,* não se estabelecendo, por isso, com rigor absoluto, as fases de execução do plano, sendo estas determinadas pela *estratégia de promoção.* O que o referido programa de execução fazia era as opções de faseamento dos investimentos, apontando-se para um limite

[14] A necessidade de a certidão do plano ser acompanhada de contratos de urbanização assinados pelos proprietários da área do plano e o Município, visa garantir a legitimidade para a realização da operação urbanística e para a efetivação do registo. É isso que decorre do n.º 4 do mesmo artigo, segundo o qual "*A operação de reparcelamento em área abrangida por plano de pormenor que contenha as menções constantes das alíneas a) a d), g) e h) do n.º 1 do artigo 102.º pode concretizar-se através de contrato de urbanização sem necessidade de controlo administrativo prévio, sendo o registo efetuado nos termos dos artigos 108.º e 109.º*"

temporal de dez anos para a execução do plano, no qual não se integrava a construção dos edifícios, que se previa poder prolongar-se para além daquele período. O referido prazo deve, deste modo, ser assumido como o limite temporal para operar a transformação da situação fundiária, com a cedência das parcelas destinadas a espaços verdes e de utilização coletiva e equipamentos e para a realização das infraestruturas urbanísticas previstas.

Apesar do exposto, isto é, apesar da possibilidade de este plano de pormenor poder ter efeitos registais, a verdade é que o mesmo não foi levado a registo (nem na sua totalidade nem por áreas delimitadas), e dez anos volvidos desde a sua publicação (que era o prazo indicado no mesmo para a execução de todas as infraestruturas da sua área de abrangência), apesar da atitude proativa da Câmara Municipal, que até delimitou uma unidade de execução, não chegou a ser assinado qualquer contrato de urbanização, não foi emitida qualquer certidão do plano, não foi paga qualquer taxa, nem feita qualquer cedência ou prestada qualquer caução para a realização das obras de urbanização. Muito menos foram realizadas quaisquer obras de urbanização.

O que significa que também aqui não está verificada a situação geradora de indemnização constante do n.º 3 do artigo 171.º. Com efeito, se o plano de pormenor for revogado no âmbito do procedimento de revisão do Plano Diretor Municipal, não ocorrerá qualquer restrição a um "*aproveitamento urbanístico constante da certidão de um plano de pormenor com efeitos registais*" porque tal certidão nunca chegou a ser emitida nem foi registada qualquer operação de transformação fundiária, sendo certo para além do mais, que o prazo de execução previsto no plano já se esgotou sem que, sequer, se tenha iniciado qualquer intervenção.

### *5.4. Da indeminização por danos na confiança*

Estipulava o n.º 3 do artigo 143.º do Decreto-Lei n.º 380/99 haver lugar a indemnização sempre que a revisão (alteração ou suspensão) de um plano territorial ocorresse dentro do período de cinco anos após a sua entrada em vigor (ou última revisão, alteração ou suspensão), determinando a caducidade ou a alteração das condições de um licenciamento prévio válido.

Tratava-se de um dispositivo cuja interpretação havia suscitado sérias dúvidas a ponto de se defender mesmo a sua inconstitucionalidade – essa era a conclusão a que teria de se chegar se se concluísse que os dois requisitos para a indemnização (modificação do plano dentro de um lapso temporal e caducidade ou modificação de uma licença prévia válida) eram cumulativos[15].

Na interpretação que fazíamos dessa norma[16], concluíamos que havia lugar a indemnização sempre que, em primeiro lugar, a revisão, alteração ou suspensão de um plano ocorresse *dentro do período de cinco anos* a contar da data da sua entrada em vigor (ou última revisão, alteração ou suspensão), independentemente de o particular ser titular de qualquer licença (1ª parte do n.º 3 do artigo 143.º do RJIGT) – sendo que o que se visava proteger nesta situação era a *confiança legítima* que os administrados haviam depositado na manutenção dos efeitos do plano, tendo o legislador português, atendendo aos princípios da flexibilidade e da adaptabilidade dos planos, fixado nos cinco anos o prazo dentro do qual aquela confiança merecia proteção (por se entender que dentro desse prazo a modificação ou suspensão do plano é *antecipada*, afetando aquela confiança); a segunda situação de indemnização verificar-se-ia sempre que a revisão (alteração ou suspensão), independentemente do momento em que ocorresse (antes ou depois do decurso dos referidos cinco anos), determinasse a *caducidade* ou a *alteração* das condições de um licenciamento prévio válido (parte final do n.º 3 do artigo 143.º do RJIGT). Olhar para os requisitos constantes desta norma de forma disjuntiva e não cumulativa era o modo que havíamos encontrado para retirar do preceito os seus efeitos úteis.

Aquela norma é agora substituída pelo n.º 4 do artigo 171.º segundo a qual "*De acordo com o princípio da proteção da confiança, são, ainda, indemnizáveis as restrições singulares às possibilidades objetivas de aproveitamento do solo impostas aos proprietários, resultantes da alteração, revisão ou suspensão de planos territoriais, que comportem um encargo ou um dano anormal, desde que ocorram no decurso do período de três anos a contar da data da sua entrada em vigor*". Esta norma parece

[15] Neste sentido, *vide* Fernando Alves Correia, "Planos Municipais de Ordenamento do Território, Perequação de Benefícios e Encargos e Indemnização", *in Boletim da Faculdade de Direito da Universidade de Coimbra, Colecção Studia Iuridica, Ad Honorem – 1 Separata dos Estudos em Homenagem ao Professor Doutor Rogério Soares*, Coimbra, Coimbra Editora, 2001., pp. 86-87

[16] Cfr. o nosso *Regime Jurídico dos Instrumentos de Gestão Territorial Comentado*, Coimbra, Almedina, 2012, comentário ao artigo 143.º e "Reflexão sobre Algumas Questões Práticas no Âmbito do Direito do Urbanismo", *Boletim da Faculdade de Direito da Universidade de Coimbra, Volume Comemorativo do 75.º Tomo*, Coimbra, Coimbra Editora, 2003, p. 969.

seguir o entendimento que então havíamos defendido: caso a revisão, alteração ou suspensão determine a caducidade ou a alteração das condições de uma licença, aplica-se o disposto no n.º 2 do artigo; caso a revisão, alteração ou suspensão não determine a caducidade ou alteração de licenças (ou outros atos constitutivos de direitos) prévias(os), mas ocorra dentro do prazo (agora) de três anos a contar da sua entrada em vigor, haverá lugar a indemnização por força do princípio da proteção da confiança.

Note-se que a situação prevista no n.º 4 do artigo 171º será atualmente excecional tendo em consideração a regulamentação constante da Lei de Bases, segundo a qual as faculdades urbanísticas não decorrem diretamente do plano, sendo adquiridas sucessivamente através do cumprimento pelo proprietário, dos deveres urbanísticos inerentes. O que significa que mais dificilmente o interessado "inativo" terá um encargo ou dano anormal indemnizável.

Em todo o caso, mesmo que se considerasse que a revogação do Plano de Pormenor poderia provocar um dano ou encargo anormal (o que aqui nem vamos discutir), já não haverá, neste caso, lugar a qualquer *proteção da confiança a proteger* porque a nova opção de planeamento não pode já considerar-se "antecipada". Mais, no momento da publicação do plano estava já em vigor o artigo 143.º do RJIGT que determinava que após o decurso do prazo de cinco anos a modificação do plano que não fizesse caducar atos de gestão urbanística previamente emitidos não daria lugar a indemnização. O que significa que os proprietários sabiam (ou deviam saber), à data da publicação do plano, que havia um limite temporal para a proteção da sua confiança na manutenção das opções de planeamento, passado o qual, sem que tivessem concretizado (ou pelo menos iniciado tal concretização) as faculdades nele previstas, poderiam vê-las modificadas (ou extintas) sem lugar a qualquer indemnização.

Uma vez que, no caso, a revogação do plano de pormenor irá ocorrer passados 10 anos desde a sua entrada em vigor, já não se poderá falar aqui em danos da confiança: os proprietários sabiam (ou deviam saber) que estando tal plano em vigor há tantos anos sem que se tivesse avançado um passo que fosse na sua concretização "corriam o risco" de, em nome do princípio da flexibilidade e da adaptabilidade dos planos, ver ocorrer uma modificação (ou revogação) das suas previsões, não existindo, assim, uma qualquer afetação da sua legítima confiança na manutenção das mesmas.

## 6. Direito à manutenção da área de abrangência do Plano de Pormenor em solo urbano?

De tudo quanto foi referido nos pontos anteriores resulta já claro que não estão presentes, na situação vertente, os pressupostos a que se refere o n.º 3 do artigo 82.º da Lei n.º 31/2014, que, a ocorrerem, permitiriam a manutenção da área de abrangência do plano de pormenor aqui em referência em solo urbano.

Nos termos deste normativo, admite-se que solos que não estejam total ou parcialmente urbanizados ou edificados permaneçam com o estatuto de urbanos desde que fossem qualificados pelos planos em vigor como urbanizáveis (o que era o caso) e dispusessem de instrumentos de programação aprovados, situação que não está aqui verificada, uma vez que falta na área a vigência de qualquer dos instrumentos de programação a que se refere aquele artigo.

Com efeito, segundo este normativo o solo mantém-se em urbano até ao termo do prazo para execução das obras de urbanização para ele previstas que tenha sido ou seja definido em plano de pormenor, por contrato de urbanização ou de desenvolvimento urbano ou por ato administrativo de controlo prévio.

Sucede, como vimos, que estão praticamente esgotados os 10 anos para a execução do plano de pormenor previstos no seu programa de execução sem que tenha sido obtido qualquer título que permitisse aos respetivos proprietários executar as obras de urbanização previstas para aquela área (sendo que tal prazo era o indicado para a sua conclusão e não para o seu inicio); não foi assinado qualquer contrato de urbanização (ainda que tenha chegado a ser delimitada uma unidade de execução) nem emitido qualquer ato de controlo prévio que tenham definido um prazo para a realização daquelas infraestruturas.

Ou seja, a urbanização prevista para esta área não se encontra programada, motivo pelo qual não tem aplicação o disposto no n.º 3 do artigo 82.º da lei de Bases que apenas se aplica a situações de programação da urbanização[17].

[17] Nesta hipótese, se a execução das obras de urbanização decorrer dentro dos prazos estabelecidos no instrumento de programação, tais solos passarão a integrar definitivamente a categoria de solos urbanos (por passarem a estar infraestruturados); caso tal não suceda, perdem esse estatuto, e passam a ser assumidos como solo rústico.

## 7. Conclusão

Em face do afirmado ao, terá de se responder negativamente a todas as questões supra colocadas. Assim:

1.º De acordo com o quadro legal, não podem considerar-se como integrando a situação de direitos juridicamente consolidados a mera previsão pelo plano de uma dada capacidade edificativa para um terreno;

2.º Para efeitos indemnizatórios, apenas se poderão considerar situações juridicamente consolidadas aquelas em tal capacidade edificativa já foi concretizada pela Administração, através de licença, comunicação prévia ou informação prévia ou outros atos de gestão urbanística com efeitos similares, designadamente nas situações de existência de um plano de pormenor com efeitos registais que tenha sido já registado com base em certidão da sua aprovação e contrato de urbanização;

3.º Também não se pode falar, neste caso, em violação da confiança legítima na manutenção, em solo urbano, da área de abrangência do plano de pormenor aqui em análise: para além de os respetivos proprietários não serem titulares de qualquer direito juridicamente consolidado, há muito que decorreu o prazo dentro do qual aquela confiança legítima merece proteção (e que era, inicialmente, o prazo de cinco anos e atualmente de três);

4.º Para além de que, desde 2014, com a alteração do quadro legal, os proprietários sabiam (ou deviam saber) que aquela área, atentas as suas caraterísticas, dificilmente se manteria no solo urbano se não fossem desencadeados (como não foram), processos de gestão urbanística destinados a concretizar a edificabilidade prevista no Plano, designadamente com vista à programação da sua execução que, se tivessem sido aprovados poderiam ter colocado esta área na situação a que se refere o n.º 3 do artigo 82.º da Lei de Bases;

5.º Ou seja, os proprietários perante a alteração do quadro legal e do princípio da flexibilidade de planeamento, passado que estava o prazo de estabilidade do plano, não foram suficientemente diligentes para concretizar (e consolidar) a sua esfera jurídica e, deste modo, salvaguardar o valor dos seus ativos. Não podem, por isso, invocar qualquer confiança que mereça ser protegida.

Consideramos, por isso, que com a revogação (tácita ou expressa) deste plano de pormenor, a Câmara Municipal não tem de indemnizar os proprietários da área, nomeadamente a banca, por violação do princípio da confiança que os levou a adquirir direitos de crédito sobre os terrenos.

# Questões práticas no direito do urbanismo: reposição da legalidade urbanística e alterações a planos ou licenças e prazo de execução da obra

*Diogo Duarte de Campos / Filipa Calheiros Ferraz*
Sócio de Direito Administrativo de PLMJ / Advogada-Estagiária de Direito Administrativo de PLMJ

## 1. Introdução

O texto que ora se publica decorre da intervenção do Autor no Congresso de Direito do Urbanismo que decorreu, em 25 e 26 de Maio de 2018, em Lisboa[1]. Por essa razão o presente artigo mantém as suas características iminentemente práticas, de resolução de um (de vários, na realidade), casos concretos. Não se tem, deste modo, qualquer pretensão dogmática ou académica, mas antes a vertente prática que, enquanto advogado, nos vemos confrontados diariamente: a resolução de um problema concreto. Assim se compreende que as referências bibliográficas sejam restringidas ao mínimo essencial, bem como as referências a outros ordenamentos ou mesmo a problematização de cada uma das soluções que, bem ou mal, apresentamos.

[1] Agradecendo, penhoradamente, o convite da Senhora Professora Doutora Fernanda Paula Oliveira quer para intervir no Congresso de Direito do Urbanismo que superiormente dirigiu quer, posteriormente, para contribuir para o presente volume.

Os problemas que discutiremos de seguida são, na sua essência, três, embora agrupados em apenas dois grupos, porquanto, os dois primeiros deverão ser analisados conjuntamente. Assim, por um lado, nas páginas seguintes discutir-se-ão as diferenças entre a responsabilidade contra-ordenacional pela execução de uma obra ilegal (tipicamente a execução de uma obra não licenciada) e a responsabilidade pela reposição urbanística; por outro lado, discutir-se-ão os limites da própria legalidade urbanística formal. Para esse efeito e apenas para melhor ilustrar a dimensão prática das questões em análise, tomaremos como ponto de partida o olhar de um investidor em imobiliário.

A terceira questão, embora também iminentemente prática (sobretudo no contexto actual) apresenta, igualmente, uma dimensão dogmática mais profunda do que as primeiras. Neste caso, discutiremos quais (se algumas) deverão ser as consequências de um eventual pedido de alteração à licença[2] (ou ao plano), no prazo de execução de obra já licenciada.

Vejamos, então, cada um dos problemas enunciados e qual a solução que propomos e que, naturalmente, deixamos à discussão de todos.

## 2. Investimento Imobiliário e Legalidade Urbanística

Em sede de investimento imobiliário, é usual o investidor imobiliário requerer uma *Due Diligence* a um determinado ativo ou conjunto de ativos imobiliários no âmbito de uma transação comercial. Em termos simples, uma *Due Diligence* consiste num procedimento de estudo e revisão de documentos, com vista a identificar e avaliar especificamente os riscos que poderão existir na realização

[2] As licenças consistem em atos administrativos constitutivos de direitos, mediante os quais a Administração Pública permite uma determinada ocupação, uso e transformação do solo. A licença é emanada pela Câmara territorialmente competente, podendo essa competência ser delegada no Presidente da Câmara Municipal ou subdelegada, nos termos dos artigos 33.º n.º 1 alínea y) e 34.º n.º 1 da Lei n.º 75/2013, de 12 de setembro. Após a emissão da licença, deverá ser requerido o respetivo alvará no prazo de um ano após a notificação da licença, sob pena de caducidade, cf. artigos 76.º e 71.º n.º 1 alínea b) e n.º 2 do RJUE, visto o alvará ser condição de eficácia da licença, nos termos do disposto no artigo 74.º n.º 1 do RJUE. Os pressupostos de indeferimento do pedido de atribuição da licença encontram-se previstos no artigo 24.º n.º 1 do RJUE.

de uma determinada transação comercial, de forma a que o interessado consiga ter um conhecimento mais concreto e específico sobre as contingências que envolvem o negócio que pretende vir a celebrar. Tipicamente, no âmbito da *Due Diligence*, deparamo-nos com um de dois cenários possíveis.

O primeiro cenário pode consistir na descoberta de algumas ilegalidades, como por exemplo, uma construção, ampliação ou demolição ilegal, sendo necessário repor a legalidade urbanística. No segundo cenário, pelo contrário, não é identificada qualquer contingência, na medida em que existirá (tipicamente), a respectiva licença de construção e, quando aplicável, a respectiva licença de utilização[3], pelo que, aparentemente, nada poderá perigar o investimento em causa, não havendo, por essa razão, aparentemente, qualquer problema jurídico a tratar. Porém, como a prática nos tem demonstrado, nem sempre assim é, pelo que esta discussão não só se justifica, como até será premente. Vejamos cada um dos problemas em separado.

Se, no âmbito da *due diligence* levada a cabo, for encontrada qualquer ilegalidade urbanística, naturalmente, o investidor deverá ser devidamente alertado para a possibilidade de coexistirem duas diferentes possíveis reacções administrativas: por uma banda, tendo-se, por exemplo, ampliado uma habitação sem proceder ao respectivo controlo prévio, o infrator poderá incorrer em responsabilidade contraordenacional; por outra banda (sobretudo se a operação urbanística não for susceptível de legalização), a administração poderá impor a reposição da legalidade urbanística (que, no limite, poderá implicar a demolição[4] do edificado ilegalmente). Do ponto de vista do investidor a dúvida

[3] Embora esta discussão fosse, por si só, suscetível de um outro artigo é importante fazer-se notar que nem sempre se deverá seguir uma licença de utilização a uma licença de construção. Com efeito, há um conjunto de operações urbanísticas (designadamente de edificação) que, embora sujeitas a um controlo prévio (seja por via de licenciamento ou comunicação prévia), não são objecto de licença de utilização, a qual tem um âmbito de aplicação mais restrito.

[4] A demolição tem vindo a ser promovida pelo legislador mais recentemente, através da consagração de normas e de diplomas excecionais que a fomentam. A doutrina, aliás, entende que a demolição consiste numa medida de última ratio. **in** Fernanda Paula Oliveira, Maria José Castanheira Neves, Dulce Lopes, *Regime Jurídico da Urbanização e da Edificação: Comentado*, Almedina, 2016, 4ª Edição, p. 658 e Fernanda Paula Oliveira, *Direito do Urbanismo: Perguntas de Bolso, Respostas de Algibeira*, Almedina, 2013, p. 63. Também Raquel Carvalho considera que "*pode afirmar-se que o legislador, desde que possível, prefere a reintegração da legalidade*", **in** Raquel Carvalho, "Medidas de tutela da legalidade urbanística e regularização de operações urbanísticas. A legalização", *A Revisão do Regime Jurídico da Urbanização e*

que sempre se coloca é a seguinte: poderá o novo adquirente ser responsabilizado contraordenacionalmente pelas obras ilegalmente levadas a cabo pelo vendedor (ou até por um anterior proprietário)? Poderá o novo adquirente ser obrigado a repor a legalidade urbanística (no limite procedendo a demolições), por operações urbanísticas de que não foi responsável?

Do nosso ponto de vista, a resposta àquelas duas questões, apenas é possível compreendendo que aqueles dois tipos de responsabilidade são diferentes e apresentam finalidades também distintas, apesar de ambas se nortearem pelo princípio da proporcionalidade e da participação[5], como salienta a doutrina.

Vejamos:

A responsabilidade contraordenacional decorre da violação de normas urbanísticas e visa sancionar o comportamento ilícito do infrator. Deste modo, a responsabilidade sancionatória apenas poderá ser aplicável ao autor material do ato ilícito (incorrendo o mesmo em responsabilidade contraordenacional pela prática de contraordenação leve, grave ou muito grave, consoante o caso concreto). Porém – e este é o ponto essencial para o que aqui se discute – tal responsabilidade não é, nem pode ser, um género de responsabilidade *propter rem*, ou seja, que incide sobre quem for o proprietário do imóvel em cada momento relevante, incidindo apenas sobre o concreto agente que levou a cabo uma operação urbanística ilegal. Naturalmente, tal facto exigirá que a Administração seja capaz de identificar o concreto agente que agiu ilegalmente, não podendo de forma alguma presumir que tal obrigação incidirá sempre sobre o proprietário atual. Do mesmo modo, com vista a defender-se, o comprador de um ativo imobiliário sobre o qual tenham sido levadas a cabo operações urbanísticas ilegais, deverá documentar o estado[6] em que o ativo

*Edificação*, Almedina, 2015, p. 168. Secundamos a doutrina por considerarmos que o legislador pretende claramente que a demolição apenas se efetue quando estiverem esgotadas todas as medidas de tutela e de reposição da legalidade urbanística.

[5] Fernanda Paula Oliveira, Maria José Castanheira Neves, Dulce Lopes, *Regime Jurídico da Urbanização e da Edificação: Comentado*, Almedina, 2016, 4ª Edição, p. 654.

[6] Em geral, em Portugal, esta prova poderá ser efetuada por intermédio de qualquer meio probatório legalmente admissível, incluindo por recurso a prova testemunhal. Porém, como se sabe, apenas os documentos públicos fazem prova plena, pelo que será aconselhável documentar notarialmente o estado em que o imóvel se encontrava à data da aquisição, evitando, assim, que da livre apreciação da prova pelo juiz possa resultar a sua responsabilização.

foi adquirido, com vista a poder demonstrar que não foi o autor de qualquer ato ilícito e, assim, afastar qualquer responsabilidade contraordenacional.

Note-se, que, por exemplo, a ausência de licenciamento é punível em contraordenação, nos termos do artigo 98.º n.º 1 alínea a), tratando-se de uma sanção administrativa aplicável no âmbito da responsabilidade sancionatória, cuja moldura penal está prevista no artigo 98.º n.º 2 do RJUE. Ora, sem prejuízo da contraordenação urbanística prevista no n.º 1 do artigo 98.º do RJUE, pode ainda ser aplicável uma sanção acessória[7], se a gravidade da situação assim o justificar, nos termos do artigo 99.º do mesmo diploma legal.

Diferentemente, a responsabilidade pela reposição da legalidade urbanística, já não será aplicável na esfera jurídica do autor do ato ilícito/vendedor, sendo imputável ao comprador (ou melhor, ao proprietário em cada momento relevante). Tal como a anterior, não se trata, tecnicamente, de uma responsabilidade *propter rem* mas, de uma forma mais pragmática, de uma responsabilidade que é imputada a quem puder solucionar o problema, isto é, ao agente capaz de regularizar a situação ilegal[8] em que se encontra o imóvel. Nesta senda, a Câmara Municipal territorialmente competente notificará, naturalmente, o proprietário do imóvel para adotar medidas de reposição da legalidade urbanística, nos termos do artigo 102.º-A n.º 1 do Regime Jurídico da Urbanização e da Edificação. A lei não procura sancionar o agente que a tenha violado, buscando apenas a efetiva reparação e legalização da situação pelo agente que pode, nesse momento, adequar a situação do imóvel à lei.

[7] As sanções acessórias aplicáveis consistem na apreensão de objetos pertencentes ao agente que tenham sido utilizados como instrumento na prática da infração; na interdição do exercício no município, até ao máximo de quatro anos, da profissão ou atividade conexas com a infração praticada (estende-se também a outras pessoas coletivas constituídas pelos mesmos sócios quando tiver sido aplicada a pessoa coletiva); e na privação do direito a subsídios outorgados por entidades ou serviços públicos, cf. artigo 99.º n.º 1 e 4 do RJUE.

[8] Os órgãos administrativos legalmente competentes encontram-se obrigados, nos termos do artigo 102.º n.º1 a ordenar a execução de medidas de tutela da legalidade urbanística quando tiverem sido efetuadas operações urbanísticas: sem os necessários atos administrativos de controlo prévio, em desconformidade com os respetivos atos administrativos de controlo prévio ou ao abrigo de ato administrativo de controlo prévio revogado ou declarado nulo, ou em desconformidade com as condições da comunicação prévia ou com as normas legais ou regulamentares aplicáveis.

Assim sendo, caberá ao investidor imobiliário, atual proprietário do imóvel, ter de cumprir com as medidas de reposição da legalidade que venham a ser aplicáveis ao dito imóvel. Por isso, é essencial que o comprador esteja seguro de que o(s) ativo(s) imobiliários que irá adquirir não padecem de vícios de ilegalidade urbanística. Caso contrário, irá ser responsabilizado pelas ilegalidades urbanísticas formais e/ou substanciais praticadas pelo(s) anterior(es) proprietários do imóvel, através da aplicação de uma medida de tutela de legalidade urbanística, que tem a natureza de ato administrativo.

As medidas de legalidade urbanística aplicam-se perante ilegalidades formais (operações urbanísticas sem ato de controlo prévio ou sem comunicação prévia) ou materiais (desconformidades com normas substanciais). São imprescritíveis, no sentido em que podem ser invocáveis a todo o tempo. Nem todas têm a mesma finalidade imediata, apesar de sempre visarem atingir e repor a conformidade legal da situação de facto. A sua grande maioria encontra-se elencada no artigo n.º 102.º do Regime Jurídico da Urbanização e Edificação (RJUE), consistindo: no embargo de obras ou de trabalhos de remodelação de terrenos; na suspensão administrativa da eficácia do ato de controlo prévio; na realização de trabalhos de correção ou alteração, sempre que possível; na legalização das operações urbanísticas; na demolição total ou parcial de obras; na reposição do terreno nas condições em que se encontrava antes de se ter dado o início das obras ou trabalhos; na cessação da utilização de edifícios ou das suas frações autónomas. São consideradas ainda medidas de tutela de legalidade urbanística: as obras coercivas previstas no artigo 91.º do RJUE; o despejo sumário, no artigo 92.º do RJUE; e, a sub-rogação na execução de obras, cf. os artigos 84.º e 85.º do RJUE.

Em termos procedimentais, a entidade pública notificará os interessados, em primeiro lugar, o respetivo proprietário, para procederem à legalização da situação, estabelecendo um determinado prazo para tal (se entender ser possível ao interessado proceder à legalização), nos termos do disposto no artigo 102.º-A n.º 1 do RJUE. O agente deverá cumprir com a medida decretada ou, caso contrário, terá de suportar as consequências do seu decretamento.

Porém, em casos excecionais, se as medidas de tutela da legalidade urbanística não vierem a ser cumpridas voluntariamente pelo proprietário do imóvel no momento, poderá a Câmara Municipal territorialmente competente determinar a posse administrativa do dito imóvel para proceder oficiosamente à sua realização, executando-as coercivamente. Em seguida, aplicará ao interessado as taxas respeitantes à execução dessa(s) medida(s) fixada(s) em Regulamento Municipal, de acordo com o disposto no artigo 102.º-A n.º 8 do RJUE, se as obras em causa não envolverem a realização de cálculos de estabilidade, nos termos do n.º 9 do artigo 102.º-A[9].

Tudo isto, sem prejuízo de o interessado poder também incorrer em responsabilidade criminal, pela prática do crime de desobediência previsto no artigo 348.º do Código Penal, por não ter respeitado nem executado as medidas de tutela da legalidade urbanística que tiverem sido decretadas, nos termos do disposto no artigo 100.º n.º1 do RJUE. Na ausência de previsão expressa do RJUE, Fernanda Paula Oliveira[10] entende que este crime de desobediência é de natureza simples, tendo em conta todo o normativo de princípios do direito penal, posição que seguimos, atendendo, também, à própria *ratio legis* do Regime Jurídico da Urbanização e Edificação.

É de salientar ainda que poderá também ser responsabilizado criminalmente, nos termos do disposto no artigo 278.º-A do Código Penal, o agente que tiver construído, reconstruído ou ampliado o imóvel incidente sobre a via pública, domínio público, terreno inserido em Reserva Ecológica Nacional, Reserva Agrícola Nacional, bem como do domínio público ou terreno especialmente protegido por norma legal, tendo agido com consciência de estar a violar normas urbanísticas. Verificando-se a prática deste crime, poderá incorrer em pena de prisão até três anos ou multa. Ressalva-se, ainda, que o agente não será punido se as obras efetuadas forem de escassa relevância urbanística, nos termos do n.º 2 do mesmo artigo. O Tribunal poderá ainda, eventualmente, ordenar ao autor do facto que proceda à demolição da obra ou restituição do solo ao estado anterior, juntamente com a decisão de condenação, nos termos do disposto no artigo 278º-A n.º 4. A pena poderá vir a

[9] Para Fernanda Paula Oliveira, esta norma inspira-se no Código Regulamentar do Município do Porto que prevê a legalização coerciva, nos casos em que haja apenas um último obstáculo formal à legalização (a ausência de impulso para execução voluntária por parte do interessado). **in** FERNANDA PAULA OLIVEIRA, *Direito do Urbanismo. Do Planeamento à Gestão*, Associação de Estudos de Direito Regional e Local (AEDRL) e Núcleo de Estudos de Direito das Autarquias Locais (NEDAL), 2ª Edição, Setembro de 2015, p. 361.

[10] FERNANDA PAULA OLIVEIRA, *Direito do Urbanismo. Do Planeamento à Gestão*, Associação de Estudos de Direito Regional e Local (AEDRL) e Núcleo de Estudos de Direito das Autarquias Locais (NEDAL), 2ª Edição, Setembro de 2015, p. 366.

ser dispensada ou atenuada de acordo com o previsto no artigo 278º-B se o agente tiver procedido à restituição do solo ao estado anterior ao da ocorrência da ilegalidade urbanística ou à demolição da obra, e especialmente atenuada, se a restituição tiver sido efetuada até ao encerramento da audiência de julgamento em primeira instância, nos termos do n.º 2 do artigo 278.º-B do Código Penal.

Pelo exposto se depreende que a responsabilidade sancionatória difere da responsabilidade pela reposição urbanística: não só o agente a quem é imputável, como os próprios fundamentos que conduzem à aplicação de uma medida de tutela ou reparação da legalidade urbanística diferem da ausência de licenciamento ou de outras causas de nulidades urbanísticas previstas no RJUE e que conduzem à aplicação de responsabilidade contraordenacional.

Em alternativa, pode também suceder, em sede de Due Diligence, que não tenham sido descobertas nenhumas contingências, ou seja, que todas as licenças se encontram devidamente emitidas, não havendo qualquer ilegalidade ou irregularidade urbanística aparente. Tal constatação, em princípio, implicaria que se pudesse pensar que não existiria qualquer problema jurídico.

Porém, nem sempre a inexistência de contingência a assinalar, que se traduzirá na verificação da emissão de todas as licenças, autorizações, comunicações prévias devidas e outros procedimentos urbanísticos necessários, é suficiente para se considerar que o Investidor se encontra livre de qualquer risco ou problema. Com efeito, pode dar-se o caso, entre muitos outros[11], de a obra que foi anteriormente executada não corresponder ao conteúdo da licença requerida pelo proprietário do imóvel nesse momento (e emitida, naturalmente), situação que conduz à nulidade da licença emitida.

[11] Sem pretender, de forma alguma, sermos exaustivos, a licença poderá também ser declarada nula por, entre muitos outros casos, ter sido emitida em desconformidade com o respetivo PDM ou outro Plano de Ordenamento. Aliás, temos conhecimento de ações com vista à declaração de nulidade de licenças, emitidas com base no melhor conhecimento disponível à época da sua emissão mas que, posteriormente (face à evolução da tecnologia), se constatou terem erros (porque, como bem se percebe não é indiferente sobrepor mapas com escalas diferentes manualmente ou informaticamente). Ora, nestes casos, não pode haver qualquer dúvida que a função do Tribunal é saber se, à data em que o ato foi praticado, o mesmo era ou não legal, não se podendo para o efeito convocar conhecimentos não disponíveis na altura em que o ato foi praticado. A não ser assim, colocar-se-ia sobre todos – técnicos municipais, adquirentes e decisores políticos – numa intolerável insegurança, sendo certo que a segurança (a par da justiça) são os valores maiores que o Direito deverá proteger.

Ora, a nulidade, vício mais usual no ramo do direito do urbanismo, implica uma enorme insegurança nos investidores, porque o ato administrativo não produziria os seus efeitos, seria insanável, sendo possível que a todo o tempo o investidor visse declarada nula a licença de construção ou de utilização do imóvel que adquiriu, o que, no limite, poderia conduzir à necessidade de demolição da construção realizada no imóvel. Na prática, colocou-se inúmeras vezes a questão de saber se a operação urbanística construída com base num ato nulo, deveria também ser declarada nula, por ter sido originada por um ato permissivo que nunca produziu efeitos, ou se, em alternativa, tratando-se de um ato permissivo, não deveria ser aplicável outro regime jurídico que não o da nulidade típica.

Tratando-se de uma situação em que os efeitos jurídicos do ato já se encontram consolidados (construção foi concluída), e não sendo possível que a nulidade do ato tivesse chegado ao conhecimento do atual proprietário, por razões de segurança jurídica e em nome do interesse público, o legislador criou uma válvula de escape para evitar uma insegurança jurídica *ad aeternum*. A solução encontrada resultou de um equilíbrio entre, por um lado, a prossecução do interesse público na reposição da legalidade urbanística e, por outro lado, a estabilidade das situações jurídicas, a proteção da confiança associada aos direitos e interesses já adquiridos dos particulares.

Efetivamente, o artigo 69.º n.º 4 do RJUE, que vem transformar aquilo que era uma nulidade típica, numa nulidade atípica, específica e decorrente de um vício de conteúdo, isto é, que não é passível de invocação a todo o tempo, nem por qualquer sujeito, podendo vir a ser sanada. O legislador veio prever uma válvula de escape ao regime da nulidade, através da consagração de uma limitação à possibilidade de o ato administrativo vir a ser declarado nulo pelo órgão administrativo que o emitiu, apenas durante o prazo de dez anos, seguintes à emissão do ato administrativo nulo, bem como a caducidade da possibilidade de serem participados os factos geradores da nulidade ao Ministério Público, no intuito deste último intentar uma ação administrativa com base na nulidade do ato administrativo, uma vez decorrido esse mesmo prazo de dez anos.

Esta válvula de escape, como a denominamos, não deixa de suscitar alguns problemas práticos, a nível das entidades a quem se aplica o prazo de dez anos e da própria contagem do prazo de dez anos. Embora se tenda a concordar com Fernanda Paula Oliveira[12] em relação à limitação legal dos sujeitos a quem o prazo se aplica (a referida Autora defende que este prazo não pode ser aplicável aos particulares interessados em requerer a declaração de nulidade do ato nulo através da via da ação popular, porque a letra da lei é excessivamente clarificadora[13] ao referir apenas o autor do ato ou deliberação (pelo conhecimento que tem do vício e da situação em causa) e o Ministério Público (pelo especial papel de garante da legalidade em geral)), não admitindo uma aplicação analógica aos particulares, a verdade é que não nos parece razoável que, por essa via, o ato possa ser sempre atacável. Com efeito, não faria sentido que já nem o Ministério Público pudesse atacar um determinado ato ilegal e os particulares ainda o pudessem (ainda que apenas em sede de acção popular).

Já quanto à questão da contagem do prazo de dez anos, para o autor do ato, a questão não se coloca, pois, a contagem efetua-se a partir do momento da sua emissão. No entanto, para o Ministério Público, a questão existe, porque o Ministério Público pode conhecer a todo o momento dos factos geradores de nulidade, sendo necessário descortinar, se, passado o prazo restrito dos dez anos, perderá, ou não, o direito de averiguar oficiosamente a legalidade urbanística nesta matéria. Em nosso entender e no de alguma doutrina[14], o Ministério Público não poderá atuar se passados dez anos após a prática do ato nulo, não tiver chegado a seu poder nenhuma participação de nulidade do ato ou os factos que a consubstanciam, em nome da segurança jurídica que o legislador quis estabelecer ao consagrar o n.º 4 do artigo 69.º do RJUE. Assim sendo, esta válvula de escape traz alguma segurança jurídica ao investidor imobiliário.

[12] FERNANDA PAULA OLIVEIRA, *Direito do Urbanismo. Do Planeamento à Gestão*, Associação de Estudos de Direito Regional e Local (AEDRL) e Núcleo de Estudos de Direito das Autarquias Locais (NEDAL), 2ª Edição, Setembro de 2015, p. 338.

[13] FERNANDA PAULA OLIVEIRA, MARIA JOSÉ CASTANHEIRA NEVES, DULCE LOPES, *Regime Jurídico da Urbanização e da Edificação: Comentado*, Almedina, 2016, 4ª Edição, p. 525.

[14] FERNANDA PAULA OLIVEIRA, MARIA JOSÉ CASTANHEIRA NEVES, DULCE LOPES, *Regime Jurídico da Urbanização e da Edificação: Comentado*, Almedina, 2016, 4ª Edição, pp. 519 e ss, no comentário que as Autoras efetuam ao artigo 69.º n.º 4 do RJUE.

## 3. Alteração à licença ou plano no prazo de execução de obra já licenciada

Sucede também, por vezes, que o investidor tenha a necessidade ou vontade de requerer uma alteração à licença de construção[15] já emitida, enquanto ainda está a correr o prazo de execução da obra, e, nomeadamente, devido a uma alteração de instrumentos de planeamento territorial, como o PDM ou Plano de Pormenor que, entretanto, se tenha efetivado. É natural que os particulares pretendam e que seja necessário que o seu projeto se adeque aos instrumentos de gestão territorial e à conjuntura de mercado, durante o prazo de construção/execução da obra, mas essa situação suscita também algumas dúvidas em relação à contagem do prazo de execução de obra[16].

Note-se que a alteração de instrumentos de planeamento territorial não deve descurar os direitos adquiridos dos particulares, podendo até, como bem refere Fernanda Paula Oliveira[17], coincidir com o interesse público urbanístico. Isto é, os interesses dos particulares, manifestados através das alterações que efetuam aos projetos previamente licenciados, podem muito bem corresponder aos interesses previstos nos instrumentos de planeamento territorial, entretanto alterados, em nome da prossecução do interesse público urbanístico[18].

Pode, no entanto, acontecer que os projetos dos particulares não sejam correspondentes aos planos urbanísticos em vigor, ou ocorrer a situação contrária, isto é, que as alterações que os interessados queiram efetuar nos projetos necessitem de uma alteração prévia aos planos urbanísticos, não

[15] Em termos processuais, a alteração à licença segue a tramitação do procedimento de emanação da licença sendo precedida de consulta pública, nos casos previstos no n.º 2 do artigo 27.º do RJUE., implicando também um aditamento ao alvará.

[16] A necessidade de introdução de alterações a licenças já emitidas, atualmente, é muito comum como bem se percebe. O mercado imobiliário esteve em crise profunda nos últimos projetos, tendo os respectivos promotores voltado a analisar os mesmos. Porém, entretanto, os tempos mudaram e é necessário atualizar os projetos, não fazendo sentido promover os projetos nos exatos termos em que se encontravam. Donde, a questão que se analisará tem uma profundíssima utilidade prática – sempre e no momento atual em particular – ao que acresce o fato de a lei, pelo menos diretamente não a resolver, como se explicitará.

[17] Fernanda Paula Oliveira, *A Discricionariedade do Planeamento urbanístico Municipal na Dogmática Geral da Discricionariedade Administrativa*, Coleção Teses, Almedina, 2011, pp. 327 e ss.

[18] Por exemplo, a alteração a um plano urbanístico vir permitir a aprovação de um determinado projeto para o proprietário do terreno, que seja coincidente com o interesse público urbanístico previsto no próprio plano.

estando essa alteração ao alcance do particular, por depender de atuação do Município territorialmente competente[19].

E aqui, surge a dúvida de saber se enquanto a alteração ao projeto não é decidida (tenha sido ou não emitida a licença e o respetivo alvará), seja deferida ou indeferida, o prazo de execução da obra deverá ou não suspender-se. Esta questão suscita algum interesse, por não estar previsto na legislação urbanística (pelo menos directamente), o modo de contagem do prazo de execução de uma obra após ter sido requerida uma alteração de projeto.

Como parece ser razoavelmente evidente, não fará sentido que o prazo de execução da obra continue a correr e/ou que a mesma continue a ser realizada, no caso de já ter sido emitido o alvará, enquanto o Município avalia e decide deferir ou indeferir a alteração ao projeto apresentada pelo particular. Tal como também não se afigurar razoável que o prazo de um ano para obtenção do alvará continue a correr, quando o particular já não pretende realizar o projeto inicialmente apresentado e já licenciado e enquanto o Município aprecia e decide se deve deferir ou indeferir as alterações ao projeto apresentadas pelo particular, que foram objeto de licença, mas sem emissão do respetivo alvará.

É que se o prazo de execução da obra não for suspenso, o particular, ao continuar a executar uma obra, poderá correr o risco de a mesma se consolidar, e, ter de ser eventualmente demolida, por se encontrar desconforme às alterações entretanto requeridas e aprovadas. Ou, mesmo que o particular não prossiga com a execução da obra, o decurso do tempo reduz o prazo para execução das futuras alterações, até terem sido aprovadas pelo Município.

Em nossa opinião, e porque o particular dispõe de um direito adquirido de construção do projeto previamente licenciado e de ao mesmo tempo, requerer as alterações que entenda por necessárias ao projeto já aprovado (de preferência, fundamentando-se em alterações aos instrumentos de planeamento urbanístico), deverá dar-se a suspensão imediata (ope legis) do prazo de execução das obras, após ter sido apresentada a alteração ao projeto já licenciado (com ou sem o respetivo alvará). Manter-se-á uma situação de *status quo* em relação

19 A Câmara Municipal procede à elaboração do plano urbanístico ou à realização de alterações a plano urbanístico que se encontre em vigor, sendo a Assembleia Municipal, o órgão competente para a sua aprovação, cf. artigo 90.º n.º 1 do Decreto-Lei n.º 80/2015, de 14 de Maio.

às obras em curso no imóvel, até ser deferido ou indeferido o pedido, por não ser razoável exigir ao particular que prossiga com a realização de obras que se encontram desconformes às alterações que virão a ser efetuadas ou que já se efetuaram no âmbito de instrumentos de planeamento urbanístico, como é o caso do Plano de Pormenor.

Saliente-se que nos termos do artigo 71.º n.º 3 alínea b), a licença emitida caduca se as obras estiverem paradas por mais de seis meses. No entanto, se não se tratar de um facto imputável ao particular que tenha obtido a licença, nos termos da parte final do referido artigo, não operará a caducidade da licença obtida, por se considerar que o particular dispõe do direito de requerer alterações ao projeto anteriormente aprovado, e, ainda para mais, se motivadas pela necessidade de adequação do projeto às alterações entretanto efetuadas nos instrumentos de planeamento urbanísticos aplicáveis ao imóvel.

Assim, se a alteração ao projeto for deferida, deverá iniciar-se um novo prazo para a realização do projeto agora aprovado, ou seja, reiniciar-se a contagem total do prazo a partir da aprovação do último projeto apresentado. Como bem refere Fernanda Paula Oliveira, esta solução é a "*que se impõe por força dos mais relevantes princípios da atuação administrativa, em especial do princípio da proporcionalidade, na sua vertente de exigibilidade [...] pois uma solução contrária obrigaria o interessado a executar uma pretensão que já não pretende [...] e que terá, num momento posterior, caso a alteração venha a ser alcançada, de "destruir" (ainda que parcialmente), para a adequar àquela modificação*[20]."

A suspensão do prazo de execução da obra, deve ser automática e imediata após a apresentação das alterações ao projeto perante a Câmara Municipal territorialmente competente. Contudo, não sendo aprovada a alteração ao projeto, a solução não deverá ser idêntica à da aprovação das alterações. É que se se reiniciasse a contagem de prazo, o legislador estaria a permitir ao particular utilizar a possibilidade legal de requerer alterações ao projeto já licenciado sem fundamento, apenas para conseguir obter um prazo mais extenso para construção, apresentando alterações que seriam naturalmente indeferidas por carência de fundamento. Por isso, sendo indeferida a alteração

[20] Fernanda Paula Oliveira, *Parecer Inédito da Autora sobre a Suspensão do prazo de execução de operações urbanísticas por motivo de alteração do Plano de Pormenor aplicável às mesmas no caso do Empreendimento Turístico Verdelago*, 2 de Fevereiro de 2016, p. 7.

à licença devido a uma reprovação do projeto proposto em último lugar, de forma a não perverter o sistema, nem beneficiar potenciais infratores, o prazo deverá retomar o seu curso, reiniciando-se a sua contagem no exato momento em que a mesma se suspendeu, não se reiniciando por inteiro.

Portanto, não serão prejudicados os direitos adquiridos dos proprietários dos imóveis, por factos que lhe são alheios e que dizem respeito à organização administrativa e à prossecução do interesse público urbanístico. Garante-se aos particulares a possibilidade de elaboração de pedidos de alteração aos projetos já licenciados, de forma a poderem adequá-los às alterações dos instrumentos de planeamento urbanístico, que entretanto se efetivaram. E, ao mesmo tempo, protege-se e promove-se o interesse público, permitindo que as edificações e construções se adequem aos novos ditames desses mesmos planos, propostos e aprovados pelos órgãos municipais territorialmente competentes. Desta forma, consegue-se a compatibilização dos interesses de todos os envolvidos, sejam eles os da máquina administrativa ou os dos particulares.

Note-se ainda, por fim, e apesar de não ser este o tema que aqui se discute, que se o Município, decidir rever o(s) plano(s), poderão ser posteriormente adotadas algumas medidas preventivas, nos termos do artigo 134.º do Regime Jurídico dos Instrumentos de Gestão Territorial (RJIGT). A adoção destas medidas tentará evitar a alteração de circunstâncias ou das condições de facto existentes que possam limitar a liberdade de planeamento ou comprometer ou tornar mais onerosa a execução do programa ou plano de âmbito intermunicipal ou municipal.

# As expropriações do conjunto rodoviário A16/IC16/IC30 da Concessão Grande Lisboa[1]

*José Vieira Fonseca*[2]
Advogado da Vieira Fonseca & Associados

Este texto traduz por escrito a nossa intervenção no Congresso de Direito do Urbanismo de 2018, no capítulo denominado *A prática jurídica do Direito do Urbanismo*. Essa intervenção teve como objeto vários tópicos que selecionámos a partir do acompanhamento que fizemos dos procedimentos administrativos e dos processos judiciais relativos às expropriações determinadas pela construção do conjunto rodoviário A16/IC16/IC30, integrado na denominada Concessão da Grande Lisboa [3].

Este conjunto rodoviário foi construído nos concelhos de Sintra e de Cascais e envolveu a expropriação de 535 parcelas (referenciadas a outros tantos artigos matriciais) com uma área total de cerca de 200 ha de terreno.

[1] O tratamento e a apresentação dos dados que fizemos neste Congresso tiveram a valiosa contribuição da Dra. Ana Catarina Martins e do Dr. António Bonet Vieira, ambos Advogados na referida Sociedade de Advogados.

[2] Mestre em Ciências Jurídico-Políticas (Expropriações por utilidade pública) pela Faculdade de Direito da Universidade de Lisboa

[3] O contacto que tivemos com este projeto expropriativo resultou do mandato que nos foi conferido nos procedimentos administrativos e nos processos judiciais relativos a essas expropriações.

## A. As formas de aquisição das 535 parcelas expropriadas

As 535 parcelas de terreno foram adquiridas pela Entidade expropriante (o Estado Português) através de alguma das seguintes formas:

a. aquisição pelo direito privado: 22% das parcelas;
b. expropriação amigável: 55% das parcelas;
c. expropriação litigiosa: 23% das parcelas expropriadas [4].

## B. As expropriações litigiosas

**1.** As expropriações litigiosas – aquelas em que, por falta de acordo indemnizatório entre as partes, foi promovida a arbitragem e proferido acórdão arbitral – envolverem cerca de 23% do total das parcelas afetadas por este projeto rodoviário.
**2.** Na sequência dos acórdãos arbitrais proferidos nestas expropriações litigiosas, alguma das partes (expropriante, expropriados ou ambos) interpôs recurso dos mesmos quanto a 73% das parcelas. O que é dizer que as duas partes aceitaram o valor indemnizatório fixado nos acórdãos arbitrais em 27% das parcelas objeto do litigio [5].
**3.** Os processos de expropriação litigiosa em que foi proferido acórdão arbitral, o processo remetido para o tribunal competente e alguma das partes interpôs recurso desse acórdão, terminaram por alguma das seguintes formas:

a. transação judicial (em 28% dos processos judicias);
b. deserção (em 6% desses processos);

[4] As referências percentuais deste texto são aproximadas, podendo ter sido arredondadas à unidade mais próxima.

[5] Esta expressão percentual revela a importância da arbitragem e a necessidade de reforçar o seu protagonismo e eficiência nos processos expropriativos: a celeridade na conclusão dos processos, os menores encargos para a expropriante, a contemporaneidade da justa indemnização devida aos expropriados, os menores custos para os expropriados e o menor número processos judiciais (recursos dos acórdãos arbitrais).

c. sentença dos tribunais de primeira instância (em 9% dos processos);
d. acórdão do Tribunal da Relação de Lisboa (em 57% dos processos judiciais).

## C. A justa indemnização

**4.** O capítulo indemnizatório das expropriações por utilidade pública é o mais controverso deste instituto, na jurisprudência, na doutrina e nas relações entre as partes no procedimento e no processo expropriativo.

De facto, sendo um dado adquirido que o direito fundamental de propriedade privada pode ceder perante uma relevante utilidade pública (ainda que também estejam envolvidos interesses privados), o que se discute nos processos expropriativos é, no essencial, o critério indemnizatório a adotar (o valor de mercado demonstrado ou algum dos critérios referenciais previstos nos artigos 26º e seguintes do Código das Expropriações) e o valor da justa indemnização.

O sistema procedimental e processual vigente na nossa ordem jurídica assenta estruturalmente nas avaliações periciais previstas no Código das Expropriações:

**a.** A **avaliação inicial** efetuada por um perito da Lista oficial escolhido pela entidade expropriante (artigo 10º, nº 4, desse Código), suporta normalmente a proposta indemnizatória dirigida pelas entidades expropriantes aos expropriados na tentativa de aquisição pelo direito privado (artigo 11º do Código das Expropriações) e na expropriação amigável (artigo 35º do mesmo Código).

No projeto que aqui nos ocupa esta avaliação pericial (o respetivo valor ou o que resultou das negociações estabelecidas a partir do mesmo) suportou o acordo a que as partes chegaram em 77% de todas as parcelas expropriadas, em aquisições pelo direito privado ou em expropriações amigáveis.

Esta constatação, por si só, determina que o regime desta avaliação tenha que ser reformulado, pois nesse regime não se assegura por qualquer forma a participação dos expropriados: sendo uma avaliação que suporta a solução indemnizatória de 77% do total das expropriações, esta avaliação deve ser uma avaliação participada. Para além da justiça indemnizatória que se pretende em todas as expropriações, essa participação dos expropriados determinaria certamente uma percentagem ainda mais elevada de acordos indemnizatórios e, portanto, menos expropriações litigiosas, menos processos judiciais.

**b.** A **avaliação arbitral** efetuada por três árbitros indicados pelos tribunais a partir da mesma Lista oficial de peritos. Os acórdãos arbitrais são unanimemente tidos como decisões materialmente jurisdicionais, embora o deficit de participação dos expropriados nesta arbitragem pareça impedir essa natureza (ou a ilegalidade do regime não participativo que vigora) e as consequências que daí se retiram. Assim, por exemplo, no regime do Código das Expropriações não se admite recurso dos acórdãos dos Tribunais de Relação para o Supremo Tribunal de Justiça pelo facto de esses acórdãos constituírem já uma terceira instância, isto é, porque se atribui ao acórdão arbitral uma natureza materialmente jurisdicional e, portanto, o estatuto de primeira instância do contencioso indemnizatório das expropriações por utilidade pública (os tribunais de comarca, que decidem o recurso interposto do acórdão arbitral, são a segunda instância).

**c.** A **avaliação pericial** efetuada por cinco peritos já na fase de instrução do processo judicial de recurso do acórdão arbitral: três desses peritos são indicados pelo tribunal a partir da mesma Lista oficial, indicando cada uma das partes os outros dois peritos.

Esta avaliação pericial (especialmente quando unânime mas também no caso de ser maioritária ou apenas subscrita por algum dos peritos) tem sido o elemento instrutório decisivo para as decisões dos tribunais, em particular dos tribunais de primeira instância. Os Tribunais de Relação, pela experiência e conhecimentos dos seus juízes e porque são já (na leitura jurisprudencial) a terceira instância do contencioso indemnizatório, tendem a analisar a relação controvertida e a decidir o litígio numa juridicidade superior, que não se esgota no discurso pericial, subscrito por quem não tem suficiente formação ou conhecimentos jurídicos.

Foram estas as referências valorativas que analisámos.

## 5. As avaliações periciais iniciais que suportaram as propostas indemnizatórias da entidade expropriante nas tentativas de aquisição pelo direito privado e nas expropriações amigáveis

### 5.1. As propostas indemnizatórias da Entidade expropriante (suportadas nas avaliações periciais iniciais) e as avaliações/acórdãos arbitrais.

Na análise comparativa dos valores indemnizatórios propostos aos expropriados na tentativa de aquisição pelo direito privado e na expropriação amigável (isto é, normalmente, os valores calculados na avaliação pericial inicial, pelo perito da Lista oficial escolhido pela entidade expropriante) com os valores fixados nos acórdãos arbitrais proferidos, constatou-se o seguinte:

a. em 2% dos casos, os valores calculados foram estruturalmente os mesmos nas duas avaliações;
b. em 11% das parcelas, os valores arbitrados foram inferiores aos valores da avaliação inicial;
c. no entanto, em 87% dos casos os valores da avaliação arbitral foram superiores aos da avaliação inicial.

### 5.2. As propostas indemnizatórias da Entidade expropriante (as avaliações periciais iniciais) e as avaliações periciais efetuadas nos subsequentes processos judiciais pelos peritos indicados pelos Tribunais.

a. Numa relação percentual não coincidente com a anterior, concluímos também que o valor calculado pelos peritos indicados pelos Tribunais nas avaliações periciais efetuadas nos processos judiciais foi superior em cerca de 300% ao valor das avaliações iniciais das correspondentes parcelas;
b. O registo percentual da alínea c. do número anterior e a evolução registada na alínea que antecede, permitem a seguinte constatação: à medida que a participação dos expropriados aumenta nas avaliações dos peritos (uma não participação na avaliação inicial, uma ténue participação na avaliação arbitral e uma efetiva participação na avaliação

pericial que decorre nos processos judiciais), o valor calculado pelos peritos da Lista oficial vai aumentado.

### 5.3. As propostas indemnizatórias da Entidade expropriante (as avaliações periciais iniciais) e as decisões finais proferidas nos respetivos processos judiciais (sentenças da primeira instância e, quando objeto de recurso, acórdãos do Tribunal da Relação de Lisboa)

No entanto, os valores fixados nas decisões finais proferidas nos respetivos processos judiciais só foram superiores às avaliações iniciais que suportaram as propostas indemnizatórias da entidade expropriante em cerca de 65%.

Retomando o critério dos processos judiciais, as decisões dos tribunais fixaram valores indemnizatórios superiores aos da avaliação pericial inicial em 92% das parcelas expropriadas. Nos restantes 8% das parcelas, essas decisões judiciais fixaram um valor estruturalmente idêntico ou até inferior ao da avaliação pericial inicial.

## 6. As avaliações/acórdãos arbitrais

As avaliações que suportaram os acórdãos arbitrais foram objeto de uma análise comparativa com as avaliações perícias efetuadas nos subsequentes processos judiciais e com as decisões finais aí proferidas, num universo de 88 parcelas.

**6.1.** Quando comparados os acórdãos arbitrais com as avaliações periciais, constatámos o seguinte:

a. que em 64% das parcelas os peritos designados pelos tribunais calcularam uma indemnização superior à que vinha arbitrada;
b. que em 51% das parcelas os próprios peritos indicados pela entidade expropriante calcularam uma indemnização superior à do acórdão arbitral; e
c. que em 81% dos casos os peritos dos expropriados também concluíram por uma indemnização superior à da avaliação arbitral.

**6.2.** Quando as referências comparativas foram as decisões dos tribunais proferidas nos respetivos processos, os resultados foram os seguintes:

a. em 9% das parcelas expropriadas a avaliação arbitral coincidiu estruturalmente com o valor adotado na decisão final do processo;
b. em 53% dos casos a decisão final dos tribunais fixou um valor indemnizatório superior ao que vinha fixado nos acórdãos arbitrais, tendo sido assim julgados procedentes a maioria dos recursos interpostos pelos expropriados dos acórdãos arbitrais proferidos [6];
c. já em 38% das parcelas, os tribunais fixaram uma indemnização inferior à que os árbitros haviam decidido, julgando assim procedente o recurso interposto pela entidade expropriante dos acórdãos arbitrais.

## 7. As avaliações periciais efetuadas nos processos judiciais

A relação comparativa das avaliações periciais com a avaliação inicial do perito escolhido pela entidade expropriante e com a avaliação dos acórdãos arbitrais já foi feita nos números que antecedem. Aqui, iremos relacionar as avaliações periciais efetuadas nos processos judiciais com as decisões finais dos tribunais relativamente às 88 parcelas em causa.

[6] Apesar de, em número de processos, os recursos interpostos pelos expropriados dos acórdãos arbitrais terem sido maioritariamente julgados procedentes, já se atendermos aos valores indemnizatórios envolvidos, como se verá, o valor total das indemnizações fixado pelos tribunais foi inferior ao valor total decidido nos acórdãos arbitrais, tendo assim os custos indemnizatórios suportados pela expropriante nestes processos sido inferiores aos valores que resultavam das arbitragens.

**7.1.** Tomando como referência os valores indemnizatórios, importa registar o seguinte:

a. em 50% das parcelas expropriadas, os tribunais decidiram por uma indemnização inferior à que vinha calculada pelos peritos indicados pelos próprios tribunais;
b. em 33% das parcelas, os tribunais fixaram uma indemnização inferior à que havia sido calculada pelo perito indicado pela própria expropriante.

**7.2.** Por outro lado, quanto à relevância das avaliações periciais nas decisões finais dos tribunais proferidas nesses processos, também importa sublinhar o seguinte:

a. em 57% das parcelas expropriadas, os tribunais não aderiram integralmente a nenhuma das avaliações periciais efetuadas;
b. em 28% das parcelas, os tribunais subscreveram a avaliação pericial maioritária;
c. nos restantes 15% das parcelas os tribunais aderiram à avaliação do perito indicado pela entidade expropriante.

**7.3.** Em concreto, os valores calculados nas avaliações periciais dos processos judicias e nas decisões finais dos tribunais (em milhões de euros) foram os seguintes:

a. peritos indicados pelos tribunais: 17,61
b. peritos indicados pela entidade expropriante: 12,47
c. peritos designados pelos expropriados: 23,33
d. decisões dos tribunais: 11,07

**7.4.** Estes dados permitem constatar uma saudável autonomia e independência dos tribunais face às avaliações periciais, em particular face às avaliações dos peritos indicados pelos tribunais a partir da Lista oficial. Na verdade, os tribunais não podem presumir a correção de uma avaliação pericial só porque a mesma vem suportada numa determinada maioria (ou mesmo unanimidade) pericial. O mais das vezes o que se discute no contencioso indemnizatório não são questões técnicas mas sim questões jurídicas, para as quais os peritos não têm suficientes conhecimentos jurídicos. Daí que os tribunais devam verificar sempre a correção jurídica do discurso e das conclusões periciais.

## 8. As decisões judiciais

**8.1.** Nos processos judicias em que foram proferidas sentenças na primeira instância e lavrados acórdãos pelo Tribunal da Relação de Lisboa (o que aconteceu relativamente a 51 parcelas) constatámos o seguinte:

a. em 55% das parcelas, o Tribunal da Relação de Lisboa fixou um valor indemnizatório inferior ao que vinha decidido pelos Tribunais de Cascais e de Sintra;
b. em 35% das parcelas, o recurso interposto foi julgado improcedente, tendo o Tribunal da Relação de Lisboa mantido o valor que vinha da primeira instância;
c. em 10% das parcelas, o Tribunal da Relação de Lisboa fixou um valor indemnizatório superior ao que tinha sido decidido pelos Tribunais de Cascais e de Sintra.

**8.2.** Os valores calculados, quanto às mesmas 51 parcelas, pelas duas instâncias foram os seguintes (em milhões de euros):

a. os Tribunais de Cascais e de Sintra fixaram indemnizações no valor total de 9,16;
b. o Tribunal da Relação de Lisboa desceu esse valor para 7,92.

**8.3.** Em síntese, a comparação dos valores fixados pelos tribunais com as anteriores avaliações periciais pode ver-se no seguinte gráfico:

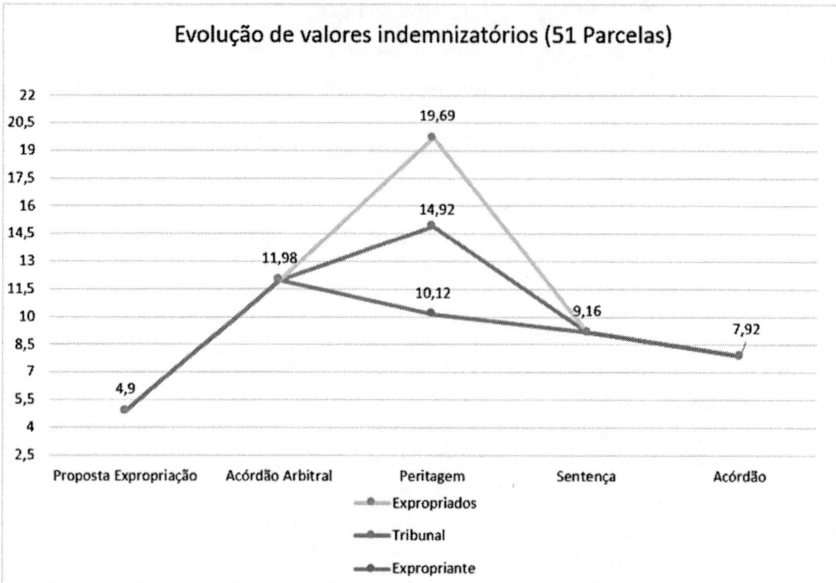
Evolução de valores indemnizatórios (51 Parcelas)
22
20,5
19
17,5
16
14,5
13
11,5
10
8,5
7
5,5
4
2,5
19,69
14,92
11,98
10,12
9,16
7,92
4,9
Proposta Expropriação
Acórdão Arbitral
Peritagem
Sentença
Acórdão
Expropriados
Tribunal
Expropriante

*Eduardo Gonçalves Rodrigues,*
Advogado da Sérvulo & Associados,

**Sumário:** O presente texto sintetiza a breve intervenção de Eduardo Gonçalves Rodrigues no painel intitulado "*Os Planos Territoriais e os Problemas dos Territórios*" integrado no Congresso de Direito do Urbanismo ocorrido em Lisboa, nos dias 24 e 25 maio de 2018, organizado pela Editora Almedina, sob a coordenação da Professora Doutora Fernanda Paula Oliveira.

A intervenção realizada consiste numa abordagem crítica de alguns aspetos práticos do sistema de urbanismo e ordenamento do território e procura salientar as repercussões negativas que aqueles têm na atividade de planeamento, designadamente, no âmbito da dinâmica dos instrumentos de gestão territorial e da delimitação de unidades de execução. A intervenção contém ainda uma breve descrição de dois casos práticos (fictícios) que servem para ilustrar a abordagem crítica acima referida.

O presente texto refere-se apenas a dois dos aspetos abordados na intervenção, dedicados respetivamente à herança do passado em matéria de urbanismo e ordenamento do território e ao (re)surgimento de *vínculos de inedificabilidade por tempo indeterminado,* na vertente de "*reservas de execução*". O terceiro aspeto abordado na intervenção encontra-se detalhado no artigo do mesmo autor, intitulado "O papel da avaliação e do estatuto urbanístico dos solos nos riscos do mercado imobiliário", integrado na obra coletiva com coordenação científica de Oliveira, Fernanda Paula, *Ordenamento do Território, Urbanismo e Cidades. Que Rumo?*, Vol. I, Editora Almedina, 2017, p. 171.

## 1. Introdução

São bem conhecidas as repercussões que a crise económico-financeira teve no mercado imobiliário e da construção, bem como a contaminação que, em consequência disso, sofreu o sistema de ordenamento do território e urbanismo, quer no que toca à execução dos instrumentos de gestão territorial propriamente ditos, quer no que toca às operações urbanísticas expectantes, incluindo loteamentos, com execução nunca iniciada ou subitamente interrompida. Antes de se iniciar a presente exposição, convida-se o leitor a consultar o sítio com o endereço abaixo especificado, que espelha uma parte da realidade física subjacente às citadas repercussões [consultado em 5 de Setembro de 2018]: https://markelredondo.com/Projects/Sand-Castles/1

## 2. A herança do passado

Como é do conhecimento geral, o urbanismo e o ordenamento do território em Portugal tiveram um importante impulso a partir da década de 1990, altura em que entraram em vigor grande parte dos planos diretores municipais de primeira geração. Poderá dizer-se que estes planos foram elaborados pelos "*pioneiros*" do ordenamento do território em Portugal, que têm o mérito de ter de desenvolvido esta matéria a partir de uma base doutrinária e técnica relativamente embrionária, a quem se deve prestar uma justa homenagem.

Estes planos apresentam características próprias, que ainda hoje subsistem no ordenamento jurídico e que correm o risco de ser esquecidas pelo legislador ou pelos aplicadores do direito, com o progressivo afastamento temporal do contexto em que se vivia na década de 1990 e com a crescente sofisticação do urbanismo.

Este contexto continua, na verdade, a estar presente nas relações entre os particulares e a Administração no quadro do controlo prévio de operações urbanísticas, por via da vigência de muitos planos de nível municipal (não só planos diretores municipais, mas também planos de urbanização e planos de pormenor), de planos especiais de ordenamento do território e até de servidões administrativas e restrições de utilidade pública por vezes anteriores à década de 1990.

É frequente tais planos apresentarem uma certa flexibilidade ou conferirem um espaço significativo à discricionariedade administrativa dos municípios, embora padeçam também de algumas limitações técnicas, designadamente ao nível da representação cartográfica. Em certos casos, esta flexibilidade tem vindo a perder-se como consequência de uma "*juridificação*" porventura excessiva do urbanismo e de alguma perda de referência da dimensão técnica que enforma esta disciplina.

Não obstante o antigo artigo 154.º do regime jurídico dos instrumentos de gestão territorial, hoje aprovado pelo Decreto-Lei n.º 80/2015, de 14 de Maio (**RJIGT**) previsse a "*adequação ao sistema de gestão territorial*" de todos os instrumentos de natureza legal ou regulamentar com incidência territorial existentes na data da entrada em vigor deste diploma, a verdade é que tal adequação resultou muitas vezes numa conversão meramente formal dos instrumentos em causa em planos municipais por via jurídica, sem que o respetivo conteúdo técnico fosse afetado pela mesma conversão.

Entretanto, e embora ainda se mantenham em vigor vários planos desta natureza, o artigo 154.º foi eliminado do RJIGT, deixando-se porventura passar a impressão de que todos os planos municipais apresentam hoje o mesmo conteúdo material – o que não corresponde inteiramente à verdade. Em parte, a manutenção do conteúdo técnico original dos citados planos resulta de uma herança do passado, que ainda hoje persiste, patente na ineficiência dos procedimentos de dinâmica do planeamento.

Em suma, à semelhança do que sucede com muitas licenças de loteamento ainda em vigor, subsistem, como herança do passado, vários planos que apresentam um conteúdo material não inteiramente coincidente com o conteúdo material hoje previsto no RJIGT para os mesmos planos, que têm por base uma cartografia cujo nível de representação é menos rigoroso do que o dos planos atuais.

Por haverem sido elaborados numa fase em que o urbanismo e ordenamento do território ainda não haviam atingido o atual nível de sofisticação e complexidade, os mesmos planos carecem de ser interpretados com recurso ao elemento histórico, embora se assista hoje a uma tendência – quanto a nós, incorreta – de interpretação atualista dos mesmos, que leva a conclusões contraditórias com a *ratio* do plano e com as expectativas inicialmente conferidas aos particulares pelos mesmos planos.

A evolução do urbanismo em Portugal tem sido feita de avanços e recuos[1], numa procura do modelo mais adequado para o território nacional sendo, a nosso ver, tanto mais eficaz quanto assuma a forte componente técnica que subjaz à atividade de planeamento, cuja concretização física *in loco* implica invariavelmente a introdução de ajustamentos ao modelo de ordenamento preconizado.

No passado recente, a possibilidade de introdução de ajustamentos a planos encontrava-se regulada no antigo artigo 97.º do RJIGT, que tratava das alterações de planos sujeitas a regime simplificado. De acordo com este preceito, encontravam-se sujeitas a um regime procedimental simplificado as alterações de natureza técnica que traduzissem meros ajustamentos do plano e que consistissem, designadamente, em alterações até 3% da área de construção em planos de urbanização e planos de pormenor.

Não obstante este artigo haja sido eliminado do RJIGT, pode ainda encontrar-se um preceito semelhante ao acima referido no n.º 8 do artigo 27.º do regime jurídico da urbanização e da edificação, aprovado pelo Decreto-Lei n.º 555/99, de 16 de Dezembro (**RJUE**), segundo o qual, as alterações à licença de loteamento, com ou sem variação do número de lotes, que se traduzam na variação das áreas de implantação, de construção ou variação do número de fogos até 3 %, desde que observem os parâmetros urbanísticos ou utilizações constantes de plano municipal, são aprovadas mediante procedimento simplificado.

A crescente importância do plano de pormenor com eficácia registal, a reconhecida intercambialidade entre as figuras de plano de pormenor e de operação de loteamento e a própria coerência do sistema jurídico, parecem apontar no sentido da conveniência de se manter a possibilidade de introdução de ajustamentos aos planos, pelo menos, na respetiva fase de execução. Tendo o artigo 97.º do RJIGT sido eliminado do ordenamento jurídico, nada impedirá os próprios planos de preverem mecanismos de flexibilização do respetivo conteúdo em fase de execução, dentro de determinados limites.

Este aspeto poderia contribuir para minimizar as repercussões negativas da herança do passado, designadamente, no que toca à ineficiência dos

[1] Veja-se, por exemplo, a recuperação, em 2015, do instituto das normas provisórias na nova versão do regime jurídico dos instrumentos de gestão territorial.

procedimentos de dinâmica do planeamento e à desarticulação e frequentes contradições entre o nível municipal, o nível nacional de planeamento e servidões administrativas ou restrições de utilidade pública. Igualmente, poderia ainda minimizar as repercussões negativas da frequente desarticulação entre escalas de desenho adotadas nos diversos instrumentos de planeamento.

Em suma, na prática do urbanismo e na interpretação dos instrumentos de gestão territorial, é conveniente ter presente a herança do passado patente, designadamente, (i) no contexto de elaboração dos mesmos instrumentos e da definição das servidões administrativas e restrições de utilidade pública; (ii) na ineficiência dos procedimentos de dinâmica de planeamento; (iii) na desarticulação entre o nível municipal e o nível nacional, com frequentes contradições entre instrumentos de nível e natureza diversa; (iv) na desarticulação entre escalas de desenho adotadas nos mesmos instrumentos; a ainda, acrescente-se, (v) na perda de informação decorrente da morosidade dos procedimentos de planeamento, deficiente arquivo dos processos administrativos e sucessão de entidades com tutela sobre matérias semelhantes.

Na falta de outros meios – e na ausência de uma prática generalizada de planeamento operativo -, a minimização da ineficiência herdada do passado, poderá ser alcançada através da recuperação de alguma flexibilidade patente em alguns dos planos da década de 1990 e da *ratio* que presidia à versão original do RJIGT.

Repare-se que a combinação entre (i) um sistema de gestão territorial relativamente ineficiente, (ii) a cominação da sanção de nulidade, de forma indiferenciada, para todos os atos que consubstanciam a violação de planos territoriais e, ainda, (iii) os efeitos paralisantes decorrentes da proposição de uma ação administrativa pelo Ministério Público pedindo a declaração de tal nulidade[2], prejudica a credibilidade do sistema de ordenamento do território e urbanismo. Realça-se que o RJIGT não oferece qualquer solução para os impasses criados pelos efeitos paralisantes decorrentes da proposição de uma ação administrativa pelo Ministério Público, designadamente, no que toca a alteração simplificada de planos territoriais, em certas condições.

[2] Segundo o artigo 69.º, n.º 2, do RJUE, trata-se de efeitos semelhantes aos do embargo, com suspensão dos trabalhos de execução da obra e suspensão de eficácia da licença, entre outros aspetos.

Não seria assim de afastar no futuro a possibilidade de se recorrer a um procedimento simplificado de alteração do plano que haja alegadamente sido inobservado, dentro de certos limites, quando o Ministério Público opte por propor a ação administrativa acima referida. Não seria igualmente de afastar a diferenciação das invalidades geradas por diferentes inobservâncias do disposto em planos ou a mitigação dos efeitos decorrentes da proposição da ação administrativa pelo Ministério Público acima referida, dentro de certos limites, indo-se para além da questão temporal[3].

O caso fictício esquematizado de seguida ilustra as consequências possíveis da ineficiência do nosso sistema de gestão territorial. Este caso ilustra também os impasses originados na prática, pela combinação (i) da sanção de nulidade cominada pelo legislador de forma indiferenciada para os atos que consubstanciam a violação de planos territoriais e (ii) dos efeitos paralisantes decorrentes da proposição de uma ação administrativa pelo Ministério Público, nos termos acima expostos.

***Caso prático n.º 1***

*Em 2008, um promotor adquire, por vários milhões de euros, um conjunto de lotes com licença de loteamento titulada por alvará, dando imediatamente sequência à execução das infraestruturas do loteamento, que são recebidas provisoriamente pela câmara municipal. Em seguida, o mesmo promotor executa parte das obras de edificação do loteamento, prometendo vender parte dos lotes, sendo simultaneamente detetada pela Administração uma contradição entre o plano diretor municipal e um plano especial de ordenamento do território e entre o plano diretor municipal e a carta da reserva ecológica nacional em vigor. As contradições detetadas dão origem, em 2009, à proposição de uma ação administrativa pelo Ministério Público, tendo por pedido a declaração de nulidade dos atos de licenciamento da operação de loteamento e das obras de edificação com fundamento na violação de plano especial de ordenamento do território e na ausência de consulta à entidade que tutela a reserva ecológica nacional.*

[3] Segundo o artigo 69.º, n.º 4, do RJUE, a possibilidade de o órgão que emitiu o ato ou deliberação declarar a nulidade caduca no prazo de **10 anos**, caducando também o direito de propor a ação prevista no n.º 1 se os factos que determinaram a nulidade não forem participados ao Ministério Público nesse prazo, exceto relativamente a monumentos nacionais e respetiva zona de proteção.

*A ação proposta tem os efeitos decorrentes do artigo 69.º, n.º 2, do RJUE, ou seja, tem efeitos semelhantes aos do embargo, com suspensão dos trabalhos de execução da obra e suspensão de eficácia da licença, entre outros aspetos. Para além de contestar a ação, o promotor celebra com o município um contrato para planeamento tendente à elaboração de um plano de pormenor, em concertação com as entidades exteriores ao município.*

*Em 2013, e após ver os contratos-promessa de compra e venda dos lotes resolvidos pelos promitentes-compradores, o promotor cai em situação de insolvência na pendência da ação administrativa e do procedimento de elaboração de um plano de pormenor que visa dar uma resposta concertada às contradições detetadas nos termos acima expostos.*

*Em 2014, o citado plano de pormenor é aprovado pela assembleia municipal, sendo subsequentemente decretada a inutilidade superveniente da lide no âmbito da ação administrativa proposta pelo Ministério Público. A insolvência do promotor entretanto ocorrida prejudicou, de forma irremediável para o mesmo promotor, a execução do plano de pormenor.*

*Em 2018, não se encontra afastada a possibilidade de, o mesmo plano de pormenor que veio tardiamente corporizar uma resposta concertada às contradições detetadas, vir a ser revogado em 2020, no quadro da aplicação das novas regras originadas pela reforma legislativa em matéria de ordenamento do território e urbanismo, mais de 10 anos após a realização do investimento pelo promotor, entretanto insolvente.*

## 1. (Re)surgimento de *vínculos de inedificabilidade por tempo indeterminado*

As normas de execução de planeamento configuram-se como normas abertas cuja concretização depende, em larga medida, da negociação entre os particulares e a Administração[4].

Na execução dos planos assume um particular relevo a enorme variedade de mecanismos de contratação urbanística ao dispor dos particulares, designadamente, os contratos celebrados no âmbito dos sistemas de execução

[4] Neste sentido, vd. OLIVEIRA, Fernanda Paula, Sistemas e Instrumentos de Execução dos Planos, Coimbra, 2002.

de planeamento ou no âmbito da redistribuição dos benefícios e encargos do planeamento e, em geral, os contratos sobre o exercício de poderes públicos.

A partir do final da década de 2000 / início da década de 2010 começou a ganhar corpo na doutrina do direito do urbanismo a "*ideia de programação urbanística*". Esta ideia tem vindo a ser assumida como a verdadeira fase de gestão urbanística, situada temporalmente entre a fase de planeamento e a fase de execução dos planos, corporizada no controlo prévio de operações urbanísticas com repercussões no uso, ocupação e transformação do solo. Trata-se de um instituto cuja configuração se encontra em fase embrionária no ordenamento jurídico e que tem sido associado a determinados elementos essenciais, designadamente, à definição (i) das operações de execução a levar a cabo em certa área, (ii) do tempo de execução e (iii) do respetivo financiamento[5].

A programação será, tendencialmente, a base de um "*novo modelo*" de gestão urbanística, idealmente vocacionado para a execução do planeamento, nos seus vários níveis, por contraposição a um modelo baseado no controlo de operações urbanísticas apresentadas de forma casuística pelos particulares. Neste novo modelo, os municípios adotam uma postura atuante, procedendo à programação das operações urbanísticas no concelho, em função de um juízo de prognose realizado no âmbito dos planos municipais e – idealmente – da concertação ocorrida com as entidades exteriores ao município e interessados na concretização dos planos. É um modelo que usualmente envolve negociações prolongadas e que, em certos casos, envolve uma intervenção dos poderes públicos, designadamente, com vista à expropriação dos particulares que se recusam a aderir à programação desenhada pelo município. Um exemplo clássico de instrumento de programação pode ser encontrado nas designadas "*unidades de execução*".

A doutrina tem apontado as unidades de execução como um mecanismo flexível que permitirá ultrapassar a ineficiência dos procedimentos de dinâmica do planeamento, com recurso a mecanismos de contratualização, tendo em devida consideração os benefícios e encargos do planeamento.

[5] Oliveira, Fernanda Paula; Lopes, Dulce, *Execução Programada de Planos Municipais*, Coimbra, 2013, pp. 26 e 28.

A delimitação de unidades de execução consiste na *"fixação em planta cadastral dos limites físicos da área a sujeitar a intervenção urbanística, acompanhada da identificação de todos os prédios abrangidos"*[6].

As finalidades especificadas na lei para a delimitação de unidades de execução são as seguintes:

a. O desenvolvimento urbano harmonioso da área de intervenção;
b. A justa repartição de benefícios e encargos pelos proprietários abrangidos;
c. A integração das áreas a afetar a espaços públicos, a infraestruturas ou a equipamentos previstos nos planos territoriais[7].

Segundo a lei, os planos territoriais são executados através dos sistemas de iniciativa dos interessados de imposição administrativa e de cooperação no âmbito de unidades de execução, delimitadas pela câmara municipal, por iniciativa própria ou a requerimento dos proprietários interessados, com vista à coordenação de atuações entre a Administração e os particulares no sistema de gestão territorial[8].

Em termos sumários:

- No sistema de iniciativa dos interessados, a execução dos planos municipais deve ser promovida pelos proprietários ou pelos titulares de outros direitos reais relativos a prédios abrangidos no plano, ficando estes obrigados a prestar ao município a compensação devida de acordo com as regras estabelecidas nos planos ou em regulamento municipal;
- No sistema de imposição administrativa, a iniciativa de execução do plano pertence ao município, que atua diretamente ou mediante concessão de urbanização;
- No sistema de cooperação, a iniciativa de execução do plano pertence ao município, com a cooperação dos particulares interessados, atuando

[6] Cfr. artigo 148.º, n.º 1, do RJIGT.
[7] Cfr. artigo 148.º, n.º 2, do RJIGT.
[8] Cfr. artigos 149.º e seguintes do RJIGT.

coordenadamente, de acordo com a programação estabelecida pela câmara municipal e nos termos do adequado instrumento contratual. O sistema de cooperação não implica a associação da totalidade dos proprietários, podendo ocorrer neste caso uma maior intervenção municipal, designadamente, através do instituto de expropriação por utilidade pública, substituindo-se o município aos proprietários que não deem o seu acordo ao desenvolvimento urbanístico da área em questão e ou assumindo o mesmo as tarefas de urbanizar, com ou sem participação de um promotor.

Segundo a doutrina, o sistema de cooperação deve ser adotado "*para aquelas intervenções no território que se apresentam ao município como desejáveis por isso se disponibiliza o município para substituir os proprietários que se não queiram associar através da expropriação dos seus imóveis. Apenas desta forma se garantirá a viabilidade da intervenção*"[9].

Em termos práticos, e tendo em conta o interesse municipal em garantir a prossecução das finalidades especificadas na lei para a delimitação de unidades de execução, grande parte dos planos territoriais tem vindo a dar preferência ao sistema de cooperação, em detrimento dos sistemas de iniciativa dos interessados e de imposição administrativa.

A partir da década de 2010, a delimitação de unidades de execução começa a ser expressamente contemplada nos regulamentos dos planos diretores municipais como forma de execução das zonas não consolidadas da cidade, abrindo-se nos mesmos planos a possibilidade, também hoje prevista na lei, de os particulares proporem ao município a delimitação das mesmas unidades. Antes dessa data, as unidades de execução eram normalmente associadas à execução de planos de pormenor, embora sem grandes consequências práticas, atendendo ao facto de usualmente respeitarem a áreas detidas por um único proprietário que assumia todos os benefícios e encargos da intervenção.

Tratando-se de um instrumento de programação e não de planeamento, não é recomendável que as unidades de execução sejam delimitadas diretamente por um plano de pormenor, sem que os interessados e entidades

[9] Cfr. Oliveira, Fernanda Paula; Lopes, Dulce, *Execução Programada de Planos Municipais*, Coimbra, 2013 p. 28.

exteriores sejam previamente ouvidos ou sem que o município assuma a possibilidade efetiva de se constituir como entidade expropriante no âmbito da execução do plano, no caso de os interessados não aderirem à unidade de execução.

Em qualquer caso, naquelas situações em que as unidades de execução sejam delimitadas em plano de pormenor, poderá explorar-se a possibilidade de redelimitação de tais unidades de execução, na fase de execução do plano, por iniciativa da Administração ou dos proprietários, com fundamento na aplicação analógica do disposto no regime jurídico da reabilitação urbana[10].

Tendo por objetivo uma maior flexibilização da passagem do planeamento para a gestão urbanística, as unidades de execução visam precisamente ultrapassar os obstáculos inerentes à ineficiência do sistema de urbanismo e ordenamento do território, designadamente, no que toca à respetiva dinâmica, que deram origem aos *vínculos de inedificabilidade por tempo indeterminado.*

O problema dos *vínculos de inedificabilidade* surgiu no passado em duas situações, a saber: (i) "*reservas de urbanização*" e (ii) "*reservas de solo*".

Simplificando, as "*reservas de urbanização*" consistem em áreas para as quais os planos diretores municipais não permitem, até à entrada em vigor de um instrumento de planeamento mais concreto (por exemplo, um plano de urbanização ou um plano de pormenor) a realização de operações urbanísticas, ficando assim a câmara municipal impedida de licenciar operações urbanísticas, sob pena de inobservância do plano diretor municipal e consequente nulidade do ato de licenciamento.

As "*reservas de solo*" constituem áreas destinadas pelo plano municipal à execução de infraestruturas urbanísticas, de equipamentos e de espaços verdes e outros espaços de utilização coletiva, onde, em princípio, não é possível realizar obras de edificação.

A delimitação de "*reservas de urbanização*" e de "*reservas de solo*" levantou no passado questões jurídicas relevantes, na medida em que impediu os particulares de darem aos prédios de que eram proprietários o uso que pretendiam através da realização de operações urbanísticas, colocando os mesmos dependentes de uma atuação exclusivamente pertencente à Administração, que frequentemente tardava ou não acontecia. Os *vínculos de inedificabilidade*

[10] Cfr. artigo 24.º, n.º 2, do Decreto-Lei n.º 307/2009, de 23 de Outubro.

consistem numa restrição inadmissível do direito de propriedade privada e atentam contra a liberdade de iniciativa económica, tendo por estas razões, o legislador sido forçado a intervir, com vista a salvaguardar os direitos dos particulares, por exemplo, por via do disposto no RJIGT.

A resposta aos problemas ocasionados pelas "*reservas de urbanização*" foi dada pelo artigo 96.º, n.º 2, do RJIGT, que determinou a caducidade das normas dos planos diretores municipais que preveem a necessária elaboração de planos de urbanização e de planos de pormenor, desde que, designadamente, já haja decorrido o prazo de cinco anos sem que os citados planos hajam sido elaborados, quando se trata de áreas localizadas pelo plano diretor municipal em área consolidada.

As questões levantadas pelas "*reservas de solo*" que incidem sobre prédios de particulares foram resolvidas pelo teor do artigo 154.º do RJIGT que determinou a obrigatoriedade da sua aquisição, no prazo estabelecido no plano territorial ou no respetivo instrumento de programação, a ocorrer no prazo máximo de cinco anos, contados da data da entrada em vigor do respetivo plano territorial, sob pena de caducidade da mesma reserva e da necessária alteração do regime do solo.

O traço comum dos *vínculos de inedificabilidade por tempo indeterminado* acima referidos encontra-se no facto de ambos resultarem de uma imposição estabelecida em plano municipal. A inobservância de plano municipal constitui um dos fundamentos taxativos de indeferimento de pedidos de licenciamento de operações urbanísticas, estando a Administração obrigada a rejeitar qualquer operação urbanística que viole um plano desta natureza[11].

Na prática, tem-se verificado uma tendência de os municípios delimitarem em planos de pormenor, de forma unilateral, unidades de execução abrangendo prédios integrados na propriedade de sujeitos distintos, constatando-se de seguida a inexistência entre os mesmos proprietários envolvidos na citada unidade de execução de qualquer entendimento para prosseguir os projetos que corporizam o modelo de ordenamento do plano.

Frequentemente, e ao contrário do que sucede com os *vínculos de inedificabilidade* acima referidos, inexiste uma diretiva expressa no plano de pormenor capaz de fundamentar um eventual indeferimento taxativo, pela câmara

[11] Cfr. artigo 24.º do RJUE.

municipal, de um pedido de licenciamento de obras de edificação a apresentar por um único proprietário.

Mas, por outro lado, a definição final dos encargos inerentes ao desenvolvimento da unidade de execução em causa não é concretizada pelo município, nem assumida pelos interessados, incluindo-se no plano de pormenor apenas uma mera "*estimativa*" de tais encargos, naquilo que se poderá designar por uma programação incipiente, porventura realizada com vista a dar mero cumprimento formal à legislação aplicável.

Nestes casos, confirmando-se que a definição final dos encargos inerentes ao desenvolvimento da unidade de execução não chega a ocorrer devido à inação municipal, existe o risco de ocorrência de um *vínculo de inedificabilidade por tempo indeterminado*, em prejuízo do desenvolvimento urbanístico e do valor dos prédios abrangidos pela unidade de execução.

A verificação desta ocorrência encontra-se relacionada com a questão da admissibilidade de realização de várias operações urbanísticas numa única unidade de execução, que tem vindo a ser tratada pela doutrina, designadamente, por Fernanda Paula OLIVEIRA12 e por João MIRANDA13. Iremos de seguida sintetizar a posição defendida por cada um destes Autores, para de seguida produzirmos alguns comentários de carácter essencialmente prático sobre o assunto.

A primeira Autora tem vindo a defender que a unidade de execução é uma *unidade de projecto*, que aponta para a realização de uma única operação urbanística (designadamente um reparcelamento), embora não exclua que nessa mesma área possam vir a ocorrer, em momento posterior, outras operações urbanísticas, designadamente, obras de urbanização e de edificação.

Para Fernanda Paula OLIVEIRA, o que se pretende com a unidade de execução é evitar que as operações urbanísticas decorram ao sabor das iniciativas e de acordo com as conveniências temporais dos interessados. Deste modo, defende a Autora, o que está em causa numa unidade de execução é, na verdade, a realização de intervenções que respeitem a programação definida pelos

[12] Cfr. OLIVEIRA, Fernanda Paula; LOPES, Dulce, *Execução Programada de Planos Municipais*, Coimbra, 2013 p. 53.

[13] Cfr. MIRANDA, João, "Da admissibilidade de realização de uma pluralidade de operações urbanísticas numa unidade de execução", *in Revista de Direito Regional e Local*, n.º 20, Outubro / Dezembro, 2012, p.27.

municípios, nos termos do disposto no artigo 118.º do RJIGT, que determina que os interessados devem adequar as suas pretensões às metas e prioridades definidas pela Administração.

Contra a alegada rigidez da unidade de execução configurada nestes termos, contrapõe Fernanda Paula Oliveira que a razão de ser desta figura reside precisamente na convergência no tempo da vontade dos atores públicos e privados, reconhecendo que tal convergência implica disponibilidade financeira por parte dos intervenientes, que deve ser sujeita a uma adequada avaliação por parte dos municípios no âmbito da programação.

No limite, nota Fernanda Paula Oliveira, e naqueles casos em que os interessados não adiram à programação municipal, haverá lugar a expropriação por utilidade pública dos respetivos prédios para concretização da unidade de execução.

João Miranda adota uma posição diversa de Fernanda Paula Oliveira, defendendo que a lei não especifica que as unidades de execução têm de ser sujeitas a uma única operação urbanística, mas tão-somente faz referência a "*intervenção urbanística*" (sem especificar o número das operações inerentes à mesma), conceito de natureza essencialmente técnica e mais abrangente do que o conceito (de natureza essencialmente jurídica) de operação urbanística definido no RJUE.

Para este Autor, o elemento gramatical é o primeiro e principal ponto de partida na interpretação da lei: onde a lei não distingue não cabe ao intérprete distinguir[14]. Assim, o intérprete deve presumir que o legislador soube consagrar na lei o seu pensamento em termos adequados e não pode retirar do elemento literal aquilo que lá não consta. Daqui decorre, para o mesmo Autor, que não é possível retirar da lei a limitação a uma única operação urbanística dos atos a realizar numa unidade de execução.

Da mesma forma, defende João Miranda não ser forçoso que a realização de várias operações urbanísticas numa única unidade de execução coloque necessariamente em causa as finalidades especificadas na lei para a respetiva delimitação, embora as mesmas não possam deixar de ser atendidas no caso concreto e, se necessário, ser devidamente enquadradas por via contratual.

[14] Cfr. artigo 9.º, n. º3, do Código Civil.

Reforça este Autor que a lei não inclui na lista taxativa de fundamentos de indeferimento de pedidos de licenciamento a ausência de um acordo simultâneo e conjunto de todos os proprietários no sentido da realização de uma operação urbanística única na unidade de execução delimitada. O mesmo é dizer que a lei não permite sustentar um eventual projeto de indeferimento de pedido de licenciamento, meramente na invocação do facto de o proprietário de um prédio sito no interior de uma unidade de execução apresentar o seu pedido de forma isolada ou apenas para parte da citada unidade de execução.

Em síntese, segundo João Miranda, uma interpretação da lei no sentido de aditar à lista taxativa de fundamentos de indeferimento de licenciamento, um novo fundamento não especificado pelo legislador atentará contra o princípio de reserva de lei e ainda contra o princípio da proporcionalidade, na medida em que, frequentemente, o acordo ou a intervenção de todos os proprietários se configura como desnecessário para a realização de uma operação urbanística num prédio pertencente a um único proprietário, mas integrado na mesma unidade de execução.

Concluindo, segundo João Miranda, e em abstrato, é admissível a realização de várias operações urbanísticas numa única unidade de execução.

Numa perspetiva essencialmente prática, e sem tomar partido por nenhuma das posições acima referidas, constatamos a existência de planos municipais que preveem, quer a realização de uma única operação de reparcelamento em unidade de execução a delimitar[15], quer a realização de várias operações de reparcelamento numa mesma unidade de execução já delimitada por plano de pormenor [16].

Verificamos ainda que, em regra, são pouco frequentes (sem prejuízo do exemplo da unidade de execução da Fonte da Cheira, em Coimbra ou de outras situações) os casos em que o município se assume como entidade expropriante no quadro da concretização de unidades de execução em que os proprietários não aderem à programação municipal. É igualmente pouco

[15] Veja-se, por exemplo, o plano de urbanização da Meia Praia – Lagos, ratificado pela Resolução do Conselho de Ministros n.º 125/2007, de 28 de Agosto.

[16] Veja-se, como exemplo, o plano de pormenor do Espartal – Aljezur, aprovado pela Assembleia Municipal de Aljezur em 10 de Outubro de 2009 e publicitado através do Aviso n.º 13559/2010, de 7 de Julho.

frequente o recurso, pelos municípios, a outros institutos jurídicos previstos na lei, tais como a concessão de urbanização ou a venda forçada.

Por outro lado, a programação urbanística tem vindo a ser invariavelmente realizada pelos municípios de forma incipiente, incluindo apenas meras estimativas dos encargos de urbanização que são rapidamente ultrapassadas pela evolução de preços no mercado da construção e que não têm qualquer adesão formal por parte dos proprietários. Não obstante a programação urbanística envolva a prática de atos que impõem deveres, encargos ou ónus aos particulares, que devem ser notificados aos respetivos destinatários[17], constatamos que, em regra, tal notificação também não ocorre – sendo neste caso tais atos – quando efetivamente praticados – ineficazes.

A falta de adesão formal dos proprietários à programação do plano implica, na prática, o risco de alguns proprietários assumirem uma posição tendencialmente abusiva, com vista a procurar obter vantagens desproporcionais à configuração e aproveitamento urbanístico potencial do respetivo prédio.

Em vários casos, os pressupostos que presidiram à delimitação da unidade de execução em plano de pormenor sofrem alterações de monta subsequentemente à aprovação de tal delimitação, em virtude, por exemplo, de transações ou sentenças judiciais visando a resolução de conflitos de propriedade sobre os prédios abrangidos pelas mesmas unidades.

Finalmente, verificamos que – salvas algumas exceções – os municípios têm (ainda) pouca prática na gestão do património que incorpora os montantes associados aos pagamentos devidos pelos diversos interessados no quadro da redistribuição de benefícios e encargos do planeamento.

Esta falta de prática leva, com alguma frequência, a que a perequação seja apenas formalmente prevista no plano, podendo a respetiva concretização efetiva originar uma gestão menos rigorosa de tal património, por parte de alguns municípios, ou alguma relutância (e consequente procrastinação) em viabilizar operações urbanísticas cuja edificabilidade concreta prevista no plano ultrapassa o respetivo índice médio de utilização de referência.

Tudo o acima exposto resulta frequentemente no suscitar, por parte de alguns municípios, de dificuldades e impasses (originados por planos por eles elaborados e aprovados) na concretização de unidades de execução.

[17] Cfr. artigo 114.º, n.º 1, alínea b), do Código de Procedimento Administrativo.

Neste quadro, a delimitação das unidades de execução por planos territoriais acompanhada pela inércia da Administração e da existência de particulares que não aderem ou que são impossibilitados de aderir, por facto imputável ao município, a uma programação urbanística inexistente, incipiente ou ineficaz, tem efeitos semelhantes aos dos *vínculos de inedificabilidade por tempo indeterminado* acima referidos.

Neste caso, poderemos mesmo apelidar estas situações de autênticas "*reservas de execução*" – que tarde ou nunca ocorre -, que prejudicam ou atrasam a realização de operações urbanísticas pelos interessados e que consistem igualmente numa restrição inadmissível do direito de propriedade privada, que atenta contra a liberdade de iniciativa económica.

Note-se que, em certos casos, a restrição inadmissível do direito de propriedade se tem vindo a colocar também numa nova vertente, observada na definição prévia pelo município, de condições potencialmente abusivas para a delimitação de unidades de execução que, na prática, colocam o ónus de tal delimitação exclusivamente na esfera dos interessados, ao arrepio do princípio fundamental da igualdade[18].

São exemplo do exposto, aqueles casos em que o efeito útil da delimitação da unidade de execução apenas é concretizável sob condição da realização pelos interessados de cedências que ultrapassam (efetiva ou potencialmente), quer a área de cedência média de referência adotada pelo plano diretor municipal, quer os parâmetros estabelecidos por via regulamentar[19].

Trata-se, na verdade, da perversão da *ratio* das unidades de execução, passando as mesmas a servir fins distintos daqueles que estão na sua origem, em claro prejuízo dos particulares e em contradição com a Lei n.º 31/2014, de 30 de Maio, que aprovou as bases da política pública de solos, de ordenamento do território e de urbanismo e com o RJIGT.

[18] A este propósito, vd. ALVES CORREIA, Fernando, *O Plano Urbanístico e o Princípio da Igualdade*, Coimbra, 1989, pp. 298 e ss.

[19] Cfr. Portaria n.º 216-B/2008, de 3 de março, que fixa os parâmetros de dimensionamento das áreas destinadas a espaços verdes e de utilização coletiva, infraestruturas viárias e equipamentos de utilização coletiva. Veja-se, como exemplo prático, o plano diretor municipal de Loures, na versão alterada por via da deliberação da respetiva Assembleia Municipal, datada de 7 de Dezembro de 2017 e publicitada através do Aviso do Município de Loures n.º 1676/2018, de 6 de Fevereiro.

O caso fictício esquematizado de seguida ilustra uma ocorrência de uma "*reserva de execução*", com efeitos semelhantes aos dos *vínculos de inedificabilidade por tempo indeterminado*. Vejamos.

***Caso prático n.º 2:***

*Em 2011 é aprovado um plano de pormenor a concretizar mediante o sistema de cooperação, com delimitação de unidades de execução e adoção de mecanismos de redistribuição e encargos, incluindo programa de execução e plano de financiamento com mera estimativa de encargos de urbanização. O plano de pormenor destina uma parcela integrada em domínio municipal a equipamento de utilização coletiva cuja concretização se encontra contemplada nos mecanismos de perequação.*

*Em 2013, uma transação judicial tem por consequência a transferência do direito de propriedade da parcela destinada pelo plano de pormenor a equipamento para a esfera jurídica de um particular.*

*Simultaneamente, a câmara municipal suspende a vigência do plano de pormenor e decreta medidas preventivas, abrindo um procedimento de alteração do plano de pormenor que nunca chega a concluir, nos termos do artigo 126.º, n.º 7, do RJIGT.*

*Neste quadro, os proprietários dos prédios de uma das unidades de execução nunca aderiram aos mecanismos de redistribuição e encargos do plano de pormenor meramente estimados no programa de execução e plano de financiamento do mesmo plano. Os mesmos proprietários não chegam a acordo quanto à execução do plano, sendo que um dos proprietários reclama valores muito superiores aos decorrentes dos cálculos da perequação.*

*Tendo conhecimento de tudo o acima exposto, em 2018, o município rejeita assumir-se como entidade expropriante no quadro da concretização da unidade de execução ou, em alternativa, lançar mão de outros recursos ao seu dispor para executar o plano, no âmbito do sistema de cooperação, tais como a concessão de urbanização ou a venda forçada.*

*Por outro lado, o mesmo município invoca dificuldades várias na concretização da unidade de execução, criando um verdadeiro impasse na definição e gestão do património afeto à redistribuição de benefícios e encargos e, consequentemente, na viabilização de operações urbanísticas na mesma unidade de execução.*

*Paulo Pereira Gouveia*
Juiz Desembargador, Vice-Presidente do T.C.A. Sul

## 1. Legalidade administrativa em geral: o pode e o deve

Tendo presente o disposto no artigo 266º da CRP *("1. A Administração Pública visa a prossecução do interesse público, no respeito pelos direitos e interesses legalmente protegidos dos cidadãos. 2. Os órgãos e agentes administrativos estão subordinados à Constituição e à lei e devem atuar, no exercício das suas funções, com respeito pelos princípios da igualdade, da proporcionalidade, da justiça, da imparcialidade e da boa-fé.")*, deve-se, desde logo, sublinhar que, no exercício da função administrativa não estritamente vinculada à lei, a Administração deve ter em conta, além da legalidade de administração pública (o agir administrativo só pode fazer aquilo que resulta permitido pelas normas, equivalendo o silêncio destas a uma regra de proibição de agir[1]), os demais princípios gerais das atividades de administração pública.

Ora, o artigo 266º da CRP visa articular o "pode" e o "deve" do exercício da função administrativa.

A Administração está, por isso, vinculada (i) à lei e ao Direito e, no caso da existência de margem de livre decisão administrativa (discricionariedade administrativa em sentido estrito e margem de livre apreciação), também está vinculada aos princípios fundamentais ou gerais da atividade administrativa. Destacam-se nestes (ii) o dever de prossecução do interesse coletivo, (iii) o dever de imparcialidade objetiva (dever de, no exercício dos mandatos de

[1] Cf. PAULO OTERO, *Manual de Direito Administrativo*, I, p. 367.

ponderação criteriosa conferidos por lei, proceder a uma identificação suficiente da totalidade dos interesses envolvidos na decisão, para lhes atribuir o peso concretamente devido), (iv) o dever de igualdade de tratamento e (v) o dever de proporcionalidade.

Por exemplo, o artigo 35º/8 do RJUE prevê um dever: "*Sem prejuízo do disposto nos números anteriores, a câmara municipal deve, em sede de fiscalização sucessiva, inviabilizar a execução das operações urbanísticas objeto de comunicação prévia e promover as medidas necessárias à reposição da legalidade urbanística, quando verifique que não foram cumpridas as normas e condicionantes legais e regulamentares, ou que estas não tenham sido precedidas de pronúncia, obrigatória nos termos da lei, das entidades externas competentes, ou que com ela não se conformem.*".

É uma decorrência óbvia dos artigos 34º/4, 60º/1/2 e 67º do RJUE, para que se remete.

## 2. Os artigos 68.º e 69.º do RJUE

Decorre do princípio fundamental da legalidade administrativa que, sem prejuízo da possibilidade de atribuição de efeitos jurídicos a situações de facto decorrentes de atos nulos nos termos gerais de direito, bem como do disposto no artigo 70.º, são nulas as licenças, as autorizações de utilização e as decisões relativas a pedidos de informação prévia previstos no RJUE que: (a) violem o disposto em plano municipal ou intermunicipal de ordenamento do território, plano especial de ordenamento do território, medidas preventivas ou licença ou comunicação prévia de loteamento em vigor; ou que (b) não tenham sido precedidas de consulta das entidades cujos pareceres, autorizações ou aprovações sejam legalmente exigíveis, bem como quando não estejam em conformidade com esses pareceres, autorizações ou aprovações (cf. artigo 68º).

Portanto, falamos de nulidade jurídica. E não de anulabilidade. E, por isso, é importante o conhecido artigo 69º do RJUE.

Com efeito, os factos geradores das nulidades previstas no artigo 68º e quaisquer outros factos de que possa resultar a invalidade dos atos administrativos previstos no RJUE devem ser participados, por quem deles tenha conhecimento, ao Ministério Público, para efeitos de propositura da competente ação administrativa e respetivos meios processuais acessórios.

Quando tenha por objeto atos de licenciamento ou autorizações de utilização com fundamento em qualquer das invalidades previstas no artigo 68º, a citação do titular da licença ou da autorização de utilização para contestar tem os efeitos previstos no artigo 103.º para o embargo.

Ou seja, fica suspensa a execução da operação urbanística.

O tribunal pode, oficiosamente ou a requerimento dos interessados, autorizar o prosseguimento dos trabalhos caso do recurso resultem indícios de ilegalidade da sua interposição ou da sua improcedência, devendo o juiz decidir esta questão, quando a ela houver lugar, no prazo de 10 dias. Sob pena de desequilíbrio do sistema, não vemos como possa vir o legislador, no futuro, a ampliar esta possibilidade de intervenção jurisdicional prematura a outras situações.

A possibilidade de o órgão que emitiu o ato ou deliberação declarar a nulidade caduca no prazo de 10 anos, caducando também o direito de propor a ação prevista no n.º 1 se os factos que determinaram a nulidade não forem participados ao Ministério Público nesse prazo, exceto relativamente a monumentos nacionais e respetiva zona de proteção.

## 3. Problemas à volta da demolição: artigos 102.º, 102.º-A e 106.º do RJUE.; e artigos 111.º a 113.º do RJUE; jurisprudência

**3.1.** As problemáticas à volta da demolição de edificações ilegais surgem, hoje, num contexto perigoso (i) de erosão do estabelecido no artigo 266º/1 da CRP e (ii) de um neo-principialismo violador do artigo 9º do CC.

O artigo 102º do RJUE prevê o dever de a Administração repor a legalidade urbanística, como não podia deixar de ser, em decorrência do princípio fundamental da legalidade.

Ora, uma das medidas de reposição da legalidade é a legalização das operações urbanísticas ilegais (cf. o nº 2 e o nº 3 do artigo 102º). E outra das medidas de reposição da legalidade é a demolição.

**3.2.** À medida de reposição da legalidade administrativa consistente na (efetiva possibilidade de) legalização refere-se hoje o artigo 102º-A do RJUE.

Deste importante preceito legal não decorre que a Administração se deva substituir ao interessado (vd. nº 6) ou ao requerente (vd. nº 2). O que resulta do artigo 102º-A, não contrariado pelo artigo 106º, é que a Administração deve aferir, à luz do Direito atual, se é possível a legalização. Nada mais, além da notificação do interessado na legalização eventual.

Depois disso ou a par disso, caberá ao interessado não ficar passivo, iniciar e fazer prosseguir o procedimento administrativo tendente à legalização. É um ónus jurídico do particular.

**3.3.** Após o exercitar do artigo 102º-A do RJUE, não pode o artigo 106º do RJUE ser omitido.

Haverá que passar à demolição (i) no caso de o interessado se desinteressar da legalização ou (ii) no caso de o edificado ser ilegalizável.

O nº 1 do artigo 106º autoriza a Administração a ordenar ao particular a demolição.

O nº 2, agora tendo presente o que dissemos sobre o artigo 102º-A, diz-nos que a demolição não ocorrerá se a obra for legalizável. O ónus da prova cabe ao interessado.

E o nº 4 prevê a consequente demolição a executar pela própria Administração.

**3.4.** Do que referimos é mister concluir que a demolição deve ser adotada se estiverem esgotadas as vias regulares de legalização atual. É que, entre nós, proporcionalidade administrativa significa, pura e simplesmente, rejeição de soluções administrativas desproporcionadas; o que é bem diferente de considerações simplistas de "ultima ratio" ou de "mero controlo de evidência", como se estivessemos a falar de proporcionalidade legislativa.

Ou seja, a norma da proporcionalidade jurídico-administrativa não deve ser aqui utilizada em abstrato ou como regra, salvo se for objetivamente (i) legítima e (ii) fundada a expetativa de que a operação urbanística ilegal está realmente em vias de ser regularizada. O que significa que já deverá existir (i) um procedimento administrativo dirigido a tal fim ou (ii) um procedimento que contemple a situação em termos de legalização objetiva da situação concreta atual.

Não é a legalização em si que tem de ser aferida pela Administração; é sim a possibilidade (i) objetiva e (ii) atual dessa legalização.

Quer dizer, a Administração tem o poder-dever de aferir a possibilidade, mas é importante sublinhar que há um interessado na legalização, pelo que é ele que tem um ónus a cumprir num prazo razoável. É, pois, o particular que, sem prejuízo do dever de a Administração despoletar a situação, tem o ónus de obter a legalização da situação ilegal, (i) dentro de um prazo razoável e (ii) dentro do regime jurídico vigente no momento atual. Sob pena de demolição.

**3.5.** Sobre esta matéria os tribunais vêm sendo mais claros; assim, vide:

- Acórdão do STA de 22-11-2011, p. nº 0576/11: *"Não é viável a legalização de uma construção inserida em área REN (Reserva Ecológica Nacional), sendo por isso válida a ordem de demolição e reposição do terreno no estado em que se encontrava"*;
- Acórdão do STA de 21-06-2011, p. nº 0339/09: *"III – Se entre a data do embargo da obra e a data da ordem de demolição há alteração do regime jurídico aplicável, tem de verificar-se se a ilegalidade inicialmente detetada se mantém, isto é, se a obra continua ilegal face ao novo regime; IV – A ordem de demolição tem de suportar-se no regime jurídico vigente à data da sua prolação, pois que é a essa data que se têm de verificar todos os requisitos que a habilitam"*;
- Acórdão do STA de 13-11-2001, p. nº 047806: *"I – O pedido de licenciamento de obras clandestinas e de aprovação de outras a realizar, de modo a modificar construções anteriormente licenciadas para vacaria e destilaria agrícola e possibilitar a utilização daquelas e das acrescentadas como unidade de destilaria industrial altera a natureza do anterior licenciamento, pelo que estes pedidos de legalização e de construção têm de ser apreciados de acordo com o direito vigente à data do pedido e da decisão, incluídas as normas do PDM, tendo o anterior licenciamento perdido eficácia. II – A aplicação de normas do PDM nas circunstâncias indicadas em I observa o princípio do artigo 12.º do C.C. da aplicação da lei para o futuro, uma vez que não havia efeitos produzidos a respeitar, porque o facto material do desaparecimento da vacaria e destilaria agrícola anteriormente existentes deixou sem objeto o respetivo licenciamento, em virtude do que deixou de haver a situação jurídica suscetível de proteção"*;

- Acórdão do STA de 24-03-2011, p. nº 090/10: *"II – O regime jurídico fixado no art.ºs 106.º do DL 555/99, de 16/12, pauta-se pelo princípio da proporcionalidade, numa lógica de impor ao executado o menor sacrifício possível, o que se traduz na impossibilidade de ordenar a demolição de obras que, apesar de ilegais, cumprem os requisitos legais e regulamentares de urbanização, de estética, de segurança e de salubridade, ou são suscetíveis de os vir a cumprir. III – A lei não autoriza que, em caso de obra ilegal, a medida mais radical e mais gravosa para o particular – a demolição – seja tomada sem precedência de uma avaliação, ainda que sumária, sobre a possibilidade de legalização, pelo que a Administração tem o dever legal de formular esse juízo, independentemente de requerimento. IV – O que não quer dizer que a Administração está, sempre e em qualquer caso, impedida de ordenar a demolição quando as obras, apesar de ilegais, são suscetíveis de legalização. E isto porque, pautando-se a sua atividade pelo princípio da legalidade (art.º 3.º do CPA), cumpre-lhe reparar a ordem jurídica violada ordenando, se necessário, a demolição da obra ilegal, o que deverá acontecer sempre que constatar que o interessado, pela sua passividade, não irá contribuir para a reposição da legalidade ou que a irá mesmo dificultar"*;
- Acórdão do STA de 06-11-2014, p. nº 01422/13: *"I – Se um loteamento só incidiu sobre parte do terreno a lotear, por a parte restante estar integrada na RAN, o índice de construção máximo devia calcular-se sem recurso à área da RAN, sob pena de tal índice ser fatalmente violado no tocante às possibilidades edificativas conferidas pelo loteamento a todos ou a alguns dos lotes. II – É nula a deliberação camarária que aprovou um loteamento ofensivo de regras do Regulamento do PDM, padecendo também de nulidade os atos consequentes que, mantendo o mesmo vício, licenciaram construções nos lotes"*;
- Acórdão do STA de 30-06-2011, p. nº 0330/11: *"II – Não questionando a recorrente que parte do terreno abrangido na sua operação de loteamento se inseria no regime transitório da REN, o ato que licenciasse o seu pedido seria nulo se faltasse a aprovação prevista no art. 17º do DL n.º 93/90, de 19/3 – falta que não podia ser eliminada pela aprovação antes recaída sobre um projeto de loteamento diferente. III – Se o requerente do loteamento nele incluiu, ao lado de terrenos onde se poderia edificar, terrenos submetidos ao regime transitório da REN e insuscetíveis de ser loteados, só relativamente àqueles se poderia calcular se a área de implantação das construções excedia a percentagem máxima prevista no PDM local, de modo que o ato licenciador do loteamento seria nulo*

*caso ocorresse esse excesso. IV – Perante tais nulidades, nunca se constituíra o deferimento tácito do pedido de loteamento, razão por que se mostra legal o ato que, por falta de aprovação do loteamento, indeferiu o pedido de licenciamento das respetivas obras de urbanização. V – É de desconsiderar o vício advindo da falta de audiência do interessado se estiver adquirido que o ato que ela antecederia é legal e não podia ter sentido diverso";*

- Acórdão do TCA Sul de 09-11-2017, p. nº 846/09.4: *"I – A execução ou cumprimento do caso julgado invalidante, um dos momentos da verdade do Estado de Direito, implica sempre aquilo que está previsto nos nº 1 e nº 2 do artigo 173º do Código de Processo nos Tribunais Administrativos e igualmente no artigo 172º do Código do Procedimento Administrativo, ou seja, o dever de a administração pública respeitar e executar a sentença declarativa, dando corpo à modificação operada pela sentença, tanto no plano do direito objetivo, como no plano dos factos. II – A mera possibilidade ou hipótese de legalização futura de uma edificação ilegal não é fundamento bastante para o juiz aplicar, em sede de art. 173º/1/2 do CPTA, o regime previsto no art. 106º do velho RJUE de 1999; quer porque isso seria fragilizar o específico art. 173º/1/2 do CPTA de um modo injustificado, quer porque isso seria sempre desrespeitar o rigor do art. 106º do RJUE atual, interpretado harmoniosamente de acordo com a natureza do processo executivo e ainda de acordo com o art. 342º do CC. É que a legalização e a tese da "ultima ratio" não podem ignorar o texto do nº 2 do art. 106º do RJUE, nem ser ancoradas numa mera possibilidade ou hipótese futura, até porque há aqui um verdadeiro ónus dos interessados. III – O interessado, fora do âmbito do art. 134º/3 do CPA/1991 e no âmbito do art. 106º do RJUE, tem o ónus de demonstração de que a edificação ilegal é hoje legalizável e não que talvez o vá ser no futuro, só assim sendo depois exigível a ponderação racional expressa inerente à proporcionalidade implicada na boa aplicação do art. 106º do RJUE, quando a fixação da sanção é feita para valer após o fim do prazo fixado na sentença de execução. IV – A sanção pecuniária compulsória, referida em vários preceitos do CPTA, é uma ameaça e é uma sanção; como sanção, refere-se ao incumprimento de uma decisão jurisdicional por parte de uma certa pessoa humana, (i) a título de mera prevenção ou (ii) já depois de haver um desrespeito do previsto nos arts. 158º/1 e 160º do CPTA; esse incumprimento, a ocorrer, presume-se ilícito e culposo, salvo prova do contrário (cf. art. 169º/6 do CPTA); esta medida sancionatória, logicamente, não pode ser aplicada retroativamente, ou seja, o incumprimento tem de se reportar a um tempo novo. V – Nenhum princípio jurídico (material ou processual, constitucional ou infraconstitucional) é absoluto; é o caso do contraditório; a sua violação pode ocorrer um contexto jurídico e factual em que a omissão dessa formalidade essencial seja uma mera irregularidade e um ato processual inútil e proibido (cf. arts. 3º/3, 130º e 195º/1 do CPC), porque: (i) quando os destinatários são para o tribunal, que investigou, os responsáveis pela efetiva aplicação do art. 158º do CPTA, de acordo com o art. 174º do CPTA; (ii) quando a fixação da sanção é fixada para valer após o fim do prazo fixado na sentença de execução; (iii) quando o montante pecuniário fixado nunca poderia ser inferior, já que foi no mínimo legal; (iv) quando os destinatários não ficam impossibilitados de justificar ou de exculpar o seu eventual incumprimento da sentença de execução; (v) a sentença de execução que fixa uma sanção pecuniária compulsória não revoga, evidentemente, o previsto nos arts. 169º/4 do CPTA e 69º do atual CPA. do atual CPA."*;

- Acórdão do TCA Sul de 26-04-2012, p. nº 08452/12: *"1. O art. 68º nº 1 alínea c) do CPTA dispensa o prévio requerimento à Adm. P. (v. arts. 66º e 67º CPTA) pelo MP, quando ali se prevê a ação pública para as situações de omissão ilegal em que o dever objetivo de praticar o ato administrativo resulte diretamente da lei e esteja em causa a ofensa de direitos fundamentais, de um interesse público especialmente relevante ou de a saúde pública, o ambiente, o urbanismo, o ordenamento do território, a qualidade de vida, o património cultural e os bens do Estado, das Regiões Autónomas e das autarquias locais 2. Uma obra particular num arruamento público é ilegalizável, já que o domínio público não pode ser apropriado por particulares e não pode ser comerciado ou objeto de tráfego jurídico por qualquer modo, a não ser que ocorra uma desafetação da coisa por motivo de interesse público/bem comum, aspeto aqui fora de questão. 3. Pelo que demolir tal obra é algo imposto por lei e, assim, não viola o princípio da proporcionalidade administrativa. 4. Uma obra de edificação que seja ilegal e ilegalizável deve ser demolida, sendo que, em princípio, a demolição deve ser precedida de ponderação da regularização por parte da Adm. P. e de audição prévia do autor da obra ilegal. No entanto, deve-se ter especial atenção aos ónus dos interessados, sob pena de benefício do infrator e inversão do ónus da prova."*;
- Acórdão do TCA Sul de 29-10-2015, p. nº 12567/15: *"II– Não há aparência de bom direito, mas sim o oposto, quando o requerente da providência cautelar*

*pretende a suspensão da eficácia de ato administrativo para demolição de uma edificação ilegal construída junto ao mar, no domínio público marítimo, no âmbito da requalificação e valorização da Ria Formosa; ali, o ato administrativo suspendendo tem enquadramento no art. 3º do DL 92/2008 relativo à Sociedade Polis Litoral Ria Formosa – Sociedade para a Requalificação e Valorização da Ria Formosa, S. A., no art. 37º do POOC da zona e, sobretudo, na legislação referente ao uso ilegal do domínio público marítimo por edificações privadas. III – Tal edificação é ilegal e ilegalizável.";*

- Acórdão do TCA Sul de 21-02-2013, p. nº 09287/12: *"1. A construção e o funcionamento de campo de tiro em terreno municipal, ofendendo o art. 9º-a) do DR nº 34/95, o art. 4º-2 do RJUE e ainda o domínio público municipal, é edificação ilegalizável. 2. Se o município sabia desde o início, antes do processo, sobre plano de construir um campo de tiro contestado, se colaborou ativamente nisso, se mentiu entretanto a várias autoridades e aos AA sobre o projeto e a construção cits., e depois, durante o processo, o campo de tiro foi construído após o município preparar o terreno, tudo sem o município nada fazer e nada dizer ao tribunal, agindo nos autos e nos articulados como se fosse um terceiro distante quanto ao campo de tiro; e se ainda negou ao tribunal a provada participação dos autores no p.a. relativo ao PDM que previa um ponto de alteração por causa deste campo de tiro, não restam dúvidas de que deve ser condenado como litigante de má fé.";*
- Acórdão do TCA Sul de 29-10-2015, p. 12515/15: *"V – Estando em causa decisões administrativas que ordenaram a demolição de construções, verifica-se que a pretensão dos requerentes a formular em sede de ação principal visa, no essencial, evitar a demolição das referidas construções, pelo que a destruição física dessas concretas construções, uma vez ocorrida – a qual se encontra eminente -, traduzir-se-á numa situação de facto consumado, por se verificar uma situação de irreversibilidade de efeitos materiais, tornando estéril qualquer decisão posterior de procedência que venha a ser tomada na ação principal. VI – Em caso de demolição dessas construções, e na hipótese de procedência da ação principal, surgirá a obrigação de reparação de danos, em espécie ou em dinheiro, sendo que certo que não se perspetiva qualquer dificuldade no cumprimento dessa obrigação de indemnização, tanto mais que, constata-se, foram tiradas diversas fotografias das referidas construções, ou seja, não será difícil a reconstrução de um imóvel semelhante ou a fixação de um quantitativo em*

*dinheiro para reparação dos danos. VII – Os danos não patrimoniais consubstanciados em desgosto, tristeza e mágoas são insuscetíveis de integrar o conceito de prejuízos de difícil reparação, na medida em que não excedem o que é normal em situações como a presente, além de que, mesmo que mereçam ser reparados, não é problemática a sua quantificação – isto é, a fixação da indemnização é feita por um processo que não é mais árduo ou controverso do que o usual nos danos desta espécie -, razão pela qual não podem ser considerados de difícil reparação. VIII – O deferimento da suspensão da eficácia implica o agravamento das condições ambientais do local em causa, bem como impede que se reduzam os riscos potenciais para pessoas e bens. IX – Os danos que resultam para o interesse público da concessão da medida cautelar – pois designadamente o interesse relativo à segurança das populações assume alguma premência – mostram-se superiores aos danos (patrimoniais, os quais não serão de difícil ressarcimento) que resultam para os requerentes da recusa da suspensão da eficácia do ato.";*

- Acórdão do TCA Sul de 14-12-2011, p. nº 08186/11: *"1. A relação jurídica administrativa é uma relação entre sujeitos de direito que atuem no exercício de poderes ou deveres públicos conferidos por normas de direito administrativo. 2. A posse administrativa prevista no RJUE é um ato administrativo desfavorável para os seus destinatários, na medida em que implica a possibilidade de entrada e permanência em terrenos de titularidade privada, sem o consentimento destes e sem recurso prévio aos Tribunais. 3. Determinada, licita e eficazmente, a demolição e a posse administrativa de parte de uma habitação, parte essa construída ilegalmente, e havendo oposição à entrada dos funcionários da câmara no domicílio pelo titular deste, o presidente da câmara pode obter o suprimento jurisdicional do consentimento exigido no art. 34º-2 da CRP e pressuposto nos arts. 95º e 106º do RJUE. 4. O art. 84º do CPTA não tem aplicação neste tipo de processo. 5. As irregularidades processuais ativas ou omissivas geram nulidades de processo, em regra, se a lei o prever ou se essas irregularidades puderem ter influência no exame ou na decisão da causa e se forem arguidas nos termos previstos nos arts. 201º e 205º do CPC";*
- Acórdão do TCA Sul de 19-12-2013, p. nº 07519/11: *"I – A apresentação de documentos com as alegações do recurso pode-se fazer nos termos dos artigos 524º e 693º-B do antigo CPC e 425º e 651º do novo CPC, no caso de a apresentação dos mesmos não ter sido possível até à data do encerramento da discussão, ou caso a junção se ter tornado necessária em virtude do julgamento proferido*

*em 1º instância. II – A legitimidade ativa afere-se pela causa de pedir tal como ela é configurada na PI. III – A ordem de demolição de um barracão ilegalmente construído, que se pede para ser praticada pela Câmara, não se pode alhear da questão relativa à propriedade do terreno onde o barracão está implementado. IV- Os artigos 106º e 107º do Decreto-Lei n.º 555/99, de 16.12, que preveem que o presidente da câmara «pode» ordenar a demolição da obra ou a reposição do terreno nas anteriores condições, a posse administrativa ou a retirada de equipamentos do local, configuram os indicados poderes como discricionários, pelo menos quanto ao momento de agir. V- Havendo dúvidas acerca de quem é «o infrator», de quem é o proprietário do terreno onde está o barracão ou quem é o «interessado» no procedimento, que deva ser notificado para efeitos de se pronunciar em sede de audiência prévia e para poderem ser imputadas responsabilidades, pode e deve a Câmara Municipal determinar a suspensão do procedimento que visava uma demolição até que se defina – judicialmente – a questão da propriedade, e assim, se possa aferir de todos os "reais" "interessados" no procedimento e dos responsáveis pela ordem de demolição. VI – Neste quadro, a decisão de suspensão do procedimento de demolição não se reconduz a uma simples omissão de ação, enquadrando-se antes no âmbito da sua margem de livre decisão quanto à oportunidade de atuação.";*

- Acórdão do TCA Sul de 16-03-2017, p. nº 13360/16: *"A ordem de demolição de obra inacabada pode fundar-se no facto de a obra estar parada e abandona- da pela autora há anos, causando, devido ao estado incompleto do edificado, impactes negativos no interesse público municipal em sede de saúde pública, de segurança pública e de preservação dos valores arquitetónicos, de ambiente e do turismo."*.

**3.6.** Tenhamos agora presente o artigo 111º/a) do RJUE: *"Decorridos os prazos fixados para a prática de qualquer ato especialmente regulado no presente diploma sem que o mesmo se mostre praticado, observa-se o seguinte: tratando-se de ato que devesse ser praticado por qualquer órgão municipal no âmbito do procedimento de licenciamento, o interessado pode recorrer ao processo regulado no artigo 112º"*.

Ora, este preceito legal vale também para quando seja pedida a legalização nos termos legalmente exigidos, mas não haja decisão administrativa.

Seguir-se-á a disciplina constante do artigo 112º do RJUE, que é um enunciado normativo concretizador do princípio constitucional da tutela jurisdicional plena e eficaz.

Assim, o interessado poderá deduzir junto dos tribunais administrativos um pedido de intimação dirigido à interpelação da entidade competente para o cumprimento do dever de decisão. O requerimento de intimação deverá ser instruído com cópia do requerimento apresentado.

O prazo para a contestação da entidade requerida é de 14 dias e, apresentada a contestação ou decorrido o respetivo prazo, o processo será concluso ao juiz para decisão no prazo de 5 dias.

A intimação poderá ser rejeitada: por falta de preenchimento dos pressupostos para a constituição do dever de decisão; por violação de disposições legais ou regulamentares.

E o processo poderá terminar por inutilidade superveniente da lide, se for provada a prática do ato pretendido dentro do prazo da contestação.

Na decisão, o juiz estabelecerá um prazo não inferior a 30 dias para o cumprimento do dever de decisão e fixará sanção pecuniária compulsória, nos termos previstos no CPTA.

Ao pedido de intimação é aplicável o disposto no CPTA quanto aos processos urgentes.

O recurso da decisão tem efeito meramente devolutivo.

Mas, decorrido o prazo fixado pelo tribunal sem que se mostre praticado o ato devido, o interessado poderá prevalecer-se do disposto no artigo 113.º, com exceção do disposto no número 10 do artigo 112º (nº 9).

Na situação prevista no número 9º do artigo 112º, tratando-se de aprovação do projeto de arquitetura, o interessado pode juntar os projetos das especialidades e outros estudos ou, caso já o tenha feito no requerimento inicial, inicia-se a contagem do prazo previsto na alínea c) do n.º 1 do artigo 23.º

Por outro lado, no caso de se verificar o previsto no cit. nº 9 do artigo 112º, haverá que atender ao artigo 113º do RJUE.

**3.7.** Ora, de acordo com o artigo 113º, o interessado poderá iniciar e prosseguir a execução dos trabalhos de acordo com o requerimento apresentado nos termos do n.º 4 do artigo 9.º (ou dar de imediato utilização à obra).

O início dos trabalhos (ou da utilização) dependerá do prévio pagamento das taxas que se mostrem devidas nos termos do presente diploma.

Quando a câmara municipal se recusar a liquidar ou a receber as taxas devidas, o interessado poderá proceder ao depósito do respetivo montante em instituição de crédito à ordem da câmara municipal, ou, quando não esteja efetuada a liquidação, provar que se encontra garantido o seu pagamento mediante caução, por qualquer meio em direito admitido, por montante calculado nos termos do regulamento referido no artigo 3.º.

Deverão ser afixados nos serviços de tesouraria da câmara municipal o número e a instituição bancária em que a mesma tenha conta e onde seja possível efetuar o depósito, bem como a indicação do regulamento municipal no qual se encontram previstas as taxas a que se refere o n.º 2.

Caso a câmara municipal não efetue a liquidação da taxa devida nem dê cumprimento ao disposto no número 4, o interessado poderá iniciar os trabalhos ou dar de imediato utilização à obra, dando desse facto conhecimento à câmara municipal e requerendo ao tribunal administrativo de círculo da área da sede da autarquia que intime esta a emitir o alvará de licença ou autorização de utilização.

A este pedido de intimação aplica-se o disposto no n.º 7 do cit. artigo 112º.

A certidão da sentença transitada em julgado que haja intimado à emissão do alvará de licença ou autorização de utilização substitui, para todos os efeitos legais, o alvará não emitido.

Nas situações referidas no artigo 113º, a obra não poderá ser embargada por qualquer autoridade administrativa com fundamento na falta de licença.

## 4. O artigo 4.º, nº 1, alínea l), do ETAF; jurisprudência

Compete aos tribunais da jurisdição administrativa e fiscal a apreciação de litígios que tenham por objeto questões relativas a impugnações judiciais de decisões da Administração Pública que apliquem coimas no âmbito do ilícito de mera ordenação social por violação de normas de direito administrativo em matéria de urbanismo (cf. o artigo 4º/1-l) do ETAF).

Tal competência jurisdicional inclui, além das coimas previstas no RJUE, as previstas no DL nº 307/2009 (cuja última redação resulta do DL nº 88/2017).

Inclui ainda a execução para pagamento daquelas coimas *(cf. o Ac. do T. Conflitos de 08-02-2018, p. nº 066/17).*

Mas não inclui, por exemplo, as coimas no âmbito do planeamento urbanístico (ordenamento do território). É uma consequência de uma política legislativa judiciária irracional, que não tem em conta o domínio substancial da justiça administrativa (cf. o artigo 212º/3 da CRP). Este domínio é o dos litígios emergentes das relações jurídicas disciplinadas por normas de Direito administrativo.[2]

No cit. artigo 11º podemos incluir casos como os danos decorrentes de fogos, de ciclones e de inundações, entre outros.

## 5. Responsabilidade civil objetivada: artigo 11.º do R.R.C.E.E.P.; jurisprudência

Aquilo a que podemos chamar de responsabilidade civil objetivada da Administração (dos municípios, por exemplo) está consagrada no artigo 11º do RRCEEP (pelo risco), no artigo 7º/3/4 (pelo funcionamento anormal do serviço), no artigo 10º/3 (por culpa in vigilando) e nos artigos 7º/1 e 10º/2 (por falta leve do funcionário).

São preceitos legais assentes (i) na socialização do risco e, ainda, (ii) no dever de boa administração pública.

De acordo com o Ac. do STA de 28-09-2010, p. nº 0412/10, a indemnização pela inclusão de certo terreno particular em REN depende de haver a possibilidade objetiva de aproveitamento do solo preexistente e juridicamente consolidada.

Passo agora a indicar alguns arestos muito relevantes (informação sempre útil num congresso como este):

- Acórdão do STA de 23-02-2012, p. nº 01008/11: *"I – Sobre o Município, em cujo património se integrava a rede de distribuição de água que compreendia a conduta causadora do acidente, impendia o dever de vigiar e fiscalizar de forma adequada e eficaz as suas condições de segurança e o seu modo de funcionamento de modo a evitar que ela pudesse causar prejuízos. II – Regra geral incumbe ao lesado provar a culpa do autor da lesão, regra que é afastada quando exista presunção legal de culpa (487.º/1 do CC). Esta presunção aplica-se à responsabilidade civil extracontratual do Estado e das demais pessoas coletivas*

[2] Cf. J. C. VIEIRA DE ANDRADE, *A Justiça Administrativa*, 15ª ed., pp. 49 ss.

*públicas. III – Todavia, em conta das circunstâncias, a lei faz incidir sobre o lesante a obrigação de provar de que não foi por culpa sua que o acidente e as suas consequências ocorreram. Uma dessas circunstâncias verifica-se no caso em que existe o dever de vigilância sobre animais ou coisas móveis ou imóveis que o lesante tenha em seu poder (art. 493º/1 do CC). IV – O que quer dizer que, nesses casos, caberá ao ente público possuidor da coisa demonstrar que empregou todas as providências ao seu alcance para evitar o evento danoso e que este só ocorreu por motivos que lhe escaparam e que não podia evitar e, por conseguinte, que ele se teria verificado ainda que não houvesse culpa sua. V- A ilicitude, por via de regra, está associada à culpa e, por isso, a mesma só será relevante quando essa reunião ocorrer. Deste modo, provada a violação do dever objetivo de cuidado, isto é, provada a ilicitude importará, ainda, provar que esta se ficou a dever a uma falta que podia e devia ter sido evitada, isto é, que ela se ficou a dever a culpa do agente. VI – O dever de vigilância não comporta a obrigação de representar todos os riscos que a coisa pode provocar, mas, apenas e tão só, os riscos prováveis visto ser virtualmente impossível prevenir todos os riscos e é excessivo crer-se que só pela eliminação completa de todos eles se observaria um tal dever. VII – O rebentamento de uma conduta de água quando a mesma está a ser sujeita a obras é um risco previsível e, até, provável, pelo que se exigia que a Recorrente o representasse e o prevenisse";*

- Acórdão do STA de 27-02-2007, p. nº 0937/06: *"VI– A causalidade nunca é determinada exclusivamente pela norma, mesmo que esta seja proibitiva, como a que impedia usos não habitacionais, mas por atuações ou omissões que conformam o ilícito censurável a título de culpa desde que este surja em termos de causalidade adequada como fator desencadeante dos factos naturais produtores do dano. O dano é reparável na medida em que se inserir seguramente numa cadeia causal como consequência normal do facto ilícito e culposo, mesmo que de forma mediata. Assim, existe causalidade entre os ilícitos do município e dos lesados em relação ao dano resultante do custo das obras inúteis efetuadas para instalar o estabelecimento no rés do chão do prédio que tinham construído de raiz e preparado para aquele fim e que não puderam utilizar por a final ter sido denegada a licença respetiva (face ao referido impedimento constante do alvará), bem como em relação a outros danos patrimoniais e não patrimoniais provados, como emergentes da situação de impossibilidade de perfeito aproveitamento do rés do chão do edificado em virtude de estar feito e aprovado para loja de comércio. VII – O dever de indemnizar previsto no art.º 52.º n.º 5 do DL 445/91 não abrange os danos conexos com os benefícios que adviriam da hipotética, mas em concreto proibida, legalidade da aprovação, sendo por isso limitado aos danos negativos. Estão excluídos daquele dever os danos que não são desencadeados pela aprovação ilícita, radicando antes no limite decorrente da ilegalidade da aprovação. VIII – Assim, não constitui dano indemnizável a compra de outro estabelecimento que os AA se viram obrigados a efetuar para realizar o projeto que pretendiam desenvolver porque esta despesa se efetuou para ultrapassar a limitação decorrente do alvará e da lei que impedem em absoluto os estabelecimentos no loteamento em causa, além de que este gasto teve como contrapartida o ativo patrimonial acrescido de que os demandantes assim passaram a beneficiar";*

- Acórdão do STA de 09-09-2010, p. nº 0816/09: *"I – É ilegal a construção que não respeita a implantação prevista no licenciamento. II – Ao não atuar, através dos serviços de fiscalização, impondo o respeito pelos condicionamentos do licenciamento, a autarquia age ilícita e culposamente, tornando-se responsável pelos danos sofridos por proprietário contíguo que, mercê da implantação da referida construção, viu diminuídas a exposição solar, luminosidade e privacidade da sua habitação.";*
- Acórdão do TCA Sul de 16-06-2016, p. nº 09153/12: *"I – Saber se sobre o réu Município recaía o dever de indemnizar a autora pelos prejuízos que esta sofreu com a demolição do edifício/armazém – o qual foi determinado e levado a cabo pelos serviços do réu Município sem que a sua proprietária tivesse sido ouvida no procedimento administrativo, por apenas o ter sido o referido E. R., a quem o mesmo havia sido dado em arrendamento, e que foi sempre o único destinatário das comunicações, das notificações, dos atos instrumentais e dos atos administrativos proferidos no processo administrativo, razão pela qual o Tribunal a quo considerou estar-se perante uma atuação ilícita do réu Município para efeitos de responsabilidade civil extracontratual à luz do regime do DL. nº 48.051, de 21 de Novembro de 1967 – implicava que fosse feito um juízo sobre a adequação entre o comportamento do réu Município e os prejuízos em causa, já que para que um facto seja causa de um dano, fazendo assim emergir o dever de o indemnizar, é necessário que no plano naturalístico ele seja condição sem a qual o dano não se teria verificado mas também há que ver se aquele facto era, em abstrato, ou em geral, segundo as regras da vida, causa adequada*

*ou apropriada, para a produção do dano. II – Na situação presente saber se assiste à autora o direito a receber do réu Município o valor correspondente ao custo de reconstrução do edifício/armazém que foi por ele demolido implica saber se a ela lhe assistia o direito à reconstituição natural (cfr. artigo 562º do Código Civil); o que passa por saber se ainda que o réu Município tivesse dado cumpri- mento, no procedimento, ao dever de ouvir previamente a proprietária do prédio, notificando-a da intenção de assim proceder, a decisão final do procedimento não poderia ser outra que não a que foi tomada – a de ordenar a demolição do edificado – designadamente por o edificado não ser legalizável, já que em tal caso, e se assim se concluísse, não lhe assistiria tal direito. III – Em situação de responsabilidade civil extracontratual, como é o caso dos autos, a condenação genérica (ilíquida) prevista no citado artigo 661º nº 2 do CPC/1961 pressupõe: i) que se tenha concluído haver lugar a indemnização pelos prejuízos verificados, e que ii) não haja elementos na ação para fixar o montante exato da indemnização, relegando-se então para momento posterior a liquidação do montante da indemnização devida em cujo pagamento desde já se condena. IV– Se a obra demolida não podia ser mantida, por não ser legalizável face ao PDM, por contender com as regras de uso e ocupação do solo nele definidas, que a não comportavam, não assiste à autora direito a receber uma indemnização correspondente ao custo da reconstrução da obra demolida, independentemente do montante que em concreto viesse a ser apurado; se não há lugar a indemnização, não há lugar a condenação (genérica) no seu pagamento.".*

## Lista de jurisprudência:

*1.* Ac. STA, processo nº 047806, de 13.11.2001,
*2.* Ac. STA, processo nº 048031, de 09.05. 2002,
*3.* Ac. STA, processo nº 0937/06, de 27.02. 2007,
*4.* Ac. STA, processo nº 0958/07, de 02.04. 2008,
*5.* Ac. STA, processo nº 0816/09, de 09.09. 2010,
*6.* Ac. STA, processo nº 0412/10, de 28.09.2010,
*7.* Ac. STA, processo nº 090/10, de 24.03.2011,
*8.* Ac. STA, processo nº 0339/09, de 21.06. 2011,
*9.* Ac. TCAS, processo nº 08186/11, de 14.12. 2011,

***10.*** Ac. STA, processo nº 01008/11, de 23.02. 2012,
***11.*** Ac. TCAS, processo nº 08452/12, de 26.04.2012,
***12.*** Ac. TCAS, processo nº 09287/12, de 21.02. 2013,
***13.*** Ac. TCAS, processo nº 05207/09, de 24.04.2013,
***14.*** Ac. TCAS, processo nº 07519/11, de 19.12. 2013,
***15.*** Ac. STA, processo nº 01422/13 – RAN,
***16.*** Ac. TCAS, processo nº 12567/15, de 29.10. 2015,
***17.*** Ac. TCAS, processo nº 12515/15, de 29.10. 2015,
***18.*** Ac. TCAS, processo nº 09153/12, de 16.06. 2016,
***19.*** Ac. TCAS, processo nº 13360/16, de 16.03. 2017,
***20.*** Ac. TCAS, processo nº 846/09.4, de 09.11.2017,
***21.*** Ac. Tribunal de Conflitos, processo nº 066/2017.

*Helena Cluny,*
Procuradora da Républica junto ao Tribunal Administrativo e Fiscal de Sintra

## Introdução

Os conceitos de urbanismo e de ordenamento, sendo distintos, não podem ser entendidos separadamente, já que a cada momento se interligam, se completam e se opõem.

Na construção e no desenvolvimento da *urbe,* sempre estiveram presentes antinomias, ou seja o contraste entre o particular e o universal, o individual e o colectivo, o privado e o público. Mas, se por um lado tais antinomias por definição se opõem, não raras vezes se confundem.

O direito do urbanismo nasce, a nosso ver, da necessidade de estabelecer o equilíbrio entre o interesse privado e o bem comum. Assim sendo, a sua regulação depende necessariamente de escolhas políticas, a que não são alheias as ideologias, umas mais centradas no colectivo, outras mais defensoras dos interesses individuais. A filosofia, a história, a sociologia, a demografia, a biologia e a economia, entre outras ciências sociais ou exactas, sempre estiveram presentes, em cada momento, na evolução da urbe e influenciam necessariamente na sua normação.

A direito procura, assim, acompanhar a dinâmica própria da sociedade e desta perante a urbe.

Ao Ministério Público, cabe no ordenamento jurídico português, defender o bem comum, nomeadamente quando são postos em causa interesses colectivos e difusos.

## Objectivo da Comunicação

A presente comunicação não se destina a fazer uma abordagem teórica do direito do ordenamento e urbanismo.

Deixaremos tal labor doutrinal e análise jurisprudencial, à academia, cujo "estado da arte", será incomparavelmente superior ao meu e certamente à da maioria dos actores judiciários, aplicadores do direito, sejam eles magistrados judiciais e do ministério público ou advogados.

Optámos, então, por elencar um conjunto de questões, que se suscitam aos aplicadores do direito e em particular o Ministério Publico no exercício das suas funções.

Questionaremos, sobretudo, se os meios processuais, ao dispor do Ministério Público, são adequados à defesa dos bens constitucionais que lhe estão atribuídos e que se encontram plasmados no art. 3º nº1 do Estatuto do Ministério Público, no art. 51.º do ETAF e densificados no art. 9º do CPTA.

Questionaremos, ainda, se o Ministério Público pode, eficazmente, defender tais direitos constitucionais tais como, o ambiente, o ordenamento, o urbanismo, o património, os recursos naturais e o direito a uma vida sadia.

Tais questões têm, agora, maior acuidade, atentas as diversas reformas legislativas que incidiram sobre a lei de Bases Gerais da Politica Pública de Solos, de Ordenamento do Território e de Urbanismo (Lei nº 31/2014, de 30 de Maio), bem como do Regime Jurídico dos Instrumentos de Gestão Territorial, operada pelo Dec-Lei nº80/2015, de 14 de Março, e da revisão do ETAF e CPTA de 2015 (Dec-Lei nº 214-G/2015, de 02/10).

### *Áreas de intervenção do Ministério Público relacionadas com o Ordenamento e o Urbanismo*

O Ministério Público tem vários tipos de intervenção no que ao ordenamento e urbanismo concerne.

As referidas matérias são tratadas transversalmente quer, pelo direito administrativo, quer pelo direito contra-ordenacional, bem como no direito civil e pelo direito penal.

E, se fazemos esta referência, é para chamarmos a atenção para a diversidade de actuações do Ministério Público relativamente ao direito do ordenamento e do urbanismo e, concomitantemente, a uma crescente actuação coordenada quando se suscitam questões desta natureza.

Em sede administrativa, o MP. intervém, entre outras nas seguintes situações;

Interpondo acções de impugnação de actos administrativos ilegais (licenciamentos, e pedidos de informação prévia) que tem sido até agora a actuação mais comum;

Interpondo acções de condenação para a prática de actos legalmente devidos (cfr. 66º e segs. do CPTA), com vista à reposição da legalidade (nos casos de desconformidade do que foi construído com o que foi licenciado ou comunicado previamente, casos em que a obra é clandestina, e em que, não obstante, a administração não actuou para reposição de legalidade, como era seu dever, nomeadamente ordenando o embargo).

Propondo acções de impugnação de regulamentos administrativos, por ilegalidade, nomeadamente na impugnação de planos;

Propondo acções de perda de mandato;

Proferindo pareceres, e prosseguindo acções propostas pelos particulares;

O Ministério Público intervém, também, na vertente contra-ordenacional, quando estão em causa infracções urbanísticas, introduzindo as acusações em Juízo;

A matéria do Ordenamento e do Urbanismo, é também frequentemente abordada em sede de responsabilidade civil do Estado.

E, se essencialmente são estas as funções do Ministério Público, no Tribunal Administrativo na área do ordenamento e do urbanismo, outras existem, fora da área administrativa, em que esta intervenção se justifica.

Nos tribunais cíveis são propostas acções relacionadas com o ambiente o que, necessariamente, se reflecte no ordenamento, bem como acções registrais prediais.

Por fim, não podemos esquecer a intervenção do MP. da área criminal, quando investiga crimes relacionados com actividade das entidades publicas competentes no âmbito do ordenamento e do urbanismo por acção e muitas vezes por mera omissão, em que a actuação ilegal da administração, pode, em alguns casos, constituir o tipo, ou parte do tipo de uma conduta punida criminalmente.

Não podemos deixar de referir, que a matéria do ordenamento, por vezes está directamente relacionada com a matéria de contratação publica, nomeadamente no que à contratualização de planos diz respeito.

Uma vez aqui chegados não podemos deixar de realçar que a actuação do MP. nos tribunais administrativos, tem tido um importante papel na fiscalização da legalidade, mas sobretudo, temos vindo a constatar que essa actuação tem tido um efeito preventivo, numa tomada de consciência quer da administração, quer particulares, de que condutas ilegais têm consequências.

E, neste particular, os promotores compreenderam que as ilegalidades praticadas pela administração, em seu benefício, poderiam ter graves consequências do ponto de visto económico/ financeiro.

As entidades administrativas, compreenderam igualmente, que a sua actuação era sindicada, nomeadamente nas situações em que eram dadas ou omitidas informações desconformes à lei ou aos regulamentos, sobre os quais recaiam os despachos autorizativos de operações urbanísticas.

Na própria revisão dos planos directores, constatámos, que muitas das questões jurídicas que foram suscitadas pelo M.P. no âmbito das acções administrativas especiais que interpôs, vieram a ser resolvidas através de consagração regulamentar, tornando as suas previsões mais claras e necessariamente mais transparentes.

O caminho que percorremos foi este, mas novos desafios se colocam não isentos de obstáculos e de dificuldades, na defesa eficiente da legalidade.

## O Novo Ordenamento do Território

Iremos centrar a nossa exposição, não tanto nas questões que se colocam no REJUE, por se encontrarem abundantemente tratadas, mas nas questões novas que se suscitam em sede de REGIT.

A nova lei dos Solos e o novo Regime Jurídico dos Instrumentos de Gestão Territorial, já foi aplicada em muitos processos de revisão dos PDMs, mas sobretudo tem impulsionado os Municípios à elaboração de planos, de urbanização mas, sobretudo à elaboração de planos de pormenor, em detrimento das clássicas operações de loteamento.

A simplificação procedimental na elaboração destes planos, e a possibilidade de os mesmos serem contratualizados foi determinante para uma mudança de atitude, diminuindo a resistência por parte do Municípios e dos particulares a uma urbanização coordenada.

A tal facto, não é indiferente uma maior liberdade de planificação por parte dos Municípios, bem como a possibilidade de derrogar, algumas, disposições regulamentares dos PDMs, através de planos de urbanização e de pormenor, tornando a planificação mais flexível e dinâmica.

Não obstante as enormes vantagens decorrentes de uma urbanização planeada e não casuística, antevemos que ao Ministério Público se irão colocar novas questões na fiscalização da legalidade urbanística.

Vejamos, então:

Como todos sabem, a maioria das acções propostas pelo M.P. diziam respeito quer a impugnações das licenças de loteamento que não cumpriam os PDMs, os Planos Especiais, as restrições de utilidade pública e as servidões administrativas, quer à impugnação de licenças de construção aprovadas em desconformidade com os respectivos alvarás de loteamento.

A partir de 2007, com as alterações ao REJUE, iniciou-se um novo período, nomeadamente nos casos em que deixou de ser necessário o licenciamento da construção, quando existissem loteamentos aprovados, substituindo-se a licença de construção, pela figura jurídica da comunicação prévia.

Ora, nos casos em que se constatou a omissão de actuação dos municípios quando se verificasse uma desconformidade entre a comunicação prévia e o Alvará de loteamento, o M.P. deixou de impugnar actos administrativos, porque não existiam, para lançar mão das acções de condenação para a prática de acto administrativo devido, sendo certo que nestas situações não decorre da lei o efeito do embargo automático, previsto no art. 69.º do REJUE, embargo este que só poderia ser afastado quando resultem indícios de ilegalidade da sua interposição ou da sua improcedência (existe um projecto legislativo do Governo, que vai no sentido de alterar esta norma).

Assim, para obter tal efeito, torna-se necessário, por vezes, interpor uma acção de condenação solicitando a reposição da legalidade e em simultâneo pedindo que seja efectuado o respectivo embargo, o que se nos afigura não fazer sentido uma vez que se trata de modo desigual, situações fácticas similares. Se estivermos perante a emissão duma licença de construção, necessária por ausência de licença de loteamento, e padecendo a mesma de alguma ilegalidade por violação dos planos, a interposição de acção impugnatória pelo M.P., tem efeito automático de embargo. Havendo licença de loteamento, e como tal não havendo acto administrativo permissivo da construção, mas apenas comunicação prévia, a interposição da acção de condenação para a pratica de acto devido, não tem o efeito de embargo automático mesmo nos casos em que em que é cumulado, desde logo, o pedido de embargo administrativo.

Agora, irão surgir novos desafios, nos casos em que a urbanização for feita através de plano de pormenor (contratualizado ou não) em vez de ser feita através de operações de loteamento, neste sentido aponta, não só o REGIT, mas o disposto no art. 3º do REJUE.

Qualquer ilegalidade do referido plano de pormenor tem que ser impugnada incidentalmente, aquando dos actos de execução através da propositura de uma acção de impugnação de norma.

Questionamos desde já se só se pode impugnar a norma, ou se se podem impugnar igualmente os respectivos anexos, onde constam as peças desenhadas, sendo certo que são estas, que na maioria das vezes são ilegais por incompatibilidade de usos com os planos hierarquicamente superiores, ou por violarem restrições de utilidade pública ou servidões administrativas, ou mesmo por terem alterado as classes de solo em desrespeito com o PDM, ou seja naqueles casos em que existe um zonamento ilegal ou em situações limite a alteração da classificação do solo (rustico/ urbano).

Mas as dificuldades não se ficam por aqui.

A alteração da redacção do art. 73.º do CPTA, relativa aos pressupostos de impugnação das normas, ao exigir na nova redacção que a norma impugnada seja imediatamente operativa, desde logo coloca a dúvida se o M.P. pode impugnar, com força obrigatória geral, norma que não seja imediatamente operativa.

A redacção não é clara, e por certo vai suscitar discussão jurisprudencial.

E, se assim é, o facto de se discutir se o MP. pode ou não pode impugnar normas com força obrigatória geral, não sendo as mesmas imediatamente operativas, e como tal dependentes de um acto administrativo de aplicação, vai desde logo tornar mais complexa a respectiva acção e necessariamente provocará delongas processuais.

E, caso se venha a entender que só podem ser impugnadas normas imediatamente operativas, afigura-se-nos, que desde logo se irá discutir em cada caso concreto se a mesma é ou não imediatamente operativa.

Ora, no âmbito do ordenamento do território a maioria das normas dos planos, não são imediatamente operativas, o que relegará para momento posterior a sua aplicação e consequentemente a sua impugnação, com todos os prejuízos daí decorrentes, nomeadamente dos particulares que vejam as suas pretensões paralisadas ou pelo menos colocadas em causa. A ser este o entendimento, cremos que é posto em causa por um lado o princípio da confiança e por outro, o da prossecução do interesse público.

Não podemos aqui deixar de salientar, que o Governo tem um projecto legislativo, que visa, precisamente alterar a redacção do art. 73.º do CPTA, e cuja redacção proposta é a seguinte:

> *Quando os efeitos de uma norma não se produzam imediatamente, mas só através de um acto administrativo de aplicação:*
> a) *O lesado, o Ministério Público ou qualquer das pessoas e entidades do art. 9º podem suscitar a questão da ilegalidade no âmbito do processo dirigido contra o acto de aplicação a título incidental, pedindo a desaplicação da norma;*
> b) *O Ministério Público, oficiosamente ou a requerimento de qualquer das entidades referidas no nº2 do art.9º, com a faculdade de estas se constituírem assistentes, pode pedir a declaração de ilegalidade com força obrigatória geral;*

Mas a dificuldades de impugnação dos Planos, não se ficam por aqui;

O prazo de seis meses, contado da publicação da norma, constante no disposto no nº2 do art. 74.º do CPTA, para impugnação de vícios procedimentais, é um prazo extremamente curto, tendo em conta a complexidade do procedimento de um plano, tornando praticamente inviável a sua impugnação. Por outro lado, é precisamente na omissão ou vício administrativo constantes da fase procedimental que resultam as desconformidades mais graves no âmbito do ordenamento, com forte incidência nas questões a que genericamente denominaremos de ambientais.

Uma vez aqui chegados, não podemos deixar de concluir que contencioso das normas actualmente previsto no CPTA, não foi pensado para as normas do ordenamento, que são de grande complexidade, quer no que concerne ao seu procedimento, quer no que diz respeito à sua aplicação, mas para regulamentos menos complexos.

Elencámos, algumas das questões processuais que não permitem ao MP. actuar de modo eficiente e eficaz na fiscalização do ordenamento e consequentemente da urbanização, tornando as respectivas acções morosas e juridicamente complexas.

Mas, suscitam-se igualmente dificuldades do ponto de vista substantivo.

Como todos sabemos, quer os programas, quer os planos que deles emanam encontram-se repletos de conceitos indeterminados. Compreendemos que, por vezes. tais conceitos são necessários, permitindo que o planeamento e o urbanismo, sejam dinâmicos possibilitando, em cada momento, uma avaliação por parte da administração de quais os meios e o modo mais adequado de gerir o território, tendo sempre como baliza a prossecução do interesse público.

A densificação dos conceitos indeterminados, deixa grande margem de discricionariedade à administração, não obstante o estatuído no art. 128. nº2 RJIGT.

A própria omissão da obrigação de adoptar os conceitos técnicos e as definições dos domínios do ordenamento do território e do urbanismo, constitui em si mesmo, a nosso ver, uma invalidade do próprio plano, embora tal não esteja expressamente previsto, e por isso impugnável.

Por fim não podemos deixar de referir, que a validade dos Planos, resulta da compatibilidade ou conformidade entre os diversos programas e planos territoriais, tendo em conta os princípios da hierarquia e da articulação e a sua violação é cominada com a sanção de nulidade ( Cfr. Art. 129º do RJIGT).

Do ponto de vista teórico, é relativamente simples distinguir os conceitos de incompatibilidade e de desconformidade, constantes no arts. 25.º, 26º e 27º nº6 do RJIGT, entre um plano de grau inferior, em relação a um plano de grau superior ou em relação aos programas nacional, regional, sectorial, especial o que constitui uma causa de invalidade prevista no Art. 128º nº 1 do RJIGT e nº2 do art.143º do CPA.

Porem, tal distinção revela-se mais complexa na análise de casos concretos, já que a obrigação de compatibilidade é mais permissiva que a obrigação de conformidade.

A conformidade exige que não haja diferenças entre o plano hierarquicamente superior e inferior, a compatibilidade não exige uma identificação total, exige apenas que não haja contradição entre os planos, deixando uma maior discricionariedade ao plano de hierarquia inferior.

Antevê-se quanto a este aspecto grande labor jurisprudencial.

A fiscalização de situações de desconformidade ou de incompatibilidade, implicam, além do mais a densificação dos referidos conceitos em concreto, o que é de extrema dificuldade.

É nas situações de incompatibilidade, onde existe maior discricionariedade da administração, que a impugnação da norma irá, por certo suscitar mais problemas de análise. É sobretudo nestas situações que o do vício de desvio de poder, inquinará os respectivos planos. Tal vício existe quando na elaboração do plano e na sua aprovação forem prosseguido apenas interesses particulares, em detrimento do interesse público, interesse este previsto, na maioria das vezes nos programas ou nos planos hierarquicamente superiores ( cfr. Art.143º do CPA).

A discussão centrar-se-á sempre na existência ou inexistência da coabitação de interesses públicos e particulares.

Como todos sabem, o vício de desvio de poder, é dos vícios administrativos mais difíceis de provar, e não raras vezes tal vício só é apurado em sede criminal, onde é possível apurar outros factos, que não são visíveis, ou comprováveis, através da análise procedimental.

Se é certo, que a impugnação de um acto administrativo e titulo incidental de um plano, pelo Ministério Público, ferido de vicio que implique a sua nulidade, tem o efeito previsto no art. 69º nº3 do RJUE, não é menos certo que tal efeito, pode ser levantado por despacho judicial.

Resta-nos chamar a atenção que os efeitos da declaração de ilegalidade de um acto regulamentar, são mais minimalistas que os efeitos da declaração de ilegalidade de um acto administrativo ( cfr. Art. 144º do CPTA).

Assim sendo, a morosidade da decisão deste tipo de acção, atenta a sua dificuldade, e ainda que se prove a ilegalidade do regulamento, vai na prática tornar inútil, em termos práticos, tal declaração, uma vez que não prejudica os efeitos dos actos administrativos entretanto praticados com base no plano ( cfr. Art.129º nº 3 do RJIT).

As apreensões expostas, resultam da nossa prática judiciária, onde se tem constatado, que a matéria de ordenamento e urbanismo é em si mesma complexa, e tendo os TAFs, uma enorme pendência de acções, também elas em grande parte complexas, basta recordar a matéria de contratação pública, existe uma tendência para que este tipo de acções sejam decididas tardiamente, retirando-lhes efeito útil.

Em muitas das situações a delonga na decisão destes processos permite aos municípios, na sequência da propositura destas acções alterarem e aprovarem planos directores ou de pormenor, que venham à posteriori possibilitar a legalização, daquilo que anteriormente não era permitido.

Esta maneira de planear é perversa e afigura-se-nos ser contra o interesse público, não se desconhecendo, contudo as teses que defendem que em determinadas circunstâncias os planos venham a acolher tais situações ilegais. A Jurisprudência espanhola chama a tais planeamentos- Planeamentos à la carte, e considera-os ilegais.

Este tipo de situações desmobiliza a cidadania e põe em causa o princípio consagrado no art. 7ºdo RJITE, na medida em que não obstante serem denunciadas estas situações ao Ministério Público, e as acções serem propostas, na prática nada acontece.

Por fim, antevemos a propositura de acções de condenação à prática de acto devido, nos casos p. no art. 29.º do REJIT, em que a administração não actualize os planos, nos prazos previstos nos programas, e as CCDRs, não cumpram o dever de emitir uma declaração de suspensão, bem como a sua publicação no Diário da República. Este tipo de omissões, pela sua gravidade, têm de merecer especial atenção do M.P..

Não darei resposta às questões que suscitei, mas penso que a todos nos devem fazer meditar.

Por certo, muito haveria ainda a dizer, mas a limitação tempo e sobretudo da vossa paciência obriga-nos a terminar por aqui.

# CAPÍTULO IV
# A REABILITAÇÃO URBANA E HABITAÇÃO

# Reabilitação urbana: o regime jurídico e a prática

*Dulce Lopes*
Professora Auxiliar da Faculdade de Direito da Universidade de Coimbra

## I. Introdução[1]

A presente intervenção visa debater um conjunto de *desacertos* que se têm verificado entre o disposto no regime jurídico da reabilitação urbana e a prática que deste regime se tem feito. Analisar-se-á, portanto, tendo por mote a reabilitação urbana, o constante distanciamento entre o país legal e o país real, que se faz sentir em tantas outras áreas e às quais o urbanismo também não é imune.

Os principais focos de tensão sobre os quais nos debruçaremos serão os seguintes:

- reabilitação urbana e reabilitação de edifícios: Qual tem sido o tipo de reabilitação privilegiado no nosso país e é este um modelo sustentável?

[1] A presente contribuição segue o modelo adoptado na intervenção oral, pelo que se manterá o estilo corrido e escorreito desta, sem excessivas considerações de natureza doutrinária.

- reabilitação urbana e regeneração urbana: Serão uma e a mesma coisa? Onde começam e onde terminam as fronteiras entre estes conceitos jurídicos?
- áreas de reabilitação urbana e operações de reabilitação urbana: Serão mesmo indissociáveis, tendo em atenção as consequências da não aprovação das operações de reabilitação urbana dentro do prazo máximo definido por lei para o efeito?
- PEDU, PARU, IFFRU e ARU: Quem manda mais ou qual a influência do instrumentos de financiamento nas reais políticas de reabilitação?

Cada um destes temas será objeto de tratamento em parte autónoma, sendo no final apresentadas conclusões de ordem mais genérica sobre a prática dos regime jurídico da reabilitação urbana.

## II. Reabilitação urbana e reabilitação de edifícios: Perspetivas complementares ou antitéticas?

Muito se tem acentuado que o legislador tem vindo a inverter a lógica de um correto direito do urbanismo no seio da reabilitação urbana pelo privilégio que, nas alterações ao respetivo regime jurídico, tem dado à reabilitação individual de edifícios. Em particular aponta-se o regime especial da reabilitação urbana (artigo 77.º-A e seguintes do Decreto-Lei n.º 307/2009, de 23 de outubro) e o regime excecional da reabilitação urbana (aprovado pelo Decreto-Lei n.º 53/2014, de 8 de abril)[2] como momentos catalisadores desta mudança de perspetiva.

[2] Note-se que o Decreto-Lei n.º 53/2014 inscreve um conceito de reabilitação muito amplo que, inclusive, se desprende da legalidade da edificação preexistente. Porém, ainda que se possa admitir que o conceito de reabilitação para este efeito possa incluir legalizações, é sempre necessário que o projeto integre algum melhoramento do existente e não apenas tenda para a sua conformação com a legalidade. Além do mais, não deve haver qualquer agravamento da desconformidade com normas legais e regulamentares, pelo que atuações como a divisão interna do preexistente (em várias unidades funcionais que não correspondiam ao anterior edificado) que fique abaixo dos limiares previstos, por exemplo, no Regime Geral das Edificações Urbanas, não deve ser admitido.

No entanto, a atenuação da distância entre estas duas figuras jurídicas – a mais limitada no escopo e no âmbito da reabilitação de edifícios e a mais ampla, tanto quanto aos objetivos que quer prosseguir como quanto à área que normalmente abrange, da reabilitação urbana – tem vindo a permear outras opções legislativas. Pense-se, por exemplo nos incentivos fiscais à reabilitação urbana, previstos no Estatuto dos Benefícios Fiscais (EBF). Na formulação anterior à Lei do Orçamento de Estado para 2018, entendia-se por reabilitação urbanística, que poderia dar causa aos benefícios previstos no artigo 45.º do EBF "*o processo de transformação do solo urbanizado, compreendendo a execução de obras de construção, reconstrução, alteração, ampliação, demolição e conservação de edifícios, tal como definidas no regime jurídico da urbanização e da edificação, com o objetivo de melhorar as condições de uso, conservando o seu caráter fundamental, bem como o conjunto de operações urbanísticas e de loteamento e de obras de urbanização, que visem a recuperação de zonas históricas e de áreas críticas de recuperação e reconversão urbanística, sendo tal reabilitação certificada pelo Instituto da Habitação e da Reabilitação Urbana, I. P., ou pela câmara municipal, consoante o caso (..)*".

Ou seja, não obstante o desacerto entre a formulação do EBF e a noção de reabilitação urbana definida no regime próprio e que assenta na delimitação de áreas de reabilitação urbana (ARU) e já não nas extintas áreas críticas de recuperação e reconversão urbanística (que, quando muito, foram "convertidas" em ARU) ou no conceito impreciso de zonas históricas, era notório que a atribuição de benefícios dependia da existência de uma estratégia global, ainda que por vezes incipiente (não preenchida por um programa concreto de atuação) para uma área global e integrada de intervenção.

Porém, com a Lei n.º 114/2017, de 29 de dezembro, os benefícios fiscais previstos no artigo 45.º do Estatuto dos Benefícios Fiscais passaram a aplicar-se a "*prédios urbanos ou frações autónomas concluídos há mais de 30 anos ou localizados em áreas de reabilitação urbana*", desde que sejam objeto de intervenções de reabilitação de edifícios promovidas nos termos do Regime Jurídico da Reabilitação Urbana e, em consequência da intervenção, o respetivo estado de conservação esteja dois níveis acima do anteriormente atribuído e tenha, no mínimo, um nível bom e sejam cumpridos os requisitos de eficiência energética e de qualidade térmica aplicáveis.

O artigo 71.º que já previamente fazia uma distinção entre ações de reabilitação (de edifícios) e reabilitação urbana, acaba por equiparar de forma mais nítida os dois conceitos. Antes da Lei n.º 114/2017 apenas eram abrangidas pelos incentivos previstos naquele preceito as ações de reabilitação que tivessem por objeto imóveis que preenchessem, pelo menos, uma das seguintes condições: fossem prédios urbanos arrendados passíveis de atualização faseada das rendas nos termos dos artigos 27.º e seguintes do novo Regime do Arrendamento Urbano ou fossem prédios urbanos localizados em áreas de reabilitação urbana. Já para 2018, para além de uma redefinição do conceito de ações de reabilitação, de modo a ligá-lo à melhoria do estado de conservação do imóvel, o legislador estendeu o regime pensado para as áreas de reabilitação urbana (e também, mas apenas, para prédios arrendados) às ações de reabilitação iniciadas após 1 de Janeiro de 2008 e que se encontrem concluídas até 31 de Dezembro de 2020 (n.º 21 do artigo 71.º).

Do exposto resulta uma opção deliberada de promover a reabilitação de edifícios como uma "antecipação" de uma política de reabilitação urbana ou como uma forma de evitar que as necessidades de reabilitação urbana surjam, de forma muito acentuada, no futuro[3]. Pense-se em todo o parque habitacional com mais de 30 anos que se encontra degradado e todo aquele que foi construído nos anos 90 e que suscita já problemas graves de desocupação e deterioração.

O relevo da reabilitação isolada de edifícios não é portanto apenas um "erro de casting", mas uma política deliberada do legislador que, nalguns casos, pode vir a surtir os efeitos desejados, funcionando algumas vezes

[3] Veja-se como em matéria de reabilitação se tem passado do individual para o global, de novo para o individual. De facto, a noção em apreço surge na Resolução (76) 28 do Comité de Ministros do Conselho da Europa, de 14 de abril de 1976, *sobre a adaptação de leis e regulamentos às exigências da conservação integrada do património arquitectónico*, sendo definida como a forma pela qual se procede à integração dos monumentos e edifícios antigos (em especial os habitacionais) no ambiente físico da sociedade atual, *«(...) através da renovação da sua estrutura interna e adaptação às necessidades da vida contemporânea, preservando ao mesmo tempo, cuidadosamente, os elementos de interesse cultural.»*. Esta noção espacialmente limitada de reabilitação foi sendo alargada paulatinamente para abranger cascos históricos e outras áreas globalmente degradadas que carecessem de imperiosa reversão e intervenção pública. Hoje, assiste-se a um movimento inverso – de regresso ao particular – resultando essencialmente da constatação que a intervenção pública na reabilitação não é suficiente e que a intervenção dos particulares não deve ser excessivamente dificultada, designadamente através da imposição de pesados mecanismos associativos, quando tenha em vista a obtenção de um objetivo desejado pelo legislador: a reabilitação do edificado.

a reabilitação do edificado isolado como investimentos/intervenções charneira, que têm efeitos irradiadores (*spill-over effects*) para a demais área incluída na política pública de reabilitação urbana.

Trata-se, portanto, de perspetivas potencialmente complementares, de dois olhares sobre a mesma realidade. No entanto, na prática, tanto exigiria a identificação muito clara nos programas estratégicos e estratégias de reabilitação urbana de quais são os edifícios base (públicos ou privados) a reabilitar e em que termos. Isto sob pena de desinvestimento ou falta de financiamento para o que realmente interessa, na medida em que se corre o risco de desviar recursos económicos, administrativos e outros para a reabilitação de edifícios que não contribuem, antes podem prejudicar (pense-se na reabilitação de um edifício que se mostra dissonante numa frente urbana e que estaria destinado a ser remodelado ou, mesmo, demolido), os objetivos da reabilitação urbana.

## III. Reabilitação urbana e regeneração urbana: duas faces da mesma moeda?

De acordo com a noção legislativa de reabilitação urbana no Decreto-Lei n.º 307/2009, esta é uma "*forma de intervenção integrada sobre o tecido urbano existente, em que o património urbanístico e imobiliário é mantido, no todo ou em parte substancial, e modernizado através da realização de obras de remodelação ou beneficiação dos sistemas de infraestruturas urbanas, dos equipamentos e dos espaços urbanos ou verdes de utilização coletiva e de obras de construção, reconstrução, ampliação, alteração, conservação ou demolição dos edifícios*" [artigo 2.º, alínea j); cfr. igualmente a noção mais ampla presente no artigo 61.º, n.º 1, da Lei de bases gerais da política pública de solos, de ordenamento do território e de urbanismo – Lei 31/2014, de 30 de maio – que faz apelo também ao relevo dos serviços de suporte e dos sistemas naturais, bem como de correção de passivos ambientais ou de valorização paisagística].

Em oposição a este conceito ou no outro extremo da intervenção urbanística, encontra-se a realidade da expansão urbana, que, pelo menos do ponto de vista legislativo (pense-se nos novos conceitos de classificação e reclassificação de uso do solo) se encontra em recessão.

Entre estes dois "opostos" há um conjunto de realidades que comungam de algumas das suas características, tendendo umas mais para o entendimento da ocupação urbanística como impondo uma reafetação e reorganização global do território e outras para que essa reafetação ou reorganização seja levada a cabo de forma seletiva, preservando, sempre que possível o existente.

A primeira daquelas formas de intervenção é designada pelo legislador de renovação urbana enquanto "*forma de intervenção no tecido urbano existente em que o património urbanístico ou imobiliário é substituído, no seu todo ou em parte, muito substancial*" (de acordo com o Decreto Regulamentar 9/2009, de 29 de Maio). Esta noção apela para uma atuação de modernização, se não mesmo de demolição e posterior "substituição" do edificado, sendo um processo não apenas físico, mas a mais das vezes também fundiário (alteração predial) funcional (alteração de usos) e social (alteração do tecido social), introduzindo novos elementos estruturantes do aglomerado urbano ou de uma área urbana.

A segunda é designada pelo legislador – e pelo legislador "reforçado", uma vez que o conceito consta do artigo 12.º e, em particular, do artigo 61.º, n.º 2, da Lei 31/2014, de 30 de maio – de regeneração urbana enquanto "*forma de intervenção territorial integrada que combina ações de reabilitação com obras de demolição e construção nova e com medidas adequadas de revitalização económica, social e cultural e de reforço da coesão e do potencial territorial*".

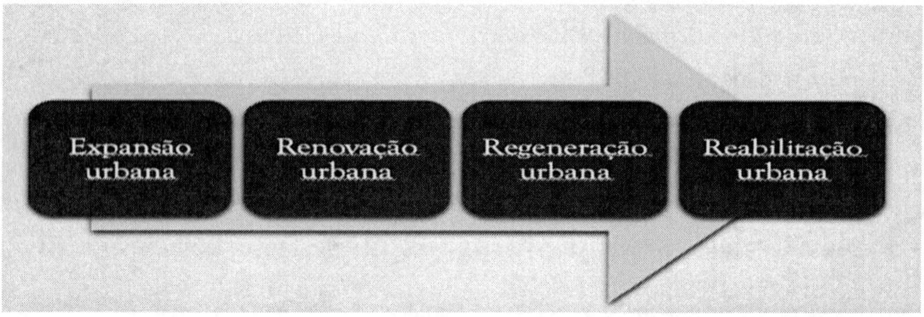


Das noções aqui transcritas resulta não ser fácil distinguir uma ação de regeneração urbana de uma ação de reabilitação urbana, na medida em que as margens de cada uma delas é indefinida e carece de mediação administrativa na sua determinação em concreto. Isto ainda que o artigo 2.º, alínea m) da Lei de Bases veja a regeneração do território como uma via de promoção da requalificação de áreas degradadas e a reconversão de áreas urbanas de génese ilegal.

Porém, com a equiparação feita a par e passo pela lei de Bases entre estas duas realidades – consideradas ambas como envolvendo claros e primordiais interesses públicos – e a possibilidade de para ambas poderem ser utilizados os mesmos instrumentos jurídicos, desde logo os de política urbanística como a expropriação e a venda forçada, o interesse na distinção perde grande parte do seu relevo.

Mas o mesmo não se diga quanto à distinção entre regeneração e renovação urbana, uma vez que esta última não pode beneficiar dos instrumentos de política urbanística mais impositivos e onerosos aplicáveis à reabilitação (e, por extensão, à regeneração urbana).

Por isso continua a ser particularmente relevante determinar – seja pela Administração seja eventualmente pelos Tribunais – onde começam e onde terminam estes conceitos, para que se possa determinar quais os poderes e deveres de que os poderes públicos gozam em cada caso. Assim, numa situação de demolição quase integral de edifícios numa área considerável para refuncionalização da mesma, muito difícil será argumentar que o objetivo é o da regeneração urbana e, não o sendo, não será possível o recurso aos instrumentos previstos na lei para as ações de reabilitação e regeneração, assim como terá de ser fundamentada de forma muito concreta e circunstanciada a necessidade de uma tal intervenção negativa sobre os direitos ou expectativas legítimas dos interessados.

## IV. Áreas de reabilitação urbana e operações de reabilitação urbana: ligação umbilical ou apenas conjuntural?

O Regime Jurídico da Reabilitação Urbana aponta para uma nova forma de agir administrativo já que a reabilitação urbana deve, preferencialmente, assentar em *áreas de reabilitação urbana* (ARU) – que, de acordo com a definição que delas é feita, são potencialmente extensíveis a todos os espaços urbanos (do centro às periferias), posto que os respetivos processos de degradação e declínio assim o justifiquem – para as quais se aprovam operações de reabilitação urbana (ORU) – que obrigam sempre a uma visão de conjunto, ainda que se trate de uma ORU simples, já que são definidas como o conjunto articulado de intervenções visando, de forma integrada, a reabilitação urbana de uma determinada área – que devem ser realizadas de acordo com uma estratégia de reabilitação urbana (se a ORU for simples) ou um programa estratégico de reabilitação (se a ORU for sistemática). Instrumentos estes cujo conteúdo, ao contrário do que o nome indica, não se destinam a definir uma estratégia (no sentido de grandes desígnios ou objetivos a concretizar e finalidades a potenciar), mas a programar a execução da ORU devendo, por isso, conter, nos seus traços gerais, as caraterísticas e funções daquela programação e dos termos da sua execução.

Refira-se que a reabilitação urbana (simples ou sistemática) em áreas de reabilitação urbana pressupõe sempre e imprescindivelmente uma decisão complexa que integre a delimitação da área, a aprovação da operação de reabilitação e a respetiva estratégia ou programa estratégico: só se poderá aplicar o regime integral previsto no regime jurídico da reabilitação urbana (RJRU), designadamente quanto ao desencadeamento das modalidades e dos instrumentos de execução nele previstos, quando, para além de delimitada a área de atuação, tiver sido aprovada a respetiva operação de reabilitação com os seus "instrumentos estratégicos".

Na versão inicial do RJRU, estas decisões eram tomadas em simultâneo: a definição (aprovação) de uma área de reabilitação urbana não correspondia à mera identificação da área territorial sobre a qual seria promovida uma operação de reabilitação urbana; pelo contrário: traduzia-se sempre numa decisão de conteúdo complexo que integrava obrigatoriamente a identificação dos concretos limites físicos da área a sujeitar à operação de reabilitação urbana; a determinação do tipo de operação a concretizar; a definição da entidade gestora; a fixação dos objetivos a alcançar com a operação e a determinação dos "instrumentos" programáticos (estratégicos) que a orientam (enquadram), isto é, a estratégia ou o programa estratégico de reabilitação urbana.[4]

Com a Lei n.º 32/2012 veio permitir-se (mas não impor-se), que a decisão complexa (traduzida num conjunto de decisões parcelares ou preliminares anteriormente referidas) seja faseada, procedendo-se primeiro à identificação dos concretos limites físicos da área a sujeitar à operação de reabilitação urbana (artigo 13.º), apenas depois se aprovando essa operação (artigo 16.º),

[4] Cfr. Fernanda Paula Oliveira, Dulce Lopes, Cláudia Alves, *O Regime Jurídico da Reabilitação Urbana Comentado*, Coimbra, Almedina, 2011, comentário ao artigo 13.º

aprovação que integra, para além da definição do tipo de operação a realizar, também a estratégia ou programa estratégico a concretizar.

Pretendeu-se, com esta alteração, promover, o mais antecipadamente possível, a reabilitação de edifícios e frações em área de reabilitação urbana pelos seus proprietários (mesmo antes da aprovação de uma operação de reabilitação para a mesma), já que a delimitação daquela área tem como efeitos a definição, pelo município, dos benefícios fiscais associados aos impostos municipais sobre o património, designadamente o imposto municipal sobre imóveis e o imposto municipal sobre as transmissões onerosas de imóveis, nos termos da legislação aplicável e a concessão aos proprietários e titulares de outros direitos, ónus e encargos sobre os edifícios ou frações nela compreendidos do direito de acesso aos apoios e incentivos fiscais e financeiros à reabilitação urbana, nos termos estabelecidos na legislação aplicável, sem prejuízo de outros benefícios e incentivos relativos ao património cultural[5].

Porém, a delimitação de uma ARU é apenas um primeiro passo de um processo longo no âmbito do qual o município tem de programar a respetiva execução: é nisso, repetimo-lo, em que consiste a elaboração da estratégia ou do programa estratégico da reabilitação urbana: programar a execução e não definir uma "estratégia" ou planear.

Do que acabamos de afirmar decorre que a delimitação de uma ARU é apenas um passo (inicial) de um longo e complexo processo. Não deixa, no entanto, de ser um passo importante sendo fundamental, desde logo, que essa área seja devidamente selecionada e delimitada: caso não o seja,

[5] À critica que poderia ser feita a esta solução – de a intervenção nos edifícios ou frações integradas numa área de reabilitação urbana sem que esteja ainda aprovada a respetiva estratégia ou programa estratégico (que apenas ocorrerão em momento posterior, aquando da aprovação da operação de reabilitação urbana), poderem vir a ser um obstáculo à concretização daquela "estratégia"– respondeu a presente Lei com a exigência de que a aprovação da área de reabilitação urbana seja acompanhada de uma memória descritiva e justificativa, que inclua não apenas os critérios subjacentes à respetiva delimitação territorial, mas também os objetivos estratégicos a prosseguir e que funcionam, deste modo, como uma antecipação da estratégia ou programa estratégico a desenvolver (condicionando, simultaneamente, o conteúdo destes "documentos").
Todavia, segundo nos é dado a constatar, nem sempre a delimitação das ARU (sem ORU) inscrevem um pensamento próprio sobre a reabilitação, o que pode contribuir para a consolidação de situações de reabilitação (de edifícios) desajustadas com as reais necessidades de reabilitação urbana municipal, perigo para que já alertámos *supra*.

corre-se o sério risco de o processo ficar a meio caminho. Não se pode esquecer que o que se está a fazer, quando se delimita a ARU, é a identificar uma área para executar, execução essa que terá de ficar devida e previamente programada.

E, por isso mesmo determina o artigo 15.º do Regime Jurídico da Reabilitação Urbana que "*no caso da aprovação da delimitação de uma área de reabilitação urbana não ter lugar em simultâneo com a aprovação da operação de reabilitação urbana a desenvolver nessa área, aquela delimitação caduca se, no prazo de três anos, não for aprovada a correspondente operação de reabilitação*".

Em qualquer caso, o que se tem assistido é que, passados estes três anos, muitas ORU não foram aprovadas – eventualmente pelo privilégio que se tem dado, como vimos, à reabilitação de edifícios e pela prioridade que se tem deferido, como veremos, à elaboração de instrumentos de programação pensados sobretudo para o acesso a mecanismos de financiamento –, pelo que a conclusão seria a da caducidade automática *ipso iure* da ARU correspondente.

Esta situação levanta problemas jurídicos de primeira ordem, uma vez que se tem de questionar quais as consequências da não aprovação das operações de reabilitação urbana dentro do prazo máximo definido por lei para o efeito. Ou seja, qual o efeito que terá a caducidade da ARU nos benefícios fiscais concedidos com base num pressuposto que deixou de se verificar. E se nesta matéria podemos encontrar algum auxílio em princípios como o da fixação daqueles pressupostos no momento da decisão de atribuição do benefício, nem sempre tal sucede quando o mecanismo de atribuição dos mesmos se prolonga no tempo (dependendo, por exemplo, da aferição da melhoria do nível de conservação do edificado) ou se trata de benefícios passíveis de renovação.

Tem-se nalguns casos obstado aos efeitos nefastos da caducidade pela delimitação de novas ARU, por vezes coincidentes com as originárias[6]. No entanto, esta não é uma solução sustentável e sequer de médio prazo. Se "compra algum tempo" a verdade é que se não for acompanhada de uma

[6] Porém, a nosso ver, não se poderá tratar nunca de uma mera renovação da ARU anterior, uma vez que deve sempre reanalisar-se a ARU caducada e fundamentar actualizadamente as razões para a sua nova delimitação, seguindo-se o procedimento desta.

seriedade na definição da ORU apenas delonga problemas que se irão voltar a colocar, provavelmente, com maior acuidade e gravidade.

## V. Financiamento da reabilitação e Reabilitação Urbana: relação virtuosa ou viciosa?

A aprovação de instrumentos financeiros e fiscais aplicáveis à reabilitação urbana tem vindo a ser um dos mecanismos privilegiados pelo legislador e pela Administração pública portuguesa, dada a consciência de que, sem incentivos que induzam mudanças na forma de conceber as políticas urbanísticas e a valorização do património, quaisquer mecanismos puramente jurídicos pecariam por defeito.

Assim, sobretudo desde 2008 têm vindo a ser aprovados e revistos vários incentivos à reabilitação urbana, com reflexo na tributação do património e das pessoas (sejam estas pessoas singulares ou coletivas, algumas delas especificamente concebidas para intervir em matéria de reabilitação urbana).

E, efetivamente, as mais recentes intervenções legislativas, na afetação de fundos próprios e fundos comunitários [fundos estruturais e de investimento (FEEI) e empréstimos do Banco Europeu de Investimento (BEI)], como sucedeu com o Programa Jessica estão pensados dominantemente para intervenções em áreas de reabilitação urbana. O mesmo sucede com o atual "Instrumento Financeiro para a Reabilitação e Revitalização Urbanas" (IFFRU).

Não obstante, é preciso ter perceção das razões e incentivos que levam os privados a intervir em reabilitação urbana, assumindo – como situação regra – que em causa estão essencialmente operações que serão levadas a cabo pelos proprietários dos imóveis e apenas em menor medida por entidades empresariais vocacionadas para o efeito.

Em qualquer dos casos é reconhecido que "o sector privado não investirá em áreas de reabilitação sem um compromisso substancial do sector público. O papel do sector público é criar confiança numa determinada área de reabilitação urbana como recetora de investimento, reduzindo o nível de risco para os investidores" e que "Tal pode ser conseguido através de vários mecanismos, mas um maior enfoque dirige-se ao desenvolvimento de veículos financeiros inovadores", que poderá consistir num "esquemas de parcerias público-privadas que partilhem o risco de curto prazo"[7].

Mas para isso é imprescindível que, de forma a que estas verbas sejam canalizadas para as operações de reabilitação que verdadeiramente interessam ao Município, que este identifique nas ORUs em que áreas concretas aqueles montantes podem ser utilizados. Caso contrário, correrá o risco de a verba referida ser "desviada" para operações que não são prioritárias ou, mesmo, desejáveis, uma vez que os critérios urbanísticos nem sempre coincidem com os critérios de que lançam mão as instituições financeiras.

Porém, também aqui, a desejável relação virtuosa entre os mecanismos financeiros e a reabilitação urbana parece não estar a funcionar da melhor maneira. Isto porque, de modo a conseguir ter acesso aos financiamentos mencionados, os Municípios têm-se preocupado dominantemente em preencher os requisitos próprios de tais institutos.

E o que se tem notado é uma verdadeira "corrida" à elaboração de documentos tais como os planos estratégicos de desenvolvimento urbano (PEDU) e os Planos de Ação de Regeneração Urbana (PARU) como requisitos prédios para a candidatura a financiamentos. A definição e aprovação das ORU ficam, portanto, a aguardar por melhores dias, quando houver recursos técnicos e administrativos disponíveis para o efeito[8].

Esta situação demonstra a influência que poderíamos apelidar de excessiva dos instrumentos de financiamento nas reais políticas de reabilitação. Não que aqueles não sejam essenciais para a concretização das opções urbanísticas, mas deveriam estar orientados para corresponder adequadamente às estratégias e programas estratégicos de reabilitação urbana e não para os substituir.

Urge, por isso, interligar de forma mais adequada instrumentos político-jurídicos e instrumentos financeiros, de modo a que reabilitação urbana não

[7] Patrícia Ramos Clímaco Pereira, " Análise do Comportamento dos Investidores Privados na Reabilitação Urbana da Cidade de Lisboa – Segmento Habitação", Mestrado em Gestão e Avaliação Imobiliária, ISEG, 2011.

[8] Inclusivamente, para efeitos destes planos, são delineados conceitos próprios de reabilitação (integral de edifícios, do espaço público e de espaços e unidades industriais) que não coincidem com os conceitos base aplicáveis à reabilitação urbana. Veja-se a Nota do Gabinete do Secretário de Estado do Desenvolvimento e Coesão, de 13 de Janeiro de 2017, disponível em http://lisboa.portugal2020.pt/np4/%7B$clientServletPath%7D/?newsId=246&fileName=Nota_SEDC_Conceito_RU_13jan2017.pdf

se converta numa mera soma de documentos e opções avulsas e não – como deveria ser – um pensamento integrado e próprio sobre um território manifestamente carecido de intervenção.

## VI. Conclusões gerais

Na sequência do exposto temos por firme que os problemas com que se depara a reabilitação urbana são hoje mais conceituais e de política urbana do que instrumentais.

É certo que há dúvidas relacionadas com o modo de utilização de formas de ação em sede de reabilitação urbana (empreitada única, venda forçada), que apenas se podem vencer pela experiência, mas enquanto faltar um entendimento claro do conceito de reabilitação de que se parta e da sua concretização por cada Município, os resultados serão sempre limitados.

De facto, apesar de acharmos que a existência de inúmeros instrumentos – de incentivo e coativos – não é em si prejudicial a que se promova uma efetiva reabilitação urbana, a tendência para valorizar os *instrumentos* (sobretudo de financiamento) sobre os *fundamentos* desta política coloca em causa a sua integridade e harmonia, minando os interesses públicos nos quais esta assenta.

# Reabilitação urbana: o regime jurídico e a prática

*Fernando Marques,*
Administrador Executivo da Viseu Novo, Sociedade de Reabilitação Urbana de Viseu

## CONGRESSO DE DIREITO DO URBANISMO
## "Viseu Viva"
## Plano de Ação Estratégico para a Revitalização do Centro Histórico de Viseu, com o DIREITO MAS... PARA ALÉM DO DIREITO.

Congratulo o Grupo Almedina pela realização deste congresso, cumprimento especial à Professora Doutora Fernanda Paula Oliveira, aos colegas da mesa, demais oradores e público presente.

Agradeço o convite que nos for formulado, pela oportunidade de partilharmos a nossa experiência na revitalização do Centro Histórico de Viseu, e, já agora, pela oportunidade de divulgarmos Viseu, uma cidade do interior que tem resistido heroicamente a essa... circunstância!

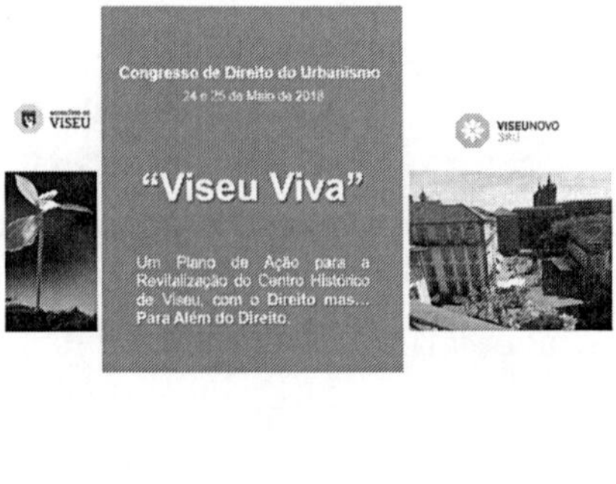

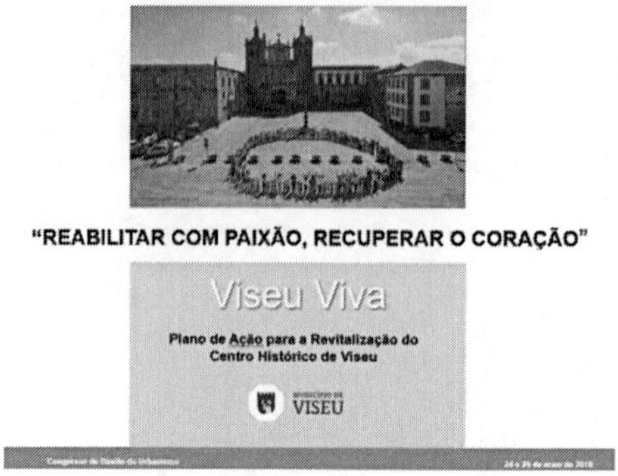


Muito sumariamente abordarei o tema de acordo com 3 tópicos:

- A motivação política,
- o processo que deu origem ao Plano,
- e o Impacto no contexto socioeconómico.

## MOTIVAÇÃO

Quando o atual Governo Municipal foi eleito para o seu 1º Mandato em setembro de 2013, o seu programa eleitoral "Viseu Primeiro" assentava, essencialmente, apenas em 3 pilares centrais:

- a solidariedade,
- a economia e a coesão territorial, onde a revitalização do CH assumiu um papel preponderante.

Assim, o CH e a sua reabilitação, regeneração e repovoamento, foi, e é, um desígnio politicamente assumido como uma fundamental prioridade do Governo Municipal.

A Viseu Novo SRU constitui-se como a estrutura através da qual a ação é desenvolvida, tendo, assim que tomamos posse, reposicionado a sua linha de orientação, decidindo, entre outras medidas, retirar a SRU da intervenção direta no Mercado Imobiliário, libertando esse espaço para os promotores privados, e vocacionando-a para uma ação preferencialmente social e também como motor de apoio ao investimento privado, para além de concentrarmos toda a intervenção física de revitalização através desta empresa do universo Municipal.

## PROCESSO / PLANO

Elaboramos um **"Plano de Ação para revitalização do Centro Histórico de Viseu"**, que contém a nossa linha de ação estratégica sobre esta importante prioridade política.

- **"Reabilitar com paixão, recuperar o coração"** foi o nosso lema motivacional, na busca constante de um estado de felicidade coletiva.
- Intencionalmente, este documento "Viseu Viva" foi sujeito ao debate público, num processo participativo pouco usual, e por isso invulgar, em que a comunidade, nas suas diversas valências, foi desafiada a prestar os seus contributos à proposta base, o que veio a acontecer de forma surpreendente, conseguindo-se, desta forma, o seu envolvimento na estratégia de ação, aspeto que consideramos decisivo para o seu sucesso, e determinante para a elevação dos níveis de autoestima dos destinatários.
- A comunidade, que participou intensivamente, foi o nosso melhor consultor porque são os nossos melhores especialistas na matéria!
- A semente positiva da cultura participativa germinou para o futuro.

O Plano foi assim assumido pelo Município como linha de ação estratégica, integrando 7 grandes objetivos, que incluem 37 medidas, focando preocupações abrangentes, quer quanto à reabilitação do edificado, quanto às melhorias das condições de mobilidade e de estacionamento, valorização de espaços e infraestruturas públicas, fixação de serviços e ancoras funcionais, promoção do CH, etc, tendo sido estruturado para um horizonte temporal de 10 anos.

## IMPACTO / CONSEQUÊNCIAS

Nesse sentido, ampliou-se a área de intervenção, definindo-se uma nova ARU (Área de Reabilitação Urbana), que envolve, para além do centro histórico, a zona ribeirinha, a Cava de Viriato e o Bairro Municipal da Cadeia, criando-se as condições administrativas para que esta área da Cidade fosse comtemplada com os vários benefícios fiscais e incentivos financeiros aplicáveis, nacionais e locais.

Foram, entretanto, reabilitados um conjunto de edifícios, que, para alem de mais um equipamento cultural, disponibilizaram mais 19 fogos habitacionais (de tipologias diversificas, entre o T1 e o T3), direcionados para jovens casais, e que determinaram a fixação, por esta via, de mais de 40 novos habitantes no Centro Histórico, com particular incidência na Rua Direita.

Estão também já em curso (e numa fase quase conclusiva) os concursos que envolvem medidas previstas quer em matéria de estacionamento (que integram, nomeadamente, 3 novos parques de estacionamento no CH que criarão mais cerca de 300 lugares), quer quanto à mobilidade (e que incluem 2 pequenos autocarros elétricos de ligação de circulação exclusiva dentro do CH).

Por outro lado, as opções consagradas no PEDU (Plano Estratégico de Desenvolvimento Urbano) envolvem um conjunto de intervenções com incidência preferencial no CH e na ARU, nomeadamente a reabilitação de alguns arruamentos e de um conjunto de edifícios que foram já adquiridos, quer para a instalação de serviços, quer para o desenvolvimento de ancoras funcionais (centro de apoio pedagógico, deslocalização de serviços municipais, Unidade de Saúde Familiar, reconversão de 2 Mercados, Arquivo Distrital, etc.), para além da reabilitação global do Bairro Municipal da Cadeia, quer quanto ao edificado, quer quanto às infraestruturas e espaços públicos exteriores.

Noutra vertente, o Município de Viseu disponibiliza, cumulativamente aos apoios nacionais, um conjunto de apoios direcionados à reabilitação de edifícios no CH e ARU, destacando-se o Incentivo financeiro à reabilitação de Fachadas, o Programa de apoio financeiro à proteção acústica (aplicado junto de áreas potencialmente geradoras de ruido, nomeadamente junto de estabelecimentos de animação noturna), e o Programa de Apoio à Recuperação de Edifícios na ARU (que poderá isentar as taxas de licenciamento até ao valor zero, nas operações urbanísticas situadas no CH e ARU), estando para breve a aprovação de mais um programa de incentivo financeiro, está direcionado para a reabilitação de coberturas.

A nossa ação estratégica tem provocado um surpreendente impacto socioeconómico nesta área central da cidade de Viseu.

Efetivamente, a adesão de investidores e promotores privados ao processo de reabilitação, regeneração e repovoamento do Centro Histórico, tem sido, desde o nosso primeiro mandato, em setembro de 2013, e ate ao momento, um facto de relevância assinalável, e sem paralelo nos anos antecedentes, refletindo-se por exemplo, no volume de transações de imóveis constatado.

Desde então foram transacionados mais de 240 prédios, que envolveram um investimento (só em transações) superior a 21.000.000,00 €, e que abrangem uma área bruta a reabilitar de cerca de 54.000,00 m2, destacando-se o forte envolvimento dos nossos emigrantes, junto dos quais temos promovido intensamente as oportunidades de investimento.

Em complemento do que já referimos quanto aos investimentos processados no CH, poderemos considerar que aos cerca de 21.000.000,00 € referentes a transações entre particulares, acrescem seguramente mais cerca de 30.000.000,00 € decorrentes das obras de reabilitação dos edifícios transacionados, do que resulta um volume de investimento que globalmente será já certamente superior a 50.000.000,00 €.

Acresce àquele volume de investimento promovido pela iniciativa privada, o investimento, nesta área, desenvolvido pelo Município, quer quanto à aquisição de edifícios no CH ou ARU, que já ultrapassou o montante de 1.500.000,00 €, quer quanto ás diversas obras de reabilitação desenvolvidas e a desenvolver, que no seu conjunto ascendem a mais de 19.000.000,00 € (considerando as obras realizadas no âmbito do programa "reabilitar para arrendar", as inseridas no PEDU, a unidade de saúde familiar, etc.), num volume global de investimento superior a 20.000.000,00 €.

De realçar que o volume de investimento privado na reabilitação, tem também reflexo na quantidade de pareceres já emitidos no âmbito do IFRRU2020, e que o próprio Município está a desenvolver os procedimentos necessários para a operacionalização do FNRE, na sequência do que será criado a curto prazo, um subfundo dedicado a Viseu e que possibilitará a breve reabilitação de mais de cerca de 8 edifícios direcionados preferencialmente para o mercado de arrendamento habitacional, com especial enfoque em jovens casais e residência para estudantes.

Sublinho, por fim, que o processo de revitalização, regeneração e repovoamento do CH de Viseu, está a seguir o percurso estratégico planeado, a bom ritmo, e felizmente sem que os investimentos emergentes do turismo, nomeadamente o alojamento local, assumam especial importância, o que nos permite acreditar que este fenómeno, no caso de Viseu, não provocará qualquer descaraterização social e humana, própria e tradicional, do nosso CH, aspetos que também são determinantes para o seu inequívoco e genuíno valor social, histórico, cultural e patrimonial, que naturalmente

Muito obrigado pela vossa atenção estando todos convidados a visitar Viseu até porque este ano somos a **"Cidade Europeia do Folclore". Em 2018, somos #viseufolk!**

# ANEXO

## Apresentação de Powerpoint que acompanhou a apresentação feita

Viseu: pequena descrição da cidade

- Localizada na região centro de Portugal, a curta distância dos centros urbanos do Porto, Aveiro, Coimbra e também de Espanha.
- Viseu é um município com 507 km2 e 99 274 habitantes, (perto de 40 000 residem na cidade), e conta com uma dinâmica positiva demográfica, quando comparada com as regiões circundantes.
- Nacionalmente conhecida pela sua qualidade de vida, considerada por várias vezes como a melhor cidade para viver, com bons níveis de educação e atividade económica (mais de 10 000 empresas no município), e com elevado patrimonial, recursos naturais e bens culturais.

Inserida numa região com reconhecido valor paisagístico, um considerável património arqueológico, arquitetónico e monumental, uma procura cultural superior à média nacional, museus de referência (em que pontifica o Museu Grão Vasco), recintos de espetáculos e eventos de referência, tanto representativos da tradição, como a Feira de São Mateus, como da criatividade e inovação, como o projeto do "Viriato Teatro Municipal", e o Multiusos que se irá transformar no "ViseuArena", Viseu reúne consideráveis recursos simbólicos e um potencial assinalável para o desenvolvimento cultural e turístico. É, além disso, (re)conhecida no país e fora dele como a cidade de Viriato, associação mitológica de forte recorte simbólico.

Apesar de todas as forças que concorrem para colocar Viseu numa posição de destaque na região e no país, o seu potencial de desenvolvimento urbano, económico, social e turístico precisava ainda de ser concretizado.

Do mesmo modo que a cidade se constitui como o centro, o motor de desenvolvimento da região, é no centro desta – o seu Centro Histórico – que se encontram muitos dos recursos e oportunidades para o desenvolvimento de Viseu.

A contraciclo desse imenso potencial e também do crescimento populacional do concelho, o nosso Centro Histórico viveu uma última década de perda. Entre 2001 e 2011, o Centro Histórico perdeu quase 30 por cento dos seus residentes. Hoje serão cerca de 1300 residentes.

Também ao nível do edificado o coração estava doente e carenciado de revitalização. O Centro Histórico tem 628 edifícios dos quais cerca de 25% (ou seja, 152) estavam em elevado estado de degradação, sendo a maior parte anterior a 1945, revitalização esta sensível e que exige conhecimentos e opções de reabilitação que salvaguardem a identidade e a memória dos lugares e dos edificados.

O processo em curso de revitalização do CH de Viseu integrado no programa de governo municipal "Viseu Primeiro", sufragado nos últimos dois atos eleitorais, assentava, basicamente, em 3 prioridades: **Solidariedade, economia e centro histórico.**

A revitalização do Centro Histórico de Viseu é assim um desígnio e uma prioridade política claramente assumida pela atual administração do município.

"**Reabilitar com Paixão, Recuperar o Coração**", na ideia de que, há semelhança do corpo humano, a cidade não funciona bem se o seu coração estiver doente.

Elaborou-se um documento base que continha a proposta de estratégia para a revitalização do Centro Histórico, resultante de um processo de reflexão prática e sentida da nossa interpretação das questões e das perspetivas de solução, adotando-se uma visão pragmática e realista nas medidas de intervenção.

Aquele documento que continha a proposta de ação estratégica foi disponibilizado para consulta pública e sujeito a um amplo debate com o intuito de se recolherem contributos para o seu aperfeiçoamento, processo que se desenvolveu ao longo de cerca de 2 meses e que integrou a realização de 12 debates com ampla abrangência de interessados (residentes, comerciantes, conselho estratégico, restauração e bares, agentes culturais, juventude, investidores, criativos, instituições, técnicos, etc.).

Definimos uma linha de ação estratégica, lançamos um repto à participação sem paralelo no passado, aberto a todos os setores da sociedade Viseense e em particular aos residentes, aos diversos agentes económicos, sociais e criativos do Centro Histórico.

A participação foi surpreendente. Os contributos foram motivadores e genericamente integrados no Plano de Ação "Viseu Viva".

**A semente positiva da cultura participativa germinou para o futuro.**

Não evitamos alguns temas difíceis e sensíveis, como são exemplos o caso da limitação do tráfego e estacionamento automóvel, da disciplina horária e do funcionamento das atividades de diversão noturna, entre outros.

Debatemos livremente, confrontamos pontos de vista e interesses, projetamos sonhos e fixamos objetivos, tendo sido apresentadas 152 propostas, com a participação e contributos de cerca de 342 cidadãos ou organizações.

Deste processo de intensa interação resultou o documento "Viseu Viva – Plano de Ação para a Revitalização do Centro Histórico de Viseu" que foi, pelo Município de Viseu, aprovado em Setembro de 2014.

Apesar de tudo, o potencial de desenvolvimento de Viseu precisava de ser concretizado, e o seu Centro Histórico foi objetivamente entendido como um dos seus motores, onde se encontram muitos recursos e oportunidades.

Além do edificado que se apresentava em estado de degradação e carenciado de reabilitação prioritária, o fenómeno de crescimento demográfico que se verificou no Concelho, não teve o seu reflexo no Centro Histórico, que pelo contrário, perdeu cerca de 30% da população residente, tendo, de acordo com os censos de 2001 e 2011, o número de residentes reduzido de cerca de 1700 para cerca de 1300 habitantes.

O valor patrimonial e histórico inserido no Centro Histórico carecia de um novo impulso no seu estudo, conhecimento, proteção, classificação e divulgação. Por isso foi já despoletado o processo de candidatura do Centro Histórico de Viseu (no todo ou parte dele) à classificação da Unesco como património da Humanidade, tendo, neste âmbito, sido constituído um grupo de reflexão e criada uma estrutura de cariz técnico e cientifico, o "Viseu Património", para desenvolver este desígnio, que está a seguir um percurso de avaliação e estudo consistentes, e que, independentemente do seu resultado final, nos permitirá conhecer de forma profunda a realidade do nosso centro histórico.

Urgia assim inverter o quadro de perda e posicionar o Centro Histórico numa trajetória de vitalidade social, cultural, atratividade residencial, económica e turística.

A reabilitação do Centro Histórico foi, e é, por nós entendida como um processo coletivo e impossível de alcançar sem o contributo de todos.

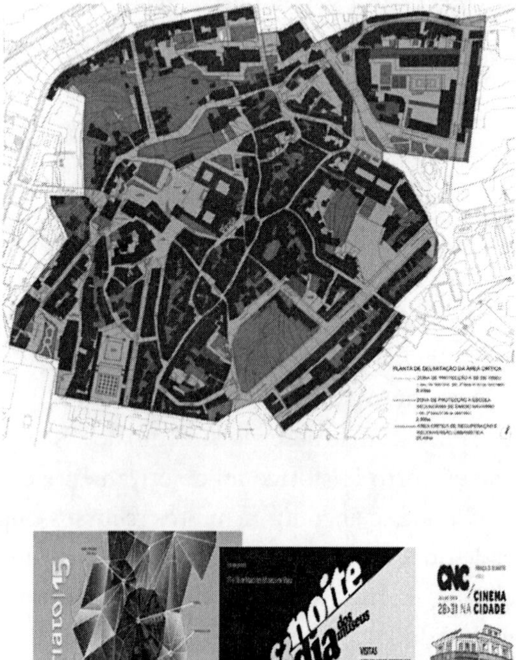

## IDENTIFICÁMOS QUESTÕES:

- Diminuição e envelhecimento da população do centro histórico;
- Aumento de famílias monoparentais e pessoas solteiras;
- Aumento do desemprego;
- Diminuição dos principais setores de atividade;
- Declínio do comércio tradicional e espaços comerciais abandonados;
- Diminuição do ensino universitário e perda de atratividade e fixação de jovens recursos humanos qualificados;
- Tecido urbano antigo e 25% dos edifícios em mau estado de conservação;
- Falta de conforto, eficiência energética e padrões mínimos de habitação no centro histórico;
- Casas abandonadas;
- Problemas de mobilidade (topografia difícil com encostas íngremes, ruas estreitas, falta de estacionamento, rede de transporte público fraca);
- Áreas mono funcionais;
- Declínio geral da vitalidade económica e social;
- Baixos níveis de auto-estima;
- Desinteresse dos promotores e investidores na reabilitação de edifícios.

## ADOTÁMOS BOAS PRÁTICAS:

- O Município definiu como uma prioridade de atuação o centro histórico da Cidade, lançando o Plano de Ação para a Revitalização do Centro Histórico de Viseu.
- Com esse objetivo o Município definiu uma ARU, Área de Reabilitação Urbana, instrumento de planeamento previsto no quadro jurídico português, integrando o Centro Histórico, a Cava de Viriato, a Zona da Ribeira e o Bairro Municipal (habitação social).
- Foi também preparado o Plano Estratégico para o Desenvolvimento Urbano (PEDU) que integra 3 planos de ação:
  - Plano de Ação de Regeneração Urbana;

- Plano de Ação Integrado para Comunidades Desfavorecidas;
- Plano de Mobilidade Urbana Sustentável.

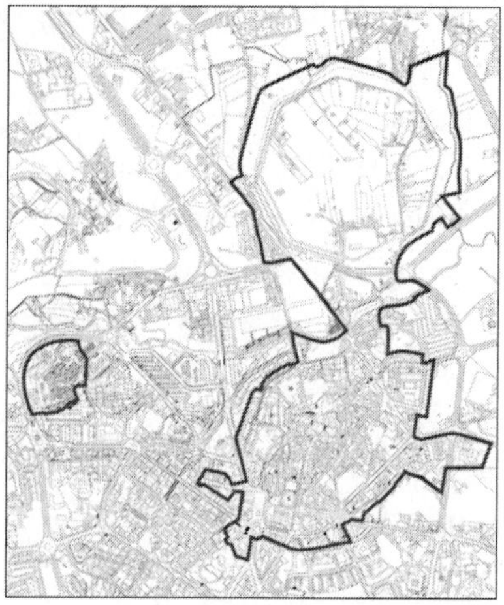

Pretendemos assim, assumir a liderança no papel de dinamização e criação de condições para a intervenção dos proprietários, investidores, promotores imobiliários e da comunidade em geral.

As acessibilidades são também um fator decisivo no desempenho do Centro Histórico, assim como a oferta de estacionamento.

Por isso a definição de uma rede de corredores de interligação a várias partes da cidade é um objetivo já em concretização, na sequência de um concurso internacional de transportes urbanos (aguarda-se o visto do TC), privilegiando-se os meios de locomoção alternativos e amigos do ambiente, incluindo dois mini autocarros elétricos de circulação permanente, para além de Viseu vir a dispor a partir do próximo ano de um veículo elétrico não tripulado, numa solução inovadora a nível nacional, e que estabelecerá a ligação entre a cota baixa (Zona da Feira de S. Mateus) e a cota alta (Zona da Sé).

Também o estacionamento já possui um conjunto de soluções, integradas no Concurso Internacional para Exploração do Estacionamento da Cidade (aguarda o visto do TC), das quais se destaca a criação de cerca de 350 a 400 novos lugares de estacionamento, com localização dispersa e parcialmente afetos ao uso de residentes em condições vantajosas.

Na sequência deste Plano de Acção estratégico (que integra vários objectivos e medidas, numa perspectiva de acção material e imaterial), estruturado para um horizonte temporal referenciado de 10 anos, foram já implementadas um conjunto de intervenções, estando outras já lançadas e/ou em fase de preparação, para além da já referidas

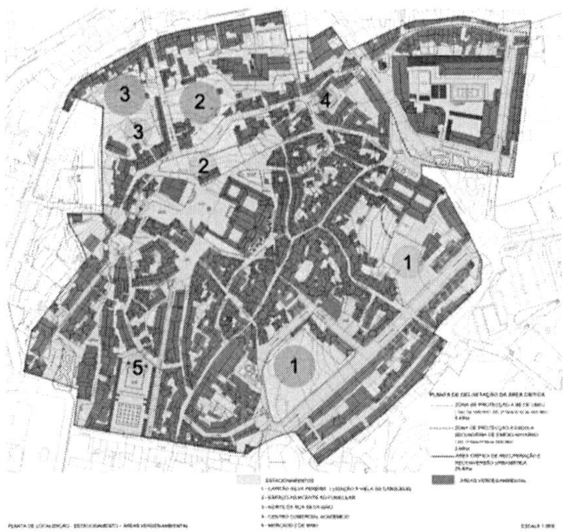


Nesse sentido, ampliou-se a área de intervenção, definindo-se uma nova ARU (Área de Reabilitação Urbana), que envolve, para além do centro histórico, a zona ribeirinha, a Cava de Viriato e o Bairro Municipal da Cadeia, criando-se as condições administrativas para que esta área da Cidade fosse comtemplada com os vários benefícios fiscais e incentivos financeiros aplicáveis, envolvendo-se agora cerca de 1.123 edifícios, praticamente duplicando o número de potenciais beneficiários.

Sublinhando-se também a ação do Município no processo de instalação na Rua Direita de uma Escola de Formação Profissional, já concretizada, e que implica um movimento diário de mais cerca de 400 pessoas, preferencialmente jovens entre os 17 e os 25 anos, constituindo-se este equipamento como mais um novo e forte pulmão social e económico no Centro Histórico, com a particularidade de acontecer na sua artéria comercial mais tradicional e emblemática, foram entretanto reabilitados um conjunto de 7 edifícios, que, para alem de mais um equipamento cultural (museu a instalar na "Casa da Calçada"), disponibilizaram novos 19 fogos habitacionais (de tipologias diversificas, entre o T1 e o T3), direccionados para jovens casais, e que determinaram a fixação, por esta via, de mais de 40 novos habitantes no Centro Histórico, com particular incidência na Rua Direita.

Integradas também neste objectivo estratégico, as opções consagradas no PEDU (Plano Estratégico de Desenvolvimento Urbano) envolvem um conjunto de intervenções com incidência preferencial no CH e na ARU, nomeadamente a reabilitação da Ruas Joao Mendes, Soar de Cima, Cónego Martins e Almeida Moreira, a reabilitação do antigo Orfeão de Viseu situado na Rua Direita (espaço que será vocacionado para actividades de apoio pedagógico e culturais), do edifício da Rua do Comercio para o qual se deslocarão os serviços da empresa Municipal "Águas de Viseu", a cobertura do Mercado 2 de Maio (potenciando o uso desta praça ao longo de todo o ano), a reabilitação global do Bairro Municipal da Cadeia (quer quanto ao edificado quer quanto as infra-estruturas e espaços públicos exteriores), para além da reabilitação do edifício designado por "Casa das Bocas" (onde será instalada uma Unidade de Saúde Familiar, na sequência de protocolo estabelecido com o Ministério da Saúde, e dimensionada para possibilitar a abrangência de cerca de 18.000 habitantes), intervenções que têm como horizonte temporal a sua conclusão até 2020.

**Assim e, de forma resumida, ilustramos a visão estratégica que adotamos para o Centro Histórico de Viseu e algumas das sua consequências.**

Uma visão que perspetiva um território sustentável, atrativo, dinâmico e inclusivo, naturalmente valorizadora do seu património cultural, e adotando o Centro Histórico como palco privilegiado para a realização de eventos relevantes e abertos à inovação, à criatividade artística, social e económica.

As opções estratégicas agregam-se em dois eixos estruturantes: ATRATIVIDADE e CULTURA E INOVAÇÃO, adotando-se para cada um deles medidas de intervenção específica.

O plano de ação estratégico "Viseu Viva", resultante do processo já descrito de auscultação e participação públicas, reproduz em grande parte as medidas preconizadas, articuladas e ajustadas com as propostas apresentadas pelos cidadãos.

É um plano que integra um conjunto de programas, medidas e ações para a reabilitação, revitalização e repovoamento do Centro Histórico de Viseu, num horizonte temporal de curto, médio e longo prazo (10 anos), agrupados em 7 grandes objetivos (que incorporam 37 medidas especificas), podendo ser consultado no nosso site **www.viseunovo.pt**

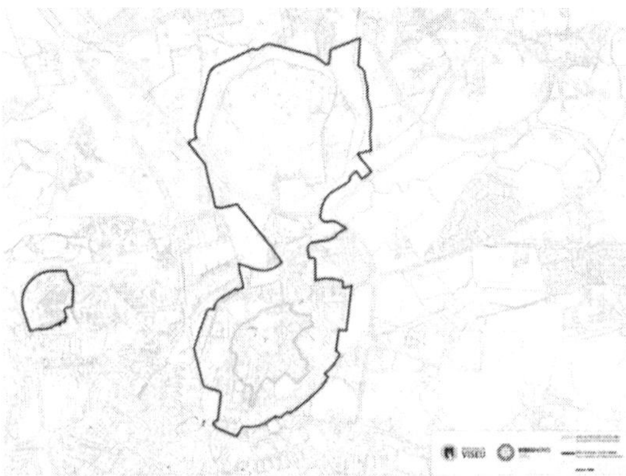

Objetivo 1 – **Reabilitação do edificado**, objetivo decisivo e que inclui 13 medidas específicas, que envolvem, nomeadamente a desmaterialização dos processos, o desenvolvimento do projeto Viseu Estaleiro Escola, a adoção de incentivos diversos, promoção do CH junto de potenciais investidores, nomeadamente na nossa diáspora e lançamento do projeto residências para estudantes, etc.

Sublinha-se também a implementação desde 2014 do programa de incentivos à recuperação de edifícios na ARU que preconiza, designadamente, a isenção total de taxas sobre o licenciamento de obras de reabilitação, bem como a atribuição de incentivo financeiro à recuperação de fachadas e ao reforço de medidas de proteção acústica aos edifícios mais próximos de estabelecimentos de animação noturna, prevendo-se que a curto prazo (em principio ate Setembro deste ano) seja aprovada mais uma medida de apoio financeiro direccionada para a reabilitação e conservação das coberturas, medida que reputamos de grande importância, dado que é normalmente através das coberturas que se desenvolvem as patologias que despoletam os processos de degradação dos edifícios, visando também, e por outro lado, que os proprietários sejam sensibilizados a desenvolverem acções básicas de vigilância do estado de conservação das coberturas dos seus edifícios, através de, por exemplo, inspecções periódicas.

Objetivo 2 – **melhorias das condições de mobilidade e de estacionamento**, que aborda um dos aspetos mais relevantes e críticos para a imagem e funcionamento do Centro Histórico, integrando 4 medidas específicas, que abrangem a definição de espaços ou parques de estacionamento de apoio ao CH, a reformulação da sua acessibilidade, otimização da rede de transportes público, etc.

Objetivo 3 – **Valorização de espaços e infraestruturas públicas**, que integra 7 medidas específicas, nomeadamente o lançamento de concurso de ideias, programa de melhoria de iluminação e sinalética, rede de wifi de acesso livre, valorização de espaços verdes, etc.

Objetivo 4 – **Fixação de serviços e criação de âncoras funcionais**, objetivo de primordial importância para a aceleração do processo de reabilitação, recuperando-se a radicação de serviços no Centro Histórico, e que integra 13 medidas específicas, destacando-se a reabilitação da Casa da Calçada para a instalação de um equipamento cultural, a já concretizada deslocação da escola de formação profissional para a rua Direita, e as já referidas aquisições dos edifícios na rua do comercio para a Empresa Municipal Águas de Viseu e da Casa das Bocas na Rua João Mendes, para a instalação da unidade de saúde familiar, obras a iniciar num curto prazo, incluindo a correspondente à cobertura do Mercado 2 de Maio.

Objetivo 5 – **Salvaguarda, conhecimento e serviço educativo**

Consubstancia a convicção de que só com um forte envolvimento da comunidade e um reconhecimento interno e externo da relevância do processo de reabilitação do Centro Histórico por parte dos principais atores e stakeholders, poderá a estratégia ser plenamente bem sucedida, integrando-se neste objetivo 5 medidas especificas, entre as quais se destaca a reabilitação do edificio do antigo Orfeão, na rua Direita, para a instalação de um Centro de Apoio Pedagógico, direccionado a jovens estudantes de familias carênciadas, no âmbito do programa Municipal "Viseu Educa".

Objetivo 6 – **Promoção do Centro Histórico**

O marketing territorial é um objetivo central para a atratividade turística e económica do Centro Histórico, sendo a comunicação um instrumento poderoso para combater o défice de notoriedade e de informação estruturada, envolvendo este objetivo 7 medidas específicas.

Objetivo 7 – **Medidas complementares**

Aos 6 objetivos temáticos antes referenciados, acrescentámos um conjunto de mais 6 medidas complementares, com o objetivo preferencial de adicionarmos eficácia ao processo de reabilitação, e que integram, entre outras, a reconversão da ACRRU em ARU (já concretizada), a revisão de um conjunto de regulamentos municipais de modo a que sejam reajustados ao plano de ação estratégico, etc.

Com a aprovação deste plano de ação estratégico, não ficou encerrada a participação, que pretendemos constante, tendo sido constituída uma "Comissão de Acompanhamento" com o objetivo de, não só ir avaliando a execução dos seus vários objetivos e medidas, como também, e essencialmente, ser um órgão consultivo do município e do seu Presidente.

Esta comissão integra um representante dos Bares, dos Restaurantes, da Hotelaria, representante dos Moradores, representante dos Comerciantes, comandante Distrital da PSP, representante dos Profissionais Liberais, representante dos jovens. Estas são as linhas gerais da nossa ação em Viseu, que, estamos confiantes, irão contribuir para um Centro Histórico mais dinâmico e com espaço para todos.

Uma das consequências mais surpreendentes das medidas de ação estratégica que adotámos, traduz-se no volume de transações entre privados relacionados com edifícios para reabilitar, que teve um forte acréscimo a partir de setembro de 2013, indiciando os resultados apurados até ao momento, que este fenómeno se venha a manter, traduzindo-se num fato de relevância assinalável e sem paralelo.

Efetivamente, desde então foram adquiridos mais de 240 prédios, que envolveram um investimento (só em transações) superior a 21.000.000,00 €, e que abrange uma área bruta a reabilitar de cerca de 54.000,00 m2.

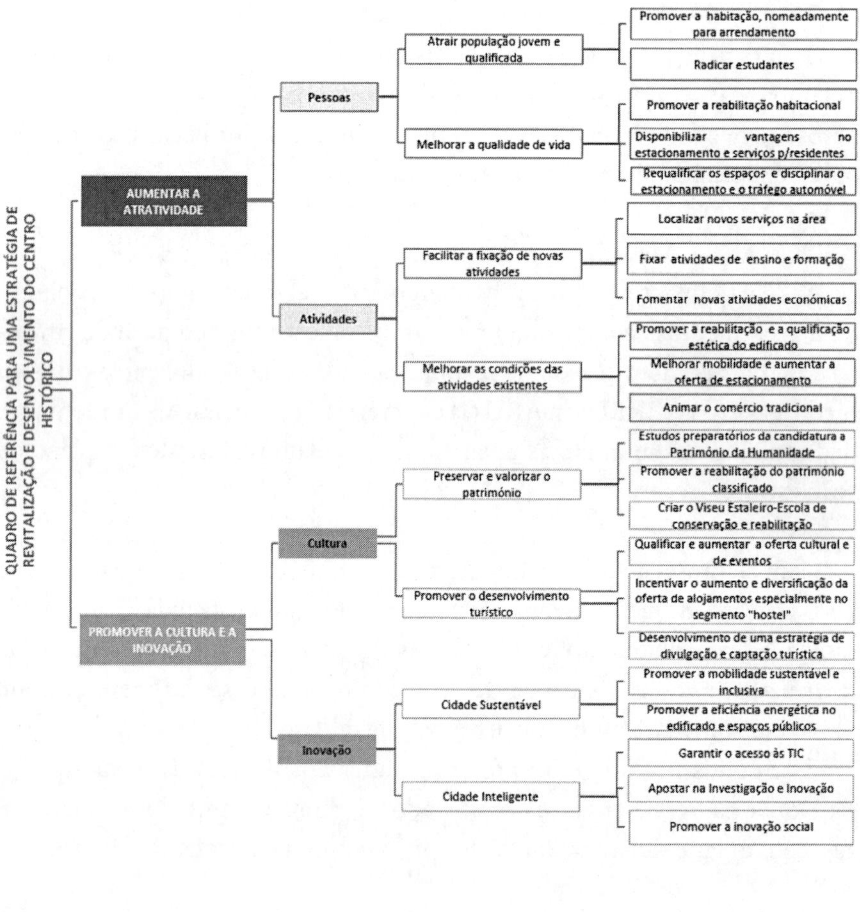

Daquele volume de transações, e não obstante não ser possível definir com rigor os que foram adquiridos por imigrantes ou estrangeiros (dados que não são referenciados nos elementos que são recolhidos através dos pedidos de exercício ou não do direito de preferência), mas considerando os contactos estabelecidos, estima-se que mais de 40% daquele investimento tenha sido concretizado através de imigrantes, reflexo não só da consistência que reconhecem à nossa ação estratégica, mas também das ações de divulgação e sensibilização que temos vindo a efetuar junto da nossa diáspora, com reflexos visíveis nas comunidades Portuguesas residentes em França, Suíça, Brasil, e, mais recentemente, Africa do Sul (estando inclusive prevista uma visita de elementos desta comunidade durante o mês de Agosto, expressamente para analisarem oportunidades de investimento na reabilitação de edifícios no CH).

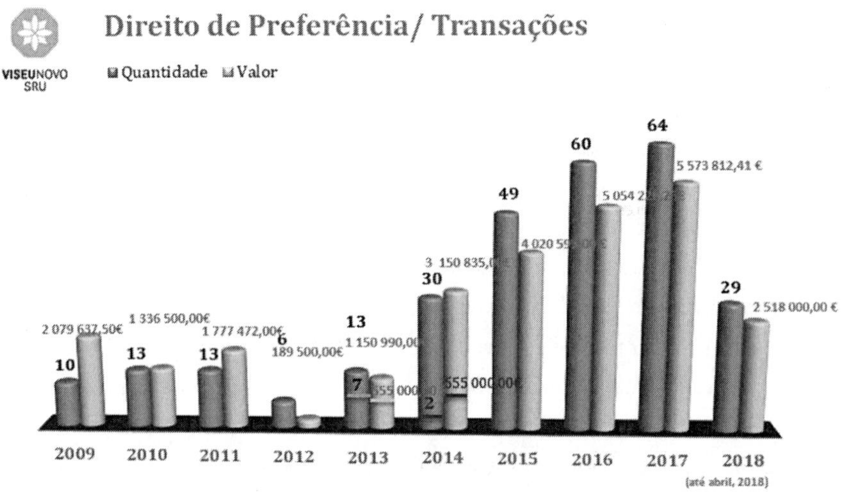


*No ano de 2014 foram adquiridos 2 imóveis pela Câmara Municipal de Viseu ("Casa das Bocas" e "Águas de Viseu") pelo valor remanescente de 555 000,00€ (230 000,00€ e 325 000,00€ respetivamente).

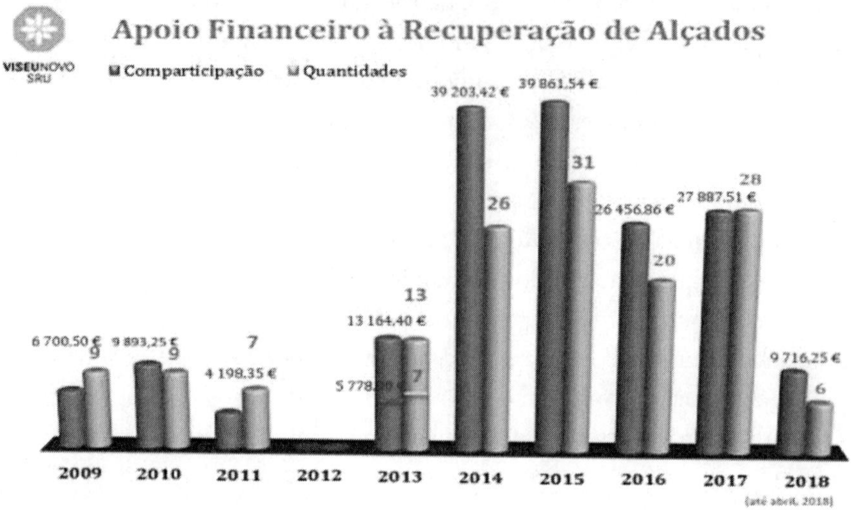


Realça-se que este investimento processado pela iniciativa privada irá dar origem a um vasto volume de obras de reabilitação, até por força dos instrumentos financeiros disponíveis, dos quais destacamos o Instrumento Financeiro IFRRU 2020, que tem tido uma considerável procura.

Acresce aquela dinâmica desenvolvida pelos promotores privados, a acção já genericamente descrita, do próprio Município, que, de forma selectiva e estratégica, também tem procedido à aquisição de um conjunto de edifícios (considerados ancoras de desenvolvimento), desde logo os já referidos edifícios da rua das bocas ("casa das bocas", para a instalação de uma unidade de saúde familiar) e da rua do comércio (futura sede da empresa Municipal Águas de Viseu"), edifícios na Rua do Gonçalinho (para o desenvolvimento do projecto relativo a residências para estudantes), alem de outros edifícios com localização dispersa (nomeadamente na Rua Direita, Rua do Arco e Rua Silva Gaio) que serão direccionados para programas de habitação dirigidos essencialmente para jovens casais (provavelmente através do FNRE Fundo Nacional para a Reabilitação de Edifício).

Entretanto foram já reabilitados por ação direta do Município um conjunto de 7 edifícios, que, para além de um equipamento cultural disponibilizaram mais 19 fogos habitacionais direccionados para jovens casais, estando ainda prevista a reabilitação de mais 87 edifícios, no âmbito da operação de reabilitação global do Bairro Municipal da Cadeia, que além de preservar os actuais moradores, será em parte direccionada para jovens casais, que se prevê que venha a estar concluída ate 2020.

Por fim, umas notas para reflexão que gostaria de deixar, reflexo do meu sofrido envolvimento neste processo de reabilitação do nosso Centro Histórico, e aproveitamento e oportunidade de estar perante tão ilustres intervenientes e assistentes , nomeadamente a Sra. Secretária de Estado da Habitação:

- O CCP não poderia, à semelhança do RERU (Regulamento de Exceção para a Reabilitação Urbana) também ele considerar algumas exceções, reconhecendo que a contratação pública nesta matéria, quer de serviços, quer de empreitadas, não deve ter enfoque genérico mas atender concretamente à excecionalidade deste fenómeno?

Dou como exemplo a contratação de projetos de especialidades de alguns dos edifícios que referi, através de concurso público subordinado ao preço mais baixo, que não nos assegura a prestação de um serviço com especialização destas intervenções, situação que decorre do fato dos profissionais e empresas não disporem de experiencia consolidada, até porque, estamos perante uma temática relativamente recente.

O RERU, que foi decisivo como "Válvula de escape" para os projetos de reabilitação de edifícios nos centros históricos, num justo reconhecimento de que a estes não seriam aplicáveis os conceitos de correntes da legislação e regulamentação geral, não deveria ser desde já "aperfeiçoada", integrando algumas preocupações, nomeadamente a discutida questão sísmica, e consagrar medidas mínimas de acessibilidade, além de outros aspetos, de modo a que este assertivo diploma legal deixe de ter uma perspectiva temporal e se constitua como um regulamento aplicável a estas áreas.

**Muito obrigado pela vossa atenção**

# Reabilitação urbana: o regime jurídico e a prática

*Fátima Cabral*
jurista da Porto Vivo, Sociedade de Reabilitação Urbana

Boa tarde,

Antes de mais quero agradecer o convite que me fez a Professora Fernanda Paula Oliveira para partilhar a minha experiência na aplicação prática do Regime Jurídico da Reabilitação Urbana.

Embora a minha participação neste congresso seja a título pessoal, a experiência que adquiri neste domínio é indissociável das funções que exerço como Jurista da Porto Vivo SRU, à qual estou grata pela disponibilização dos dados que serão referidos no decorrer desta apresentação.

Começando pelo início:

## I – REABILITAÇÃO URBANA NA VIGÊNCIA DO DECRETO-LEI Nº 104 /2004 DE 07.05

Com a publicação do Decreto-Lei nº 104 /2004 de 07.05, que criou o regime jurídico excecional da reabilitação urbana de zonas históricas e de áreas críticas de recuperação e reconversão urbanística, os municípios adquiriram a faculdade de constituir sociedades de reabilitação urbana para promover a reabilitação urbana daquelas zonas.

Assim, logo no mesmo ano, a 27 de novembro, foi constituída a Porto Vivo, SRU – Sociedade de Reabilitação Urbana da Baixa Portuense, SA, cujos acionistas são o Estado, que detém 60% do capital social e o Município do Porto que detém os restantes 40%. O seu objeto social consiste em promover a reabilitação urbana da ACRRU do Porto, que assim, ficou a constituir a respetiva Zona de Intervenção.

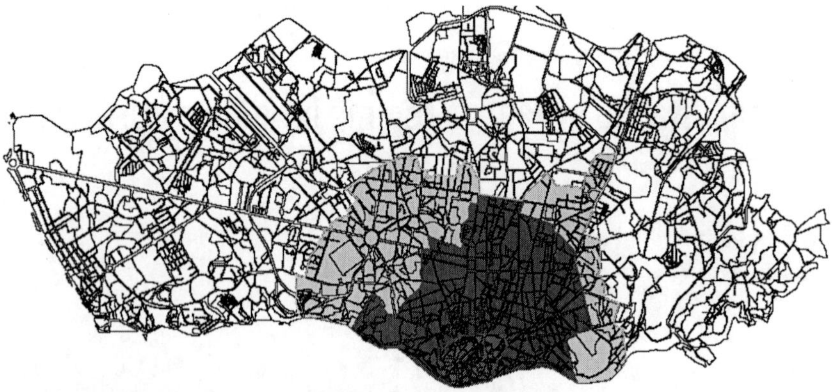

ACRRU = Zona de intervenção da Porto Vivo SRU - 1000 hectares
ZIP – Zona de Intervenção Prioritária - 500 hectares
ARU do Centro Histórico do Porto - 90 hectares

Nos termos do Decreto-Lei nº 104 /2004 de 07.05, a REABILITAÇÃO URBANA, na respetiva zona de intervenção, processava-se mediante a definição de unidades de intervenção que, em regra correspondiam a um quarteirão

Foram efetuados estudos para enquadrar e orientar o processo de reabilitação urbana da Baixa Portuense, bem como definir os objetivos e metas a prosseguir que culminaram na elaboração de um documento denominado MASTERPLAN, que definiu os seguintes objetivos a prosseguir com a reabilitação:

- A re-habitação da Baixa do Porto;
- O desenvolvimento e promoção do negócio na Baixa do Porto;
- A revitalização do comércio;
- A dinamização do turismo, cultura e lazer;
- A qualificação do domínio público.

Para testar a aplicação deste novo regime excecional da reabilitação urbana foram selecionados *cinco quarteirões piloto*, em diferentes zonas da cidade, seguindo-se a definição das respetivas Unidades de Intervenção.

A Unidade de Intervenção do *"Quarteirão de Carlos Alberto"* foi a primeira a ser definida, a 13 de janeiro de 2005 e o respetivo documento estratégico foi aprovado a 17 de junho do mesmo ano.

Seguiu-se a definição da Unidade de Intervenção do *"Quarteirão do Infante"* a 17 de fevereiro de 2005 e da Unidade de Intervenção do *Quarteirão de D. João I* a 22 de maio de 2006

Em 23 de dezembro de 2009 (data de entrada em vigor do Decreto-Lei nº 307/2009 de 23.10), estavam definidas *32 Unidades de Intervenção*, com o respetivo documento estratégico aprovado.

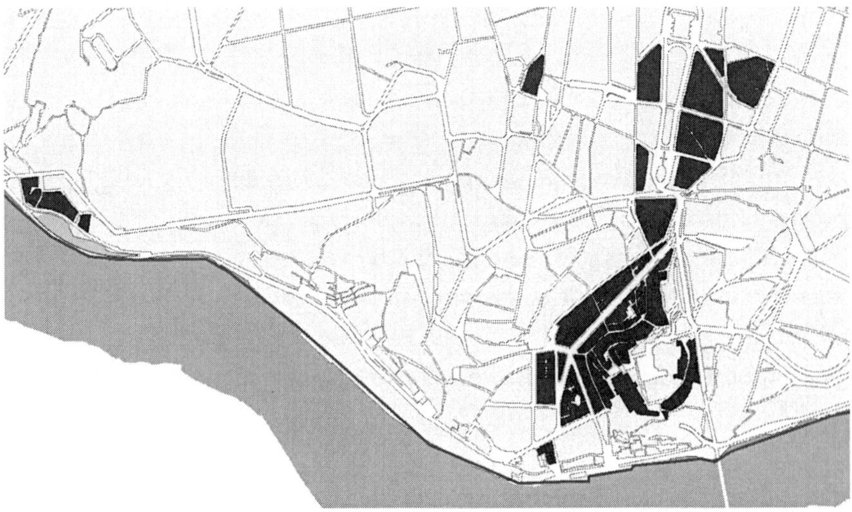

**DL 104/2004 de 07.05 - 32 Unidades de Intervenção com documento estratégico**

Na vigência do Decreto-Lei nº 104 /2004 de 07.05, os instrumentos legais disponíveis para a execução das estratégias constantes do documento estratégico eram o *procedimento por via de acordo* e o *procedimento por via impositiva.*

*O procedimento por via de acordo*, regulado nos artigos 18º e 19º, comportava duas modalidades:

a) contrato de reabilitação mediante o qual o *proprietário assumia diretamente a reabilitação do edifício*, acordando com a SRU os prazos, quer para a sujeição das obras a autorização ou licença administrativa quer para a execução das mesmas;
b) contrato de reabilitação mediante o qual o proprietário *acordava com a SRU os termos da reabilitação do seu edifício*, encarregando aquela de proceder a essa reabilitação, mediante o compromisso de pagamento das obras acrescido de comissão de gestão a cobrar pela SRU e das demais taxas devidas nos termos da lei.

O *procedimento por via de acordo*, na modalidade em que o proprietário assume diretamente a reabilitação do seu edifício, foi o *procedimento mais utilizado pela Porto Vivo, SRU*, quase que diria, que com exceção das situações em que no documento estratégico se admitia expressamente a possibilidade de recurso à expropriação, foi o único procedimento utilizado.

Tomando como exemplo a primeira *unidade de intervenção do quarteirão de Carlos Alberto* dir-se-á o seguinte:

A *estratégia de reabilitação* preconizada no documento Estratégico, para resolver os problemas de segurança e salubridade do quarteirão, importava a intervenção conjugada de sete prédios de modo a criar *uma frente de habitação com novas tipologias* e a *abertura de um logradouro comum*, resultante da unificação espacial dos espaços residuais existentes que permitisse aceder às fachadas posteriores das mesmas das construções e melhorar a sua ventilação e insolação.

Embora se admitisse a expropriação litigiosa de sete prédios, só prosseguiu através da *via litigiosa relativamente a quatro,* relativamente aos demais, que necessitavam de intervenção, foram celebrados acordos de reabilitação.

Assim, *no que concerne ao procedimento pela via impositiva apenas se recorreu à expropriação por utilidade pública.*

Nos termos dos artigos 21º e 23º do Decreto-Lei nº 104 /2004 de 07.05, as expropriações dos imóveis necessários à execução das operações de reabilitação urbana eram consideradas de utilidade pública e seguiam o processo de expropriação urgente.

Um exemplo interessante, de procedimento por acordo foi o conseguido na *Unidade de Intervenção do Corpo da Guarda,* em que se obteve o acordo de 7 proprietários de 11 prédios para a sua reabilitação conjunta através de emparcelamento, repartindo-se proporcionalmente o custo da empreitada, bem como as frações resultantes da reabilitação.

Tratava-se de edifícios degradados, com mais de três pisos, sem elevadores.

Com a intervenção adaptou-se o edifício a todas as condições de vida atuais, designadamente, com elevadores e estacionamento. Da reabilitação dos 11 prédios, resultaram 22 frações habitacionais, 5 comerciais e 18 lugares de estacionamento.

Assim, foram utilizados dois instrumentos que vieram a ser regulados pelo Decreto-Lei nº 307/2009 de 23 de outubro, a reestruturação de propriedade e a empreitada única.

Outro instrumento que foi importante para a concretização das estratégias de reabilitação foi o *contrato de reabilitação urbana.*

No Decreto-Lei nº 104/2004 de 07.05 estava regulado no capítulo IV – Procedimento de reabilitação urbana a cargo de SRU.

No regime jurídico da reabilitação urbana, regulado pelo Decreto-Lei nº 307/2009 de 23.10, está inserido no capítulo relativo aos modelos de execução das operações de reabilitação urbana.

Não existem grandes diferenças do conteúdo entre a versão constante do Decreto-Lei nº 104/2004 de 07.05 e a de Decreto-Lei nº 307/2009 de 23.10.

Trata-se de um *contrato de parceria com outra entidade*, pública ou privada, mediante o qual esta se obriga a proceder à elaboração, coordenação e execução de projetos de reabilitação numa ou em várias unidades de intervenção.

Atualmente, só é aplicável nas unidades de intervenção e execução, que pressupõem uma operação de reabilitação urbana sistemática.

No Porto, recorreu-se ao Contrato de Reabilitação Urbana nas Unidades de Intervenção em que estava em causa a realização de operações urbanísticas de considerável dimensão e que, consequentemente, implicavam um grande investimento inicial.

Com o recurso a este instrumento, repartiam-se os custos e o risco: a Porto Vivo, assegurava o investimento inicial com a aquisição dos imóveis necessários e o Parceiro Privado (selecionado através de concurso público) assegurava os custos da reabilitação.

Os contratos de reabilitação urbana celebrados tiveram como objeto a reabilitação urbana de parte das Unidades de Intervenção, só abrangendo os prédios ou partes necessárias à intervenção e foi utilizado quando os quarteirões apresentavam uma ocupação secundária intensiva do interior, com anexos adjacentes ás construções principais e saguões insalubres e sem acessos.

**Unidade de intervenção do quarteirão das cardosas**

O exemplo mais paradigmático é o da *Unidade de Intervenção do Quarteirão das Cardosas*, não só pela dimensão da obra, mas pela polémica suscitada pela mesma, atenta a sua localização na área que está inscrita na Lista do Património Mundial da Unesco, por isso, classificada como imóvel de interesse público, com a designação de monumento nacional.

E apesar de o ditado dizer que gostos não se discutem, no que concerne à reabilitação discutem-se e muito!

No que concerne a esta Unidade de Intervenção, nos termos que constam do documento estratégico, importava resolver os problemas de degradação física e funcional do Quarteirão.

O quarteirão era constituído por 42 edifícios com cerca de 75% da área útil subaproveitada. 60% desta área estava devoluta e cerca de 15% era utilizada como armazenamento das atividades comerciais, localizadas no rés-do-chão.

A ocupação habitacional era reduzidíssima, apenas 6 fogos tinham residentes.

A estratégia de reabilitação, nos termos que constam do respetivo documento estratégico consistia em dotar este quarteirão de condições de salubridade, de segurança e de um ambiente urbano renovado e atrativo que, nomeadamente, implicou a reabilitação generalizada de todas as estruturas edificadas a afetar a habitação, construção de um parque de estacionamento de acesso público no subsolo, criação de espaço público interior.

Quarteirão da Cardosas antes das obras

Interior do Quarteirão da Cardosas das obras (Arq. Rosário Rodrigues)

O contrato de reabilitação urbana tinha como objeto a demolição das construções do interior do quarteirão, criação de uma praça de utilização pública, criação de um parque de estacionamento subterrâneo de uso público e a reabilitação dos prédios expropriados/adquiridos com comércio no rés-do-chão e habitação nos pisos superiores.

Recorreu-se ainda ao contrato de reabilitação urbana nas Unidades de intervenção do Quarteirão de Carlos Alberto, Quarteirão de D. João I e Quarteirão dos Pelames e Bainharia

## II . REABILITAÇÃO URBANA NA VIGÊNCIA DO DECRETO-LEI Nº 104 /2004 DE 07.05

O Decreto-Lei nº 307/2009 de 23.10, veio aprovar o regime jurídico da reabilitação urbana em áreas de reabilitação urbana, mas durante um período transitório de 5 anos a zona de intervenção das sociedades de reabilitação urbana era equiparada a área de reabilitação urbana, as unidades de intervenção eram equiparadas às novas reguladas, mantinham-se os documentos estratégicos, e as sociedades de reabilitação urbana consideravam-se investidas nos instrumentos relativos ao controlo de operações urbanísticas e aos instrumentos de execução de política urbanística

Assim, nos anos subsequentes, a Porto Vivo, SRU continuou a reabilitação das 32 Unidades de Intervenção até aí delimitadas e, nos termos da deliberação do executivo camarário do Porto, elaborou o projeto de delimitação da Área de Reabilitação Urbana do Centro Histórico do Porto, que foi aprovada por deliberação da Assembleia Municipal de 4 de junho de 2012, pouco antes da publicação da Lei nº32/2012 de 24.07, que alterou o Decreto-Lei nº 307/2009 de 23.10 que veio simplificar o procedimento de delimitação das áreas de reabilitação urbana.

**Área de Reabilitação Urbana do Centro Histórico do Porto**

A Área de Reabilitação Urbana do Centro Histórico do Porto foi delimitada na vigência da primeira versão do Decreto-Lei nº 307/2009 de 23.10, pelo que a aprovação da delimitação da área de reabilitação urbana implicava a provação da respetiva operação de reabilitação urbana, que é sistemática.

A Área de Reabilitação Urbana do Centro Histórico do Porto abrange o território que está inscrito na Lista do Património Mundial da Unesco com uma área aproximada de 49 hectares e 1.796 edifícios, cujo estado de conservação é o que consta do quadro que se segue

<table>
<tr><th colspan="3">Estado de conservação do edificado</th></tr>
<tr><td>443</td><td>bom</td><td rowspan="2">27,5% do total de edifícios estava em bom estado de conservação ou em obras de</td></tr>
<tr><td>649</td><td>médio</td></tr>
<tr><td>575</td><td>mau</td><td rowspan="3">72,5%, necessitava de obras de intervenção médias, profundas ou de reconstrução</td></tr>
<tr><td>78</td><td>ruína</td></tr>
<tr><td>51</td><td>em obra</td></tr>
</table>

Salientam-se os seguintes objetivos estratégicos:

- Consolidar as intervenções já iniciadas, garantir o investimento público já contratualizado e potenciar a captação de novos, melhores e mais diversificados investimentos privados na reabilitação do edificado e na revitalização do tecido económico,

– Equilibrar territorial, social e funcionalmente o processo de reabilitação urbana do Centro Histórico do Porto com a escolha criteriosa das prioridades de execução das sub-operações e de definição de novas unidades de intervenção.

A Porto Vivo SRU, foi designada entidade gestora, tendo-lhe sido delegadas todas as competências relativas aos instrumentos de execução de operações de reabilitação urbana regulados nos artigos 44º e ss, concretamente,

*Controlo de operações urbanísticas*

a) Licenciamento e admissão de comunicação prévia de operações urbanísticas e autorização de utilização;
b) Inspeções e vistorias;
c) Adoção de medidas de tutela da legalidade urbanística;
d) Cobrança de taxas;
e) Receção das cedências ou compensações devidas.

*Instrumentos de execução de política urbanística*

a) Imposição da obrigação de reabilitar e obras coercivas;
b) Empreitada única;
c) Demolição de edifícios;
d) Direito de preferência;
e) Arrendamento forçado;
f) Servidões;
g) Expropriação;
h) Venda forçada;
i) Reestruturação da propriedade.

A designação da Porto Vivo SRU como Área de Reabilitação Urbana do Centro Histórico do Porto não implicou grandes alterações na aplicação dos instrumentos de execução de operações de reabilitação urbana, dado que pelo menos 22 unidades de intervenção, definidas ao abrigo do Decreto-Lei nº 104/2004, de 07.05, estão localizadas no território da mesma Área de Reabilitação Urbana do Centro Histórico do Porto. Apenas alargou o território abrangido.

A partir de 2013, dinâmica da iniciativa privada e o interesse na reabilitação urbana aumentaram consideravelmente, pelo que o procedimento por acordo, a maior parte das vezes, não consubstanciado em acordo formal, foi o utilizado, em exclusivo.

No que concerne aos instrumentos de execução de política urbanística regulados pelo Decreto-Lei nº 307/2009 de 23.10, pela via impositiva, apenas se concluíram as expropriações por utilidade pública iniciadas, no âmbito da execução da reabilitação prevista em documento estratégico aprovado.

A *imposição de obras coercivas* não tem sido opção, atendendo a que a obrigação de reabilitar a impor ao proprietário está limitada "ás obras ou trabalhos necessários à restituição das suas características de desempenho e segurança funcional, estrutural e construtiva". A maior parte dos prédios a reabilitar necessita de obras de alteração profundas destinadas a conferir-lhes condições de habitabilidade atuais, muito diferentes das condições necessárias à data da construção.

Um dos instrumentos cuja utilização está a ser ponderada é o da *venda forçada* porque pode resolver alguns problemas, designadamente nas situações em que a entidade gestora não tem condições para recorrer à expropriação e, em que não existe interlocutor do "outro lado". Estão em causa, sobretudo, situações de heranças indivisas em que há uma pluralidade de herdeiros que não estão disponíveis para acordar na reabilitação ou, mesmo, situações em que os proprietários não estão identificados.

Trata-se de um processo relativamente complexo, implica uma avaliação prévia por perito da lista (o que também acontece na expropriação), que se for aceite pelo proprietário torna o processo mais simples porque se passa de imediato à hasta pública. Na falta de acordo quanto a este valor da avaliação inicial, este é determinado de acordo o disposto no Código das Expropriações para a expropriação litigiosa, designadamente sobre a arbitragem, a designação de árbitros, a arguição de irregularidades e o recurso da decisão arbitral. Assim, o processo de determinação do valor base da hasta pública pode ser muito moroso, dado que tudo se passa como de uma expropriação se tratasse, só depois se passando à hasta pública.

Este procedimento apresenta a vantagem de a entidade gestora poder atingir o objetivo da reabilitação, sem que tenha que suportar os custos da aquisição do prédio e das obras, embora se admita que tenha de suportar os custos com o processo de determinação do valor base e com a hasta pública (peritos árbitros, publicações e taxas de justiça), porque a lei não estabelece a forma de ressarcimento da entidade gestora.

As desvantagens, também são de considerar. A primeira reside na possível morosidade de processo. A segunda consiste na obrigação que a entidade gestora tem de adquirir e reabilitar o prédio caso a hasta pública fique deserta. Finalmente, a terceira, consiste na obrigação de expropriar o prédio ou reiniciar a venda forçada caso o adquirente da hasta pública não inicie as obras no prazo de 6 meses, contados da arrematação.

Por último, apenas uma referência às dificuldades com que as entidades gestoras se deparam no âmbito dos processos de expropriação. Está sobretudo em causa a discrepância que se verifica entre os valores da avaliação inicial efetuada por perito da lista, nos termos do artigo 10º do Código da Expropriações, a solicitação da entidade gestora, o valor da peritagem ,efetuada por 3 peritos nomeados pelo Tribunal da Relação e o valor da peritagem, determinado por 5 peritos, três dos quais nomeados pelo Tribunal.

A discrepância entre os valores da arbitragem e da peritagem em alguns casos é superior a 160%. Apenas referimos a diferença entre os valores da arbitragem e da peritagem porque os peritos são nomeados pelo Tribunal, sem interferência da entidade gestora. Se a comparação for feita entre os valora da peritagem e da avaliação inicial a discrepância é superior. É uma situação que merece alguma ponderação, até pelas dificuldades orçamentais que pode gerar.

# CAPÍTULO V
# O QUE HÁ DE NOVO NAS POLÍTICAS DE HABITAÇÃO?

# Para uma nova geração de políticas de habitação: Sentido estratégico, objetivos e instrumentos de atuação

*Ana Pinho,*
Secretária de Estado da Habitação

## 1. Sentido Estratégico

A habitação é um bem essencial à vida das pessoas e um direito fundamental constitucionalmente consagrado. A reabilitação é, atualmente, um tema incontornável, quer se fale de conservação do edificado, **eficiência material, qualificação ambiental**, desenvolvimento sustentável, ordenamento do território, preservação do **património ou** coesão socioterritorial. Ambas assumem-se, assim, como instrumentos chave para a melhoria da qualidade de vida das populações, para a qualificação e atratividade dos territórios construídos e para a promoção da sustentabilidade no desenvolvimento urbano.

Independentemente do caminho que Portugal tem vindo a percorrer nestas matérias, em particular, ao nível da redução quantitativa das carências habitacionais, o facto é que persistem problemas de natureza estrutural, aos quais ainda é necessário atender, nomeadamente, em termos de:

- Acesso à habitação por parte da população;
- Equilíbrio entre os vários segmentos de ofertas habitacionais e na funcionalidade global do sistema;

- Qualificação do edificado e coesão socioterritorial.

Concomitantemente, manifestam-se novos desafios, decorrentes:

- Das profundas alterações dos modos de vida e das condições socioeconómicas das populações (em termos de estrutura demográfica, dinâmicas familiares, perfis de relação casa-trabalho, mobilidades pendulares e profissionais, entre outras);
- Da combinação de carências conjunturais com necessidades de habitação de natureza estrutural, derivadas das políticas de habitação anteriores e da mudança de paradigma no acesso ao mercado de habitação, precipitada pela crise económica e financeira internacional; e também
- Da diversidade e especificidade das suas expressões territoriais, à luz quer de processos de desvitalização estruturais, quer de dinâmicas de revitalização socioterritorial em curso.

As questões da habitação e da reabilitação desafiam, assim, a configuração da ação pública pela sua importância estratégica e mais-valia enquanto instrumentos-chave e sinergéticos, bem como pelos velhos e novos desafios que enfrentam e que suscitam a procura de soluções e de respostas de política pública suscetíveis de configurarem uma Nova Geração de Políticas de Habitação.

Esta Nova Geração de Políticas de Habitação tem por missão:

- Garantir o acesso de todos a uma habitação adequada, entendida no sentido amplo de habitat e orientada para as pessoas, passando por um alargamento significativo do âmbito de beneficiários e da dimensão do parque habitacional com apoio público;
- Criar as condições para que tanto a reabilitação do edificado como urbana passem de exceção a regra e se tornem nas formas de intervenção predominantes, tanto ao nível dos edifícios como das áreas urbanas.

Os múltiplos desafios que se colocam à política de habitação e à reabilitação – económicos, funcionais, ambientais e sociais – demonstram a necessidade de uma abordagem integrada ao nível das políticas setoriais, das escalas territoriais e do envolvimento dos vários atores. Esta abordagem, embora prosseguindo uma visão global, tem de ser adaptada aos desafios e às características específicas dos edifícios, territórios e comunidades.

Neste domínio, as mais-valias públicas assentam, essencialmente, na capacidade de garantir uma habitação adequada aos que, por situações de carência e vulnerabilidade várias, estão excluídos do acesso à mesma, bem como na capacidade de regulação da oferta e da procura de habitação segundo princípios de equidade, sustentabilidade e justiça social, criando condições para a acessibilidade generalizada a uma habitação condigna e precavendo fenómenos de segregação socioterritorial, gentrificação, despovoamento dos centros urbanos e periferização habitacional. Estes desígnios só podem ser alcançados através de estratégias claras, sobretudo na definição dos seus objetivos, públicos-alvo, recursos e critérios de partilha de competências e responsabilidades entre a esfera privada e a pública e entre os vários organismos e níveis de governo.

Destaca-se, em particular, o papel imprescindível das autarquias locais na efetivação do direito à habitação, na medida em que a sua relação de proximidade com os cidadãos e o território lhes permite ter uma noção mais precisa dos desafios e dos recursos passíveis de mobilização, sendo a sua ação instrumental na construção e implementação de respostas mais eficazes e eficientes, orientadas para os cidadãos.

Neste contexto, apontam-se como grandes objetivos em matéria de política de habitação e reabilitação para a presente legislatura:

1. Dar resposta às famílias que vivem em situação de grave carência habitacional, garantindo que a gestão do parque habitacional público concorre para a existência de uma bolsa dinâmica de alojamentos capaz de dar resposta às necessidades mais graves e urgentes de uma forma célere, eficaz e justa;
2. Garantir o acesso à habitação aos que não têm resposta por via do mercado, incentivando uma oferta alargada de habitação para arrendamento a preços acessíveis e a melhoria das oportunidades de escolha e das condições de mobilidade dentro e entre os diversos regimes e formas de ocupação dos alojamentos e ao longo do ciclo de vida das famílias;

3. Criar as condições para que a reabilitação seja a principal forma de intervenção ao nível do edificado e do desenvolvimento urbano, passando a reabilitação da exceção a regra, assumindo a generalização da sua expressão territorial e fomentando intervenções integradas;
4. Promover a inclusão social e territorial e as oportunidades de escolha habitacionais, apostando em abordagens integradas e participativas nos bairros de arrendamento públicos e no reforço da informação, encaminhamento e acompanhamento de proximidade.

No que respeita ao modelo de política, pretende-se convergir com a União Europeia, mediante um alargamento substancial do âmbito dos beneficiários da política de habitação e da dimensão do parque habitacional com apoio público (ver Figura 1). Mais concretamente, pretende-se passar de um modelo dirigido essencialmente para uma população mais desfavorecida (classificado como "Orientado Residual"), para um modelo que tem como universo potencial de beneficiários todos os agregados familiares em falha de mercado, incluindo, por esta via, a população de rendimentos intermédios que não consegue aceder a uma habitação adequada no **mercado sem** que tal implique uma sobrecarga sobre o seu orçamento familiar (classificado como "Orientado Generalista").

Apontam-se ainda como metas de médio prazo (8 anos), também no sentido de convergência com a média europeia:

1. Aumentar o peso da habitação com apoio público[1] na globalidade do parque habitacional de 2% para 5%, o que representa um acréscimo de cerca 170.000 fogos, passando na classificação europeia do escalão "muito pequeno" (<5%) para o "pequeno" (5-10%);
2. Baixar a percentagem de população que vive em agregados familiares com sobrecarga das despesas com habitação no regime de arrendamento de 35% para 27%[2].

[1] Fogos destinados a famílias carenciadas ou em situação de sobrecarga de custos habitacionais de propriedade pública ou de outras entidades, sempre que disponibilizados no regime de arrendamento apoiado, no regime de renda condicionada, no regime de propriedade resolúvel ou ao abrigo do Programa de Arrendamento Acessível.

[2] Percentagem de população que vive em agregados familiares cujas despesas anuais associadas à habitação são superiores a 40% do rendimento disponível.

**Figura 1 – Ambição em termos de modelo de política e dimensão do setor**[3]

| | | | PESO DO SETOR DE HABITAÇÃO DE INTERESSE SOCIAL | | | |
|---|---|---|---|---|---|---|
| | | | **Grande (>19%)** | **Médio (11-19%)** | **Pequeno (5-10%)** | **Muito Pequeno (0-5%)** |
| MODELO | **Universal** | | Países Baixos, Dinamarca, Suécia | | | |
| MODELO | **Orientado** | Generalista | Áustria | República Checa, França, Finlândia | Bélgica, Alemanha, Itália, Polónia, Eslovénia **PORTUGAL (2025)** | Luxemburgo, Eslováquia, Grécia |
| MODELO | **Orientado** | Residual | | Reino Unido | Irlanda, Malta | Bulgária, Chipre, Hungria, Letónia, Lituânia, Estónia, Roménia, Espanha, **PORTUGAL (2017)** |

## 2. Princípios orientadores e fundamentos para uma nova geração de políticas de habitação

### *2.1 Princípios orientadores*

Os desafios que a política de habitação e reabilitação enfrenta na atualidade, conjuntamente com os objetivos definidos, implicam uma mudança na forma tradicional de conceber e implementar as políticas públicas neste domínio, acarretando:

[3] Adaptado e atualizado de: European Parliament, Directorate General for Internal Policies, Policy Department A: Economic and Scientific Policy (2013), *Social housing in the EU*; United Nations Economic Commission for Europe (2015), *Social Housing in the UNECE region: Models, Trends and Challenges.*

- Uma reorientação da sua centralização no objeto – a "casa" – para o objetivo – o "acesso à habitação";
- A criação de instrumentos mais flexíveis e adaptáveis a diferentes realidades, públicos-alvo e territórios;
- Uma forte cooperação horizontal (entre políticas e organismos setoriais), vertical (entre a administração central, regional e locais) e entre os setores público, privado e cooperativo, bem como uma grande proximidade aos cidadãos.

Esta é uma mudança de abordagem que, tendo reflexos tanto em termos de sentido estratégico, como de objetivos e de procedimentos, demanda uma Nova Geração de Políticas de Habitação, **traduzindo-se** numa passagem:

**De uma política centrada na oferta pública de habitação para os mais carenciados para uma política orientada para o acesso universal a uma habitação adequada**

| Alargar o âmbito dos beneficiários da política de habitação aos agregados familiares em falha de mercado, incluindo, por esta via, a população de rendimentos intermédios que se encontra em situação de inacessibilidade habitacional. |
|---|

**De uma política de habitação cujos principais instrumentos assentaram na construção de novos alojamentos e no apoio à compra de casa para uma política que privilegia a reabilitação e o arrendamento**

| Garantir a existência de instrumentos orientados para a dinamização do mercado de arrendamento e da reabilitação como medidas estruturantes e complementares para o equilíbrio entre segmentos de oferta e regimes de ocupação habitacional, para a utilização eficiente do parque habitacional existente e para o aumento das oportunidades de escolha das famílias e do acesso à habitação. |
|---|

**De uma política de habitação centrada nas "casas" para uma política que coloca no seu centro as "pessoas"**

Garantir que todos os cidadãos têm condições de acesso a uma habitação adequada e para uma vida digna e recompensadora, reconhecendo que tal implica soluções diferenciadas e adaptáveis às situações concretas dos agregados familiares, uma graduação dos instrumentos e diversificação das ofertas e uma visão integrada da habitação e do território, contribuindo deste modo para a inclusão social e coesão socioterritorial e evitando situações de iniquidade social.

## De uma política centralizada e setorial para um modelo de governança multinível, integrado e participativo

Garantir que a política pública de habitação, tendo âmbito nacional, tem uma expressão local e respostas diferenciadas e integradas para os problemas específicos, quer dos agregados familiares quer dos territórios, operacionalizadas em articulação com outras políticas setoriais e em estreita cooperação, envolvendo as **autarquias,** entidades e comunidades locais.

## De uma política reativa para uma política proativa, com base em informação e conhecimento partilhado e na monitorização e avaliação de resultados

Assegurar a disponibilização, regular e de fácil acesso, de informação rigorosa sobre preços e acessibilidade no mercado da habitação, que permita uma atitude preventiva face a dinâmicas presentes no território, apoiar a criação e adequação dos instrumentos de política pública aos desafios em presença, avaliar a sua implementação e resultados, apoiar os cidadãos nas suas decisões e funcionar como fator de regulação do mercado.

**A eficácia desta nova abordagem, enquanto instrumento de efetivação do direito à habitação, depende, dada a sua natureza integradora e global, da articulação com uma política de cidades que vise a construção de espaços de coesão social, de competitividade económica e qualidade ambiental.**

Os objetivos e princípios orientadores da NGPH refletem, de forma clara e coerente, os compromissos da Agenda Urbana da União Europeia, uma ação conjunta da Comissão Europeia, dos Estados Membros e das Redes Europeias de Cidades, que salienta o potencial e relevância das áreas urbanas enquanto vetores de crescimento económico e de inclusão social, bem como de inovação e criatividade perante desafios emergentes. Sublinha-se que a habitação é um dos temas prioritários da Agenda Urbana para a União Europeia e que esta reconhece também que a complexidade dos desafios urbanos requer uma abordagem integrada e participativa, novos modelos de governança urbana eficazes e que vão além dos limites administrativos, um planeamento urbano com uma abordagem de base local orientada para as pessoas e um foco na regeneração urbana, incluindo aspetos sociais, económicos, ambientais, espaciais e culturais.

A Agenda Urbana para a União Europeia vai contribuir para a implementação da Agenda 2030 para o Desenvolvimento Sustentável das Nações Unidas e para a Nova Agenda Urbana Mundial, que estabelece compromissos plenamente alinhados com os princípios orientadores da Nova Geração de Políticas de Habitação, designadamente:

- Promover a realização progressiva do direito a uma habitação adequada como uma componente do direito a um nível de vida condigno;
- Encorajar o desenvolvimento de modelos de política e instrumentos que promovam o acesso a uma ampla gama de opções habitacionais sustentáveis e economicamente acessíveis a cidadãos com diferentes níveis de rendimento, incluindo arrendamento;
- Promover a implementação de programas de desenvolvimento urbano que tenham no seu centro as pessoas e as suas necessidades habitacionais, dando prioridade a soluções habitacionais bem localizadas e bem distribuídas, a fim de evitar a produção em massa de habitações periféricas e isoladas, desconectadas dos sistemas urbanos, independentemente do segmento económico e social para o qual são desenvolvidas;
- Promover o desenvolvimento de políticas e abordagens habitacionais integradas, que abranjam todos os setores, em particular os do emprego, educação, saúde e integração social, e todos os níveis de governo, viabilizando a participação e o envolvimento de comunidades e atores relevantes no planeamento e na implementação destas políticas;

- Definir sistemas de monitorização inclusivos e transparentes e promover a análise diferenciada da oferta e da procura habitacional com base em dados de alta qualidade, atualizados e fiáveis.

À escala nacional, sublinha-se o trabalho de articulação da Nova Geração de Políticas de Habitação com o Programa Nacional da Política de Ordenamento do Território (PNPOT), atualmente em processo de revisão, garantindo as condições necessárias para uma efetiva coerência na resposta aos grandes desafios que se impõem para o futuro em termos de transformações demográficas e societais, planeamento urbano e governança territorial, economia e finanças públicas, economia circular e adaptação às alterações climáticas, habitação, transportes coletivos e infraestruturas básicas.

## *2.2 Fundamentos às alterações de sentido estratégico para uma nova geração de políticas de habitação*

### De uma política centrada na oferta pública de habitação para os mais carenciados para uma política orientada para o acesso universal a uma habitação adequada

O modelo de política de habitação em Portugal focou-se, em grande medida, na disponibilização de uma oferta pública de habitação para os grupos mais vulneráveis e carenciados, não havendo uma oferta com apoio público para as populações que, apesar de terem rendimentos mais elevados, não conseguem aceder a uma habitação adequada no mercado sem que isso implique uma sobrecarga excessiva sobre o orçamento familiar – seja porque residem em zonas sujeitas a uma forte pressão da procura e, portanto, com preços médios mais elevados, seja porque estão expostos a situações laborais precárias com fortes variações dos rendimentos ou ainda porque a composição do agregado levanta necessidades especiais em termos da dimensão e características dos alojamentos.

Este modelo revela-se cada vez mais desajustado face às carências habitacionais da atualidade. Com efeito, o grupo de pessoas em situação ou risco de vulnerabilidade aumentou consideravelmente, em parte pelo envelhecimento populacional, mas também pelo aumento da pobreza, do número de agregados familiares monoparentais e das famílias que, por causa da crise recente, deixaram de poder cumprir com as suas obrigações em matéria de crédito habitacional. No entanto, as estatísticas demonstram que os mais afetados são os jovens que, seja pela falta de oferta de habitação no regime de arrendamento a preços que possam suportar, seja pela dificuldade em conseguir um empréstimo para a compra de casa, veem cada vez mais adiada a oportunidade de se autonomizarem. É assim urgente dar resposta a estas situações, mediante o alargamento do âmbito dos beneficiários da **oferta** de habitação de interesse social aos agregados familiares em falha de mercado, incluindo, por esta via, a população de rendimentos intermédios que se encontra em situação de inacessibilidade habitacional. Na conjuntura atual esta é uma condição necessária para a construção de uma política de habitação mais ampla e justa, que funcione efetivamente como um garante do direito à habitação.

**Figura 2 – Alargamento do âmbito da política de promoção do arrendamento**

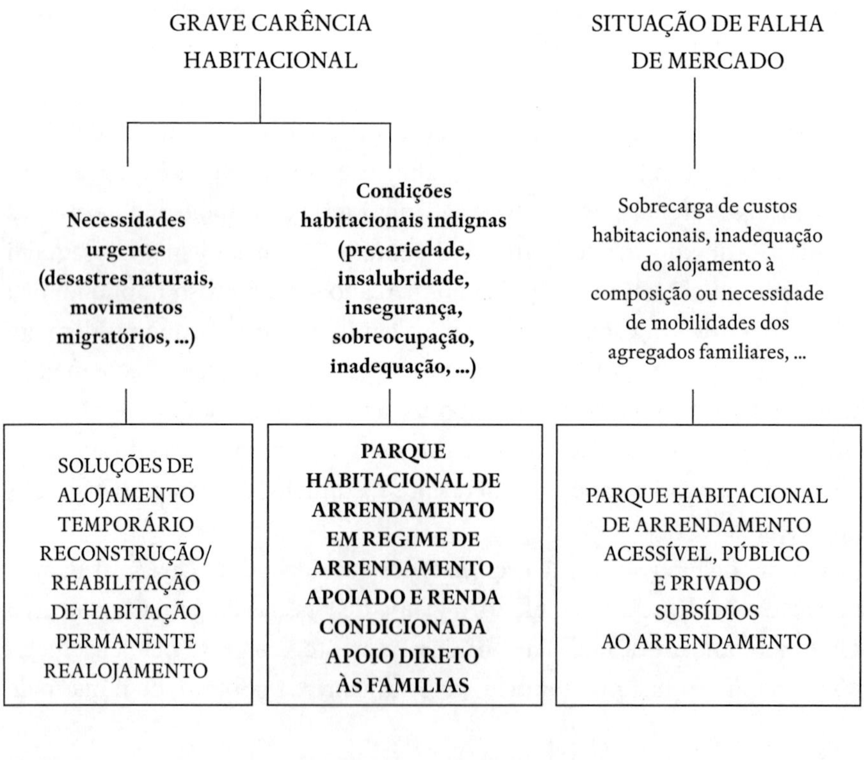

## De uma política de habitação cujos principais instrumentos assentaram na construção de novos alojamentos e no apoio à compra de casa para uma política que privilegia a reabilitação e o arrendamento

O que marca até hoje de forma distintiva o esforço financeiro do Estado em matéria de política de habitação é, sem dúvida, o apoio à compra de casa própria. Com efeito, no período entre 1987 e 2011, perto de três quartos do apoio do Estado foi direcionado para apoiar a compra de casa própria (por via, essencialmente, do crédito bonificado), sendo muito inferior o valor despendido com programas de promoção de habitação de interesse social ou com o apoio ao arrendamento. Tanto os apoios ao arrendamento, como, mais ainda, à reabilitação, tiveram um peso muito reduzido face aos restantes apoios – 8,4% e 1,7% do total de investimento, respetivamente.

Reflexo deste desequilíbrio em termos de política pública, fortemente reforçado por outras dinâmicas presentes no contexto nacional, o arrendamento e a reabilitação nunca tiveram um desenvolvimento e um peso no mercado próximos da média da União Europeia, sendo setores tradicionalmente subdesenvolvidos em Portugal. Dadas as características do mercado de habitação nacional, em que sobressaem a rigidez nas trajetórias residenciais, a degradação do edificado e a expressiva proporção de alojamento vagos, a reabilitação do edificado e urbana, por contraponto à construção nova e à expansão urbana, são indissociáveis da dinamização do mercado de arrendamento, enquanto respostas ao problema do acesso à habitação. Persistem, no entanto, um conjunto de obstáculos à aposta no arrendamento e na reabilitação e, em particular, na reabilitação para arrendamento habitacional, que é necessário minimizar (Figura 3).

**Figura 3 – Articulação entre os obstáculos ao arrendamento e à reabilitação**

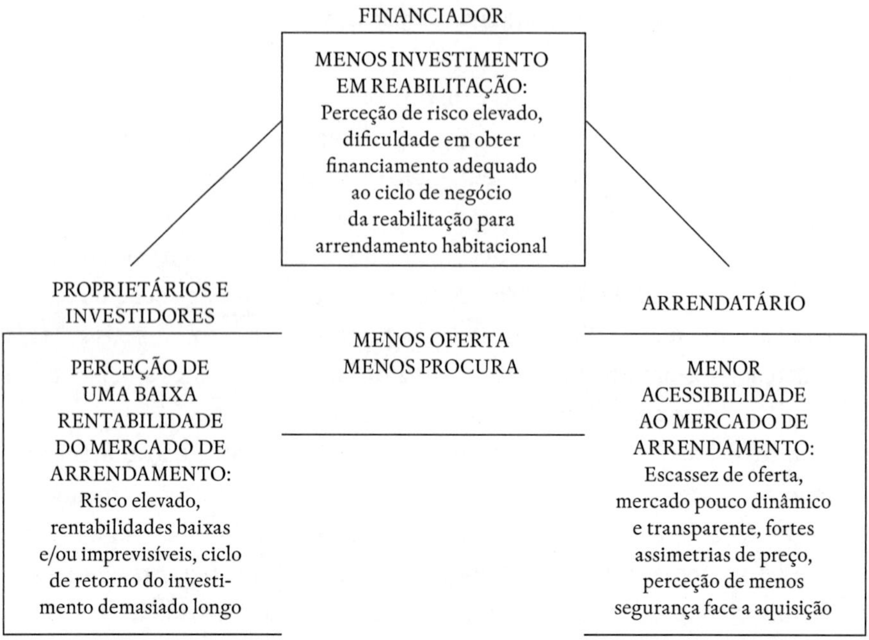


A reabilitação é hoje considerada consensualmente como um objetivo central das políticas urbanas e como um imperativo a que urge dar resposta. No entanto, convém clarificar que há neste âmbito dois domínios de atuação que, embora proximamente interligados, são de facto distintos e requerem enquadramentos e instrumentos de intervenção diferenciados: a reabilitação do edificado e a reabilitação urbana.

Relativamente à reabilitação do edificado, esta é matéria de interesse público já que está em causa a dignidade humana, a saúde, a segurança e o bem-estar das populações e o direito a uma habitação de dimensão adequada, em condições de higiene e conforto, e que preserve a privacidade pessoal e familiar. Adicionalmente, no caso dos edifícios ou frações devolutos, o não aproveitamento da sua função social é por si só lesivo do interesse público, na medida em que diminui a oferta de fogos e de solo disponível, aumentado por esta via artificialmente os preços, o que dificulta o acesso à habitação e promove a insegurança, a desertificação e o declínio urbano.

Já a reabilitação urbana é muito mais abrangente e complexa que a reabilitação do edificado. Tem implícita uma necessidade de mudança e transformação de um dado território onde se concentram dinâmicas de degradação e declínio que, tendo uma expressão física, são geralmente reflexo de fenómenos mais profundos de carências e vulnerabilidades funcionais, demográficas, económicas, sociais, entre outras. Inverter as dinâmicas de declínio de uma área urbana e inseri-la no processo de desenvolvimento global da cidade implica assim muito mais do que uma mera atuação ao nível da reabilitação de edifícios ou da dimensão física do sistema urbano: implica uma intervenção integrada nas suas múltiplas dimensões – física, económica, social, ambiental e cultural.

Tanto a reabilitação do edificado como a reabilitação urbana foram direcionadas, na sua origem, para as áreas mais antigas das cidades, sendo tipos de intervenção relativamente excecionais num cenário em que a construção de edifícios novos e a expansão urbana eram a regra.

No caso da reabilitação do edificado, não só as necessidades de construção nova são hoje bastante mais limitadas, como os fenómenos de degradação e abandono do parque edificado já não se cingem aos edifícios mais antigos ou às zonas ditas "históricas", estando cada vez mais disseminados por todo o território construído. No que respeita à reabilitação urbana, também aqui as principais necessidades muitas vezes já não se localizam nos centros das cidades, existindo hoje áreas urbanas menos centrais, onde reside uma parte importante da população, e que se encontram em processos de declínio e com carências múltiplas que justificam uma intervenção integrada de reabilitação.

Adicionalmente, a procura por modelos de desenvolvimento urbano mais sustentáveis leva a que a aposta deva ser feita na contenção da construção nova e da expansão urbana e, consequentemente, dos movimentos pendulares, mediante a reabilitação e reutilização dos recursos edificados existentes e a melhoria do seu desempenho energético e material, necessidade reforçada pelo facto do parque edificado e a construção ocuparem solos potencialmente agrícolas ou florestais e serem responsáveis por grande parte das emissões de gases com efeito de estufa, do consumo de matérias-primas e energia e da produção de resíduos em ambiente urbano. Neste contexto, os incentivos à dinamização do mercado de arrendamento e à reabilitação são medidas estruturantes e que se complementam para o equilíbrio entre os vários segmentos de oferta e regimes de ocupação habitacional, para a utilização eficiente do parque habitacional existente, incluindo o vago ou expectante, e para o aumento das oportunidades de escolha das famílias e do acesso à habitação.

## De uma política de habitação centrada nas "casas" para uma política que coloca no seu centro as "pessoas"

No centro do debate sobre o papel da política de habitação está o reconhecimento que «todos os cidadãos têm direito, para si e para a sua família, a uma habitação adequada e que, neste âmbito, «incumbe ao Estado a criação de políticas e instrumentos que permitam garantir este direito, em cooperação com os municípios, as comunidades e populações locais e os privados» – Artigo 65.º da Constituição da República Portuguesa.

A este respeito, convém recordar que, como referem as Nações Unidas, «um alojamento adequado significa mais do que um telhado sobre a nossa cabeça. Significa também privacidade adequada; espaço adequado; acessibilidade física; segurança adequada; segurança no arrendamento; estabilidade estrutural e durabilidade; iluminação, aquecimento e ventilação adequadas; infraestruturais básicas adequadas, tais como água canalizada, instalações sanitárias e de tratamento de resíduos; qualidade ambiental adequada e fatores relacionados com a saúde; e uma localização e acessibilidade adequada no que diz respeito ao local de trabalho e equipamentos básicos: todos os quais devem estar disponíveis a um custo acessível.»

O objetivo último da política de habitação não deve ser "produzir casas" mas garantir que todos os cidadãos têm acesso a uma habitação adequada e condições para uma vida digna e recompensadora. Mais do que produzir oferta adicional de habitação é hoje necessário promover o acesso dos cidadãos à oferta habitacional existente, quer esta seja pública ou privada, incentivar a mobilização do parque habitacional devoluto ou com outras ocupações para este fim, garantir condições de habitabilidade satisfatórias e incentivar a qualificação e integração socioterritorial das áreas urbanas habitacionais.

Adicionalmente, as lógicas do "apoio à pedra" e do "apoio à pessoa" traduzem-se em diferentes graus de flexibilidade dos instrumentos e, consequente, de adaptabilidade a necessidades segmentadas e específicas e de mobilidade dos cidadãos. Uma oferta pública de habitação disponibilizada às famílias com base nos seus rendimentos é fundamental para dar resposta às situações dos grupos mais carenciados. Não obstante, a garantia do acesso de todos a uma habitação adequada exige uma graduação dos instrumentos e uma mobilização da oferta, tanto pública como privada, que permita alcançar esta nova abrangência de beneficiários e de objetivos, otimizando e maximizando a utilização dos recursos públicos.

Uma política de habitação que combine as duas lógicas está, portanto, melhor preparada para fazer face ao carácter mutável das necessidades de habitação das famílias ao longo do seu ciclo de vida e às características específicas dos territórios e aos recursos existentes em cada momento, evitando situações de iniquidade social e contribuindo para o acesso de todos a uma habitação adequada, para a melhoria das condições de vida da população e para a coesão socioterritorial.

## De uma política centralizada e setorial para um modelo de governança multinível, integrado e participativo

Apesar de existirem carências habitacionais e dificuldades no acesso à habitação em todo o país, os problemas concretos, a sua dimensão e as causas que lhes estão subjacentes têm uma expressão muito diferenciada em cada território. Adicionalmente, os obstáculos experienciados por cada agregado familiar no acesso à habitação são também muito diversos, podendo ir de uma total incapacidade de prover um teto a uma necessidade pontual de apoio numa fase mais complicada e transitória da vida.

Por outro lado, frequentemente, nos casos de maior vulnerabilidade o problema habitacional não é o único, existindo outros obstáculos mais profundos à inclusão e autonomia dos indivíduos e famílias, como sejam a pobreza, o desemprego, a falta de qualificações, entre outros. Acresce que o facto de muitos dos bairros habitacionais de arrendamento público não estarem territorial e funcionalmente integrados no tecido urbano não favorece a integração social dos que os habitam, reforçando as dinâmicas de exclusão já em presença.

Neste contexto, é fundamental que as políticas nacionais tenham uma expressão local e a capacidade e flexibilidade para se adequarem aos problemas específicos, quer das famílias quer dos territórios. Com efeito, para dar resposta à diversidade de expressões territoriais das carências habitacionais e das necessidades de integração dos bairros habitacionais de arrendamento público é necessário que os instrumentos de política permitam e incentivem a construção e implementação de respostas locais, em estreita cooperação com as autarquias e outras entidades presentes no terreno, muito em particular ao nível dos instrumentos de apoio ao acesso.

Para operar uma abordagem integrada ao conjunto complexo e interdependente de problemas que afetam os agregados familiares mais vulneráveis, bem como para integrar social, funcional e territorialmente os bairros habitacionais de arrendamento público, é necessário ainda articular a atuação em matéria de política de habitação com outras políticas setoriais, tanto ao nível central como local, nomeadamente, com as políticas urbanas, sociais, de emprego, educação, saúde, transportes, entre outras. Adicionalmente, para dar resposta aos diferentes tipos e graus de dificuldade que cada agregado familiar enfrenta, bem como para promover a inclusão e a autonomização dos que estão em situação ou em risco de exclusão social, é fundamental que se integrem na construção das respostas concretas os próprios agregados familiares, fazendo-os participar nas tomadas de decisão sobre a sua vida, acompanhando-os e apoiando-os no processo e permitindo-lhes ser parte ativa das soluções.

Emerge como fator crítico de sucesso, o reforço do papel dos municípios na esteira da lógica de descentralização e de subsidiariedade plasmada no Programa do XXI Governo Constitucional. A implementação da Nova Geração de Políticas de Habitação deve assentar, em grande medida, em estruturas de gestão descentralizadas e de proximidade, atentas às vantagens da cooperação entre setores e níveis de governo.

Por todas as razões acima referidas, o desenvolvimento de estratégias locais de habitação deve ser valorizado no âmbito dos instrumentos de política de habitação nacionais, promovendo, por esta via, não só a adequação dos instrumentos nacionais às especificidades locais como a adoção de uma abordagem integrada e estratégica na sua implementação.

## De uma política reativa para uma política proativa, com base em informação e conhecimento partilhado e na monitorização e avaliação de resultados

Tradicionalmente, os instrumentos de política de habitação foram sendo criados ou alterados para dar resposta a graves problemas que se faziam sentir no território, quando a sua visibilidade e presença eram já bastante evidentes. Atualmente, a rapidez com que se operam as mudanças, bem como a necessidade crescente de efetuar uma judiciosa gestão e aplicação dos recursos públicos, aliada a uma vontade de maior escrutínio, rigor e transparência em matéria de políticas públicas, exige a disponibilização de informação rigorosa, de fácil acesso e a uma escala territorial adequada, sobre o mercado habitacional e o acesso à habitação.

Esta informação permitirá, num primeiro momento, diagnosticar com rigor os problemas e dinâmicas presentes no território e apoiar a criação dos instrumentos de política pública, orientando-os para uma resposta adequada aos desafios em presença. Permitirá ainda, num segundo momento, acompanhar e avaliar a eficácia e eficiência destes instrumentos, detetar áreas de aperfeiçoamento e analisar os retornos do investimento público em cada caso. Possibilitará também identificar novas dinâmicas numa fase inicial e ter uma atuação preventiva e proativa.

Adicionalmente, a disponibilização regular e de fácil acesso de informação sobre preços e acessibilidade no mercado da habitação é, por si só, um instrumento de política do setor, ao apoiar os cidadãos nas suas escolhas e decisões, que passarão a ter por base dados fiáveis, capacitando as famílias para uma das decisões com maior impacto na gestão do seu orçamento. Permitirá também aos proprietários e empresas uma avaliação mais rigorosa do risco e dos retornos dos seus investimentos nos mercados do arrendamento e reabilitação. Por último, contribuirá para evitar dinâmicas especulativas que se desenvolvem com base em informação deficiente ou insuficiente relativa aos mercados de habitação e reabilitação.

## 3. Objetivos estratégicos e instrumentos de atuação

### *3.1 Articulação entre missão, princípios e objetivos*

Para alcançar a missão da Nova Geração de Políticas de Habitação foram definidos quatro objetivos complementares e com fortes relações sinérgicas entre si. A abordagem à operacionalização destes objetivos, mediante os respetivos instrumentos de atuação, tem em conta, de forma transversal, os princípios orientadores já apresentados. É nesta articulação, complementaridade e orientação transversal que reside o principal fator diferenciador da Nova Geração de Políticas de Habitação.

**Figura 4 – Articulação entre missão, princípios e objetivos**

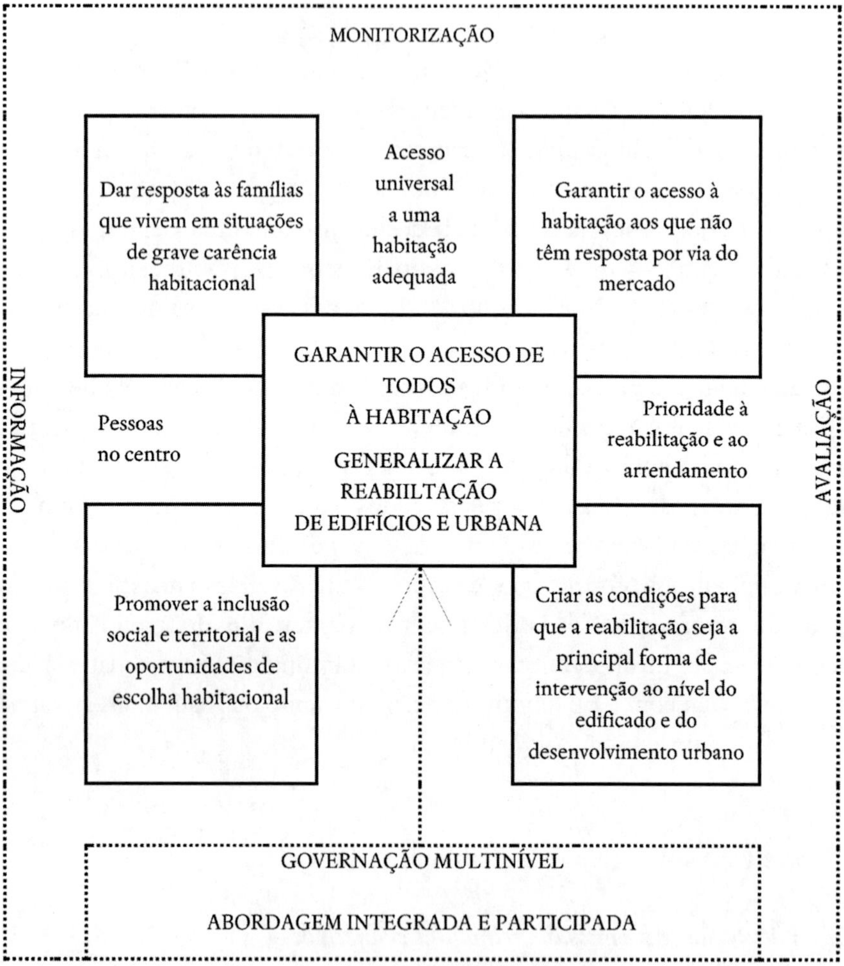

### *3.2 Dar resposta às famílias que vivem em situação de grave carência habitacional*

*Enquadramento*

O esforço financeiro do Estado na promoção de habitação de interesse social nas últimas duas décadas centrou-se, em especial, na resolução dos problemas habitacionais das populações residentes em barracas e outros alojamentos precários, maioritariamente assente nos programas PER e PROHABITA. Não obstante tenham permitido a eliminação de um significativo número de núcleos habitacionais degradados, o PER e o PROHABITA foram direcionados de forma praticamente unívoca para a eliminação de um tipo específico de degradação habitacional, concentrada em áreas específicas dos territórios dos municípios.

Estes programas cedo evidenciaram a sua rigidez para poder dar resposta a outras disfunções no domínio da habitação e do edificado, igualmente importantes e graves, tendo algumas dessas lacunas conduzido à revisão pontual dos respetivos regimes jurídicos. Exemplos disso foram as alterações introduzidas no PER para permitir o recurso à solução de reabilitação de imóveis e a revisão do PROHABITA para acolher situações de necessidade de alojamento urgente ou temporário, mas que, ainda assim, não logrou prever uma resposta adaptável a todas as situações de emergência.

De facto, a rigidez do âmbito e das condições de acesso àqueles programas determinaram a ausência de uma resposta a um leque significativo de situações de grave carência habitacional que, como tal, merecem a maior atenção do Governo, desde logo relativas a novos casos de residência em edificações precárias e a necessidades de alojamento urgente e temporário, mas também consubstanciadas em vivências indignas, decorrentes de bloqueios à regularização de áreas urbanas de génese ilegal ou clandestinas, da ausência crónica de um local para habitar, da ocupação de alojamentos sem condições básicas de habitabilidade, da sobreocupação ou da desadequação do alojamento às necessidades de recomposição ou do reagrupamento familiar. A acumulação destas carências foi claramente confirmada pelo Levantamento Nacional de Necessidades de Realojamento Habitacional, terminado em Fevereiro de 2018, no âmbito do qual foram identificados pelos municípios mais de 25 mil agregados familiares em situação de grave carência habitacional.

A clara vontade de alargar o universo de beneficiários não pode deixar para trás as populações mais vulneráveis ao risco de pobreza, nem descurar as soluções para situações de emergência social e para grupos com necessidades específicas de intervenção (pessoas com deficiência, imigrantes, minorias étnicas, vítimas de violência doméstica, toxicodependentes, ex-reclusos e pessoas sem-abrigo, entre outros).

Acresce ainda a necessidade de dar uma resposta à gradual degradação de áreas urbanas de forte concentração do parque habitacional de arrendamento público, onde os problemas construtivos e de habitabilidade se sobrepõem, em muitos casos, aos fenómenos de privação material e exclusão social e territorial.

Importa portanto garantir que a política de habitação concorre para a existência de uma bolsa dinâmica de alojamentos capaz de dar resposta às necessidades mais graves e urgentes de uma forma eficaz e justa, mediante:

- A criação de instrumentos de apoio e de um enquadramento legal e regulamentar adequados e suficientemente flexíveis face às diferentes necessidades e situações específicas das famílias, dos promotores e dos contextos locais;
- Um reforço dos instrumentos e dos recursos disponibilizados para apoio à promoção de oferta de habitação para este fim;
- Um reforço dos instrumentos e dos recursos disponibilizados para a reabilitação do parque habitacional de propriedade pública.

*Instrumentos*

1.º Direito – Programa de Apoio ao Acesso à Habitação: este é um programa considerado central no âmbito das políticas de habitação e que tem por objetivo garantir o acesso a uma habitação adequada a pessoas que residem em condições habitacionais indignas, seja em situação de precariedade, insalubridades e insegurança, incluindo residência em zonas de risco ambiental, sobrelotação ou inadequação face a necessidades específicas de pessoas com deficiência. Assentará na concessão de apoio financeiro aos atores públicos e assistenciais locais (municípios, empresas municipais, IPSS), a associações de moradores e cooperativas de habitação e construção constituídas por agregados familiares elegíveis ao abrigo do programa e diretamente aos próprios agregados familiares, para disponibilização de um leque diverso de soluções habitacionais a valores acessíveis ao universo dos destinatários, cobrindo:

- Reabilitação de prédios ou de frações para habitação;
- Aquisição ou aquisição e reabilitação de prédios ou de frações para habitação;
- Arrendamento de prédios ou frações habitacionais para subarrendamento;
- Autopromoção;
- Aquisição de terrenos, nomeadamente no âmbito de processos de regularização de áreas de génese ilegal e clandestina;
- Construção de empreendimentos habitacionais, em caso excecionais relacionados com comprovada insuficiência de oferta de habitação disponível em determinada área territorial ou com o alojamento de população residente em áreas de génese ilegal e clandestina;
- Aquisição e reabilitação ou construção de equipamento social funcionalmente complementar de um empreendimento habitacional.

Em paralelo, deve ser assegurada a coerência com outros instrumentos de apoio à às famílias (apoio à renda, apoio técnico e social, como o Rendimento Social de Inserção) e a articulação com as autarquias e os Conselhos Locais de Ação Social (CLAS) da Rede Social, no sentido de consolidar as respetivas soluções habitacionais.

Sempre que possível, este programa será implementado em articulação com outras políticas setoriais, nomeadamente, com instrumentos que respondem a necessidades de grupos mais vulneráveis, como a Estratégia de Integração das Comunidades Ciganas ou medidas de apoio ao processo de autonomização e proteção das vítimas de violência doméstica, bem como no âmbito do objetivo estratégico da Estratégia Nacional para a Integração das Pessoas em Situação de Sem Abrigo 2017-2023 (ENIPSSA) "Assegurar que ninguém é desinstitucionalizado sem que tenham sido ativadas as medidas e apoios para garantir um lugar adequado para viver, sempre que se justifique", onde se prevê a realização de atividades relacionadas com a criação de bolsas de alojamentos locais para situações de desinstitucionalização de risco e com o alargamento de linhas de financiamento para a implementação de projetos Housing First dispersos na comunidade. Para além das pessoas em situação de sem abrigo, também outros grupos sociais mais vulneráveis e com necessidades específicas de intervenção devem ser alvo de uma resposta construída à sua medida.

Neste quadro, emergem como fatores críticos para a concretização dos objetivos do programa a articulação entre políticas setoriais e entre a administração central, regional e local, bem como a adequação das respostas às necessidades específicas dos territórios e proximidade às comunidades locais. Por esta razão, este programa terá por base um conjunto de estratégias locais de habitação e adotará princípios como os da participação e integração. Com efeito, o apoio ao acesso à habitação não significa o apoio a qualquer solução habitacional, devendo ser favorecidas soluções de ocupação dispersas em zonas habitacionais existentes ou que garantam a diversidade social e estejam inseridas no tecido urbano, evitando-se fenómenos de exclusão e de segregação socioterritorial.

A par com a implementação deste instrumento, será promovida, em articulação com a política de ordenamento do território, a revisão do enquadramento legal orientado para a reconversão de territórios críticos e complexos, como as áreas de génese ilegal e de construção informal, com vista a eliminar aspetos que obstaculizem ou dificultem a sua resolução.

Porta de Entrada – Programa de Apoio ao Alojamento Urgente: tem por objetivo dar resposta às situações de agregados familiares que ficam privados das suas habitações, ou que estão em risco iminente de ficar nessa situação, em virtude de factos imprevisíveis ou excecionais, nomeadamente desastres naturais (inundações, sismos, incêndios) ou fenómenos de migrações coletivas. Assentará na concessão de apoio aos agregados familiares para a reconstrução dos seus percursos residenciais, cobrindo:

- Alojamento temporário em empreendimento turístico ou similar;
- Arrendamento de longa duração de uma habitação adequada no parque de arrendamento público ou privado;
- Reconstrução ou reabilitação de habitação de que os beneficiários são proprietários;
- Autopromoção em terreno de que os beneficiários sejam proprietários;
- Aquisição ou construção de nova habitação, em caso excecionais, resultante da transferência da implantação da habitação preexistente para outro local, de que os beneficiários sejam proprietários.

### *3.3 Garantir o acesso à habitação a todos os que não têm resposta por via do mercado*

*Enquadramento*

A Nova Geração de Políticas de Habitação, ao deixar de estar centrada no objeto – "casa" – e passar a orientar-se para o objetivo – o acesso de todos a uma habitação adequada –, tem uma missão reformulada, tanto ao nível do universo de potenciais beneficiários, passando a incluir os agregados familiares de rendimentos intermédios que não consegue aceder a uma habitação adequada no mercado sem que tal implique uma sobrecarga sobre o seu orçamento familiar, como da dimensão do parque habitacional com apoio público, que necessitará de ser significativamente alargado em consonância com o aumento dos beneficiários.

Para alcançar estes desideratos é fundamental não só diversificar os promotores de habitação com apoio público, passando a envolver o setor privado, como equilibrar o setor da habitação em termos de regimes de ocupação, fortalecendo e promovendo o arrendamento habitacional permanente.

No entanto, existem vários obstáculos, tanto do lado da oferta como da procura, ao desenvolvimento do arrendamento habitacional, e, mais ainda, de um segmento de oferta para arrendamento a preços acessíveis, face aos rendimentos dos agregados familiares.

De entre estes obstáculos destacam-se, do ponto de vista da oferta:

- Diferencial de rendibilidade entre arrendamento e compra-venda e alternativas de investimento imobiliário percecionadas como sendo de maior rendibilidade e menor risco;
- Perceção de risco significativo de incumprimento do pagamento das rendas (ineficiência e ineficácia do sistema judicial e proteção social insuficiente dos arrendatários nas situações de quebra significativa dos rendimentos);
- Dificuldades relacionadas com o sistema bancário e a desadequação os seus produtos e condições de empréstimo ao investimento em arrendamento habitacional;
- Risco de instabilidade das orientações de política.

Do ponto de vista da procura, os principais obstáculos são:

- Falta de mobilidade residencial dos agregados familiares (72% do parque habitacional está ocupado no regime de "casa própria");
- Preços excessivos das rendas dos fogos disponíveis face aos rendimentos das famílias;
- Oferta de habitação para arrendamento insuficiente em alguns territórios;
- Ausência de proteção contra quebra significativa de rendimento disponível;
- Discriminação no acesso ao arrendamento, designadamente em razão de origem racial ou étnica e nacionalidade.

Neste contexto, é fundamental promover uma oferta alargada de habitação para arrendamento a preços reduzidos, mediante a criação de um conjunto de instrumentos que, de forma integrada e complementar, possam ultrapassar os obstáculos identificados e alcançar as metas definidas.

Pretende-se que estes instrumentos sirvam para minorar uma vulnerabilidade histórica e estrutural de competitividade da habitação permanente face aos outros usos potenciais, e que consiste no facto de a maioria dos agregados familiares disporem de menos recursos financeiros para suportarem os custos com a sua habitação permanente do que os que podem ser mobilizados pela generalidade das atividades económicas (escritórios, lojas comerciais, atividade turística, etc.). Esta vulnerabilidade teve e continua a ter diferentes expressões nas últimas décadas, levando em muitos casos a uma terciarização dos centros urbanos e ao seu despovoamento, segregação socioterritorial e gentrificação, fenómenos estes que se pretende combater, tornando o arrendamento habitacional mais competitivo e seguro. É importante, neste contexto, corrigir situações de desequilíbrio no âmbito da relação entre senhorios e arrendatários, no sentido de promover a disponibilização de habitação para arrendamento num quadro de estabilidade e segurança.

*Instrumentos*

Programa de Arrendamento Acessível: visa promover uma oferta alargada de habitação para arrendamento a preços reduzidos e compatíveis com os rendimentos dos agregados familiares, em termos da sua taxa de esforço. Pretende dar resposta às necessidades habitacionais das famílias cujo nível de rendimento não lhes permite aceder ao mercado de arrendamento habitacional, mas é superior ao que usualmente confere o acesso à habitação em regime de arrendamento apoiado. Terá por base um enquadramento fiscal favorável dos rendimentos prediais das entidades públicas e privadas, coletivas e singulares, que coloquem os seus prédios ou frações urbanas em arrendamento habitacional com o limite de preço de renda definido pelo programa. Em complemento, serão criados instrumentos com vista à promoção de oferta pública para este fim, ao aumento da segurança e da estabilidade no arrendamento, à promoção da transparência e regulação do mercado, à realização de investimento para arrendamento habitacional a preços acessíveis e à captação de oferta, bem como instrumentos de apoio à procura que, no seu conjunto, criarão um contexto incentivador de nova oferta e de descidas adicionais dos preços de renda face aos limites do programa.

Este programa assume uma abordagem de complementaridade com as políticas e programas municipais de apoio ao arrendamento, em particular a preços acessíveis, e à já referida promoção de oferta pública para este segmento, contribuindo para a sua viabilização económica e para o aumento da oferta.

Com efeito, os municípios têm a capacidade demonstrada de desempenhar um papel importante na promoção da acessibilidade à habitação nos seus territórios, pelo que podem e devem beneficiar dos programas do Estado nesse domínio, bem como complementá-los. Esta articulação pode permitir e viabilizar descidas adicionais dos preços das rendas face ao máximo definido no âmbito do Programa de Arrendamento Acessível, bem como aumentar a dimensão e oferta dos programas municipais.

A título ilustrativo, algumas das medidas que os municípios podem promover neste domínio são:

- Redução significativa ou eliminação da componente de custo do terreno/edifício;
- Redução ou isenção de impostos e taxas municipais para imóveis destinados ao arrendamento acessível;
- Promoção direta de habitações para arrendamento acessível;
- Utilização dos dispositivos legais disponíveis para compelir à reabilitação de imóveis habitacionais devolutos.

As medidas a implementar no âmbito deste programa são descritas abaixo sendo que, para a operacionalização do mesmo, estas são complementadas e articuladas com os restantes instrumentos descritos neste objetivo, bem como com os instrumentos de apoio ao investimento descritos no objetivo seguinte.

- Viabilização económica do programa:
  - Isenção da tributação sobre os rendimentos prediais e possível redução do IMI, podendo chegar à isenção, por decisão da Assembleia Municipal, para prédios urbanos ou frações disponibilizadas para arrendamento dentro do programa. Este programa estará disponível para os novos contratos de arrendamento a celebrar e que cumpram os requisitos do mesmo;
  - Limite máximo de renda 20% inferior ao valor de referência de arrendamento definido pelo programa, com base nas características do imóvel e no valor mediano do preço de renda por m2 para a localização em causa, podendo o preço ser alvo de reduções adicionais nos casos em que haja promoção pública, recurso a instrumentos de apoio ao investimento (ver abaixo) e/ou programas e medidas que venham a ser desenvolvidos pelos municípios, tornando o apoio público proporcional à função social da habitação;
- Aumento da segurança e estabilidade no arrendamento: medidas direcionadas a proprietários e a arrendatários, promotoras de uma maior transparência e segurança nas condições contratuais e previsibilidade dos rendimentos:
  - Compatibilização entre o preço das rendas e os rendimentos dos arrendatários (criação de limites à taxa de esforço);
  - Proteção dos proprietários e dos arrendatários em caso de incumprimento das regras do programa e do contrato (suspensão do acesso ao programa, seguro/garantia) e dispensa de fiador e caução;
  - Definição de um contrato-tipo, com duração mínima.

Instrumentos de promoção da segurança e estabilidade no arrendamento: medidas direcionadas a proprietários e a arrendatários, promotoras de uma maior transparência e segurança nas condições contratuais e previsibilidade dos rendimentos, complementares às medidas neste domínio do Programa de Arrendamento Acessível:

- Taxas autónomas diferenciadas para os arrendamentos habitacionais com contratos de longa duração;
- Revisão do enquadramento regulamentar, visando a estabilidade e a segurança do arrendamento e a proteção dos arrendatários mais vulneráveis;
- Proteção dos proprietários em caso de incumprimento por falta de pagamento de rendas (seguro / garantia);
- Proteção dos arrendatários em caso de quebra inesperada e súbita de rendimentos (seguro / garantia).

Instrumentos de captação de oferta: medidas que visam a captação de nova oferta para arrendamento habitacional, por via de promoção do investimento ou da angariação de fogos afetos a outros fins ou noutros regimes de ocupação, designadamente:

- Permitir o acesso ao Programa de Arrendamento Acessível como beneficiários (arrendatários) a agregados familiares que residam em casa própria, independentemente do município em que esta se localize, caso a habitação em causa seja disponibilizada para arrendamento no âmbito do programa;
- Permitir o arrendamento de partes de uma habitação (quartos), incluindo de habitações que sejam residência dos proprietários mas que estejam subocupadas, promovendo a acessibilidade no arrendamento para alojamento estudantil, a otimização dos recursos e a plena utilização do parque habitacional, a convivência intergeracional e o complemento dos rendimentos dos proprietários;
- Isentar de tributação as mais-valias resultantes da restituição ao património particular, para arrendamento habitacional permanente por um período mínimo, de imóvel afeto a atividade empresarial e profissional do seu proprietário;

- Criar um regime atrativo para sociedades de investimento em património imobiliário destinado ao arrendamento habitacional, na linha dos "Real Estate Investment Trust" existentes noutros países.

Indicadores de preços e acessibilidade habitacional: disponibilização regular e de fácil acesso de informação rigorosa sobre preços e acessibilidade no mercado da habitação, que servirão de base para a conceção e operacionalização das políticas públicas, incluindo o Programa de Arrendamento Acessível, e para a sua monitorização, avaliação e aperfeiçoamento. Esta informação terá ainda um papel fundamental no apoio aos cidadãos nas suas escolhas e decisões em matéria de habitação e aos proprietários e empresas na avaliação de alternativas e viabilidade de investimentos. Prevenirá ainda o desenvolvimento de dinâmicas especulativas alimentadas por falta de informação rigorosa e atualizada.

Fundo Nacional de Reabilitação do Edificado (FNRE): fundo centrado na reabilitação de imóveis, em particular, património público devoluto ou disponível, para posterior arrendamento e, em especial, para arrendamento habitacional a custos acessíveis, incluindo o alojamento estudantil, promovendo o aumento da oferta pública de habitação neste segmento e a otimização dos recursos imobiliários públicos. Na fase inicial podem participar entidades públicas da administração central e local e ainda entidades do terceiro setor. Numa fase posterior prevê-se a abertura à participação de outras entidades, públicas e privadas, incluindo pessoas singulares. O FNRE permite aos participantes promoverem a reabilitação dos seus imóveis sem recurso a endividamento, bem como investirem num fundo de baixo risco com expetativas de rentabilidade apelativas, contribuindo em simultâneo para objetivos de política pública ao nível da habitação e reabilitação.

Programa Porta 65 Jovem: visa conceder apoio financeiro ao arrendamento de habitação para residência permanente por jovens entre os 18 anos e os 35 anos. Prevê-se o reforço dos subsídios ao arrendamento ao abrigo deste programa e a sua compatibilização com o Programa de Arrendamento Acessível, visando assegurar a acessibilidade às habitações disponibilizadas aos agregados familiares para os quais os valores a suportar com o apoio do Porta 65 ainda representam uma sobrecarga de custos habitacionais.

### *3.4 Criar as condições para que a reabilitação seja a principal forma de intervenção ao nível do edificado e do desenvolvimento urbano*

*Enquadramento*

A Nova Geração de Políticas de Habitação, ao ter por missão criar as condições para que a reabilitação passe de exceção a regra e se torne na forma de intervenção predominante, tanto ao nível dos edifícios como das áreas urbanas, exige uma atuação conjugada sobre o enquadramento legal e regulamentar, adequando-o às especificidades da reabilitação, e sobre o financiamento das intervenções, garantindo a existência de condições favoráveis ao investimento em reabilitação, em particular, com fins de arrendamento habitacional.

A regulamentação da construção e do urbanismo esteve durante décadas orientada para a construção nova e não para a reabilitação de edifícios. Em anos recentes, a resposta dada a esta situação consistiu na criação de "regimes excecionais", que visam minimizar as desadequações, mas tratam a reabilitação como um caso particular e, em algumas situações, a título temporário.

Hoje, a nova realidade impõe que a reabilitação deixe de ser encarada como "exceção", passando a ser vista como o tipo de intervenção mais corrente em matéria de edificado, e que a mesma beneficie de um quadro regulamentar adequado às suas especificidades.

Isto implica compatibilizar as quatro dimensões do desenvolvimento – social, económica, ambiental e cultural – conciliando as legítimas expetativas em termos de adequação aos padrões de segurança, habitabilidade e conforto atuais e de simplificação do processo de reabilitação com os princípios da sustentabilidade ambiental e da proteção do património.

Acresce que as dificuldades de aplicar a regulamentação da construção às obras em edifícios habitacionais existentes decorrem também de deficiências estruturais do próprio quadro legal e regulamentar, nomeadamente da sua extensão, complexidade, dispersão e desatualização pontual. Não basta, portanto, intervir sobre o conteúdo técnico da regulamentação para a adequar às intervenções nos edifícios existentes. É necessário reformar globalmente o quadro legal e regulamentar da construção.

Importa ainda sublinhar que, subjacente a toda a Nova Geração de Políticas de Habitação, está uma forte aposta na sustentabilidade e utilização eficiente do parque edificado, bem como do solo e das áreas urbanizadas. Com efeito, a construção e infraestruturação dos sistemas urbanos e do edificado acarreta um enorme consumo de recursos. As cidades e sistemas urbanos são o maior e mais complexo artefacto humano, implicaram séculos – em alguns casos até milénios – de investimento, e a sua criação, crescimento e manutenção acarreta um consumo de recursos sem paralelo. Este consumo, e consequentes emissões, não diz somente respeito a materiais, energia, transportes, mas, também ao próprio solo, que é um bem precioso, escasso e finito.

Tornar a reabilitação a intervenção predominante, tanto ao nível do edificado como das áreas urbanas, é assim crucial para a promoção de um desenvolvimento urbano sustentável. Ao nível do edificado, criar condições para uma manutenção regular dos edifícios e incentivar a plena utilização dos recursos construídos são aspetos basilares deste desígnio. Para tanto, é necessário abordar os constrangimentos que têm sido detetados, sobretudo, na gestão de edifícios em propriedade horizontal, em situações de contitularidade de direitos ou em casos de proprietários desconhecidos, bem como os constrangimentos relativos aos procedimentos de intimação municipal para execução de obras de conservação. Em zonas de forte pressão de mercado, sujeitas por essa via a uma maior carência de oferta habitacional face às necessidades e a uma maior dificuldade de acesso das famílias a habitações adequadas a custos acessíveis, justifica-se também o reforço da penalização pela não utilização de edifícios.

À escala urbana, as áreas territoriais a necessitar de intervenções integradas de reabilitação já não se cingem aos centros ditos "históricos" e exigem instrumentos que permitam uma melhor integração territorial das políticas setoriais nestas intervenções. Justifica-se, por isso, uma revisão do enquadramento legal e regulamentar da reabilitação urbana para o adequar a estesfins.

Por outro lado, os promotores de reabilitação ainda hoje se deparam com dificuldades no financiamento das suas operações junto da banca, muitas destas relacionadas, por exemplo, com a inadequação dos prazos e custos dos empréstimos ao ciclo de negócios da reabilitação e, muito em particular, da reabilitação para arrendamento habitacional.

Para alcançar os níveis desejáveis de desenvolvimento do setor, urge alavancar o investimento privado em prol da reabilitação do edificado e garantir que existe um leque de instrumentos de apoio ao investimento em reabilitação, capazes de dar resposta às condições específicas deste modelo de negócio e suficientemente atrativos para incentivar a captação de investimento de diferentes tipos de promotores, sejam estes públicos ou privados. Por fim, importa ainda que estes instrumentos permitam uma majoração dos apoios consoante o fim a que se destinam os imóveis, em termos do seu contributo para as prioridades de política e função social, bem como incentivar a melhoria do conforto, desempenho energético e material.

**Figura 5 – Relação entre o tipo de promotores de oferta habitacional, rendas e instrumentos de apoio financeiro mobilizáveis**

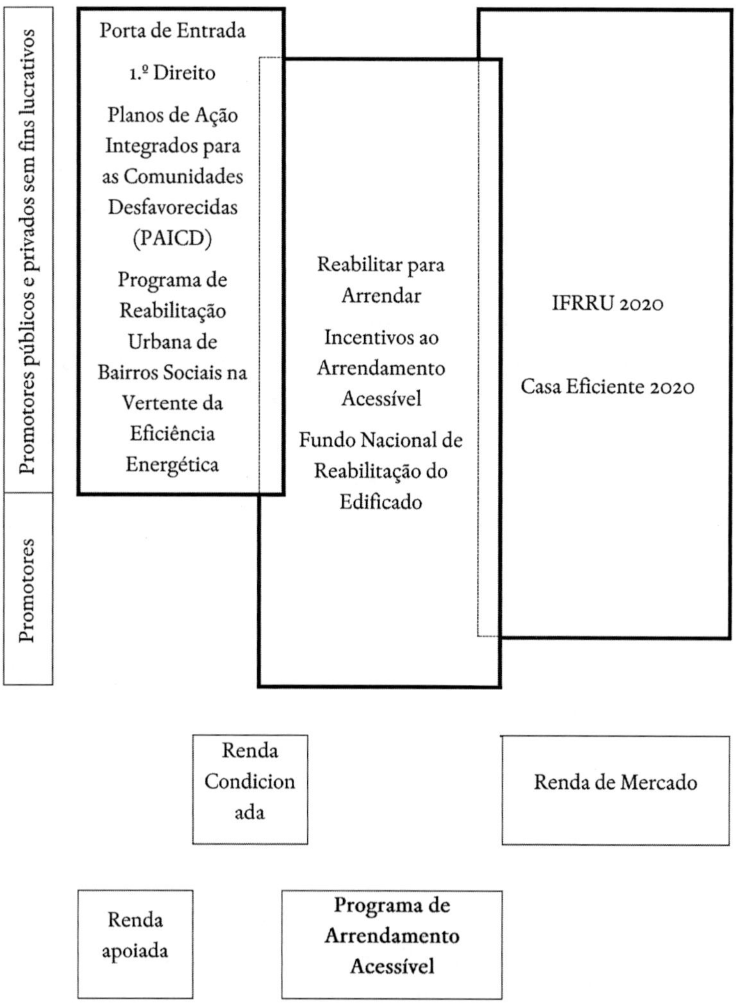

*Instrumentos*

Projeto Reabilitar como Regra: revisão do enquadramento legal da construção de modo a adequá-lo às exigências e especificidades da reabilitação de edifícios. Esta revisão deverá articular-se com outras iniciativas em curso, designadamente no domínio da segurança estrutural, e contribuir para um processo faseado de consolidação das normas técnicas da construção, tendente à sua codificação. Através da dinamização da reabilitação, que aumenta a vida útil dos edifícios com consequente rentabilização dos recursos ambientais já investidos, a revisão do enquadramento legal da construção deverá, ainda, contribuir para a redução de emissões de gases com efeito estufa, para a minimização dos resíduos da construção e para a conservação da natureza e da biodiversidade. Uma análise comparada das experiências dos vários países mostra que existem vários caminhos possíveis para se proceder a esta adequação. Esta análise revela também que o caminho escolhido deve ter em consideração o contexto normativo próprio de cada país e que percorrer esse caminho é um processo que requer uma participação alargada dos principais parceiros sociais interessados.

Medidas de promoção da manutenção regular e da plena utilização do edificado: revisão do enquadramento legal com vista a minorar os constrangimentos que têm sido detetados à manutenção regular dos edifícios, sobretudo na gestão de edifícios em propriedade horizontal, em situações de contitularidade de direitos ou em casos de proprietários desconhecidos, bem como os constrangimentos relativos aos procedimentos de intimação municipal para execução de obras de conservação. Prevê-se ainda a revisão do regime fiscal aplicável aos imóveis devolutos, de modo a possibilitar o aumento da penalização pela não utilização de edifícios em zonas de forte pressão de mercado, sujeitas por essa via a maior carência de oferta habitacional face às necessidades e a uma maior dificuldade de acesso das famílias a habitações adequadas a custos acessíveis.

Reabilitar para Arrendar: visa o financiamento, em condições favoráveis face às de mercado, de operações de reabilitação de edifícios que, após a conclusão das obras, se destinem ao arrendamento habitacional. Prevê-se a compatibilização deste instrumento com o Programa de Arrendamento Acessível, a adequação das condições de financiamento oferecidas às necessidades específicas deste modelo de negócio e a majoração dos apoios consoante o contributo das operações para as prioridades de política e função social.

Instrumento Financeiro para a Reabilitação e Revitalização Urbanas (IFRRU 2020): visa apoiar a reabilitação e revitalização urbanas, em particular a reabilitação de edifícios, e complementarmente promover a eficiência energética. São elegíveis operações de reabilitação integral de edifícios, com idade igual ou superior a 30 anos, ou em estado de conservação mau ou péssimo, destinados a todos os tipos de uso, incluindo habitação e habitação com fins sociais. Os edifícios objeto de reabilitação devem estar localizados dentro de Áreas de Reabilitação Urbana (ARU) definidas pelos municípios ou ser enquadrados por um Plano de Ação Integrado para as Comunidades Desfavorecidas (PAICD). É também elegível a reabilitação do espaço público, inserido em PAICD, desde que associada a ações de reabilitação do conjunto edificado envolvente, em curso ou concluídas há 5 anos ou menos. Os apoios são concedidos através de produtos financeiros, criados pela banca comercial, sob a forma de subvenções reembolsáveis. Está também prevista a prestação de garantias financeiras para facilitar a obtenção de crédito em condições adequadas aos investimentos em reabilitação.

Casa Eficiente 2020: visa o financiamento, em condições favoráveis face às de mercado, de operações que promovam a melhoria do desempenho ambiental de edifícios e frações de habitação, com especial enfoque na eficiência energética e hídrica, bem como na gestão dos resíduos urbanos. O programa é promovido pelo Estado e dinamizado pela Confederação Portuguesa da Construção e do Imobiliário (CPCI) que atua em estreita colaboração com as entidades parceiras estratégicas (áreas governativas do Ambiente, do Planeamento e das Infraestruturas e da Economia) e institucionais (APA, EPAL e ADENE). O programa beneficia de financiamento reembolsável do Banco Europeu de Investimento (BEI). Os bancos comerciais associados ao programa desempenham as funções de intermediários financeiros entre o BEI e os beneficiários.

Planos Estratégicos de Desenvolvimento Urbano/Planos de Ação de Reabilitação Urbana: instrumentos de programação que suportam a contratualização com os municípios de apoios financeiros a intervenções, entre outras áreas, no domínio da regeneração de Áreas de Reabilitação Urbana. Financiam intervenções de reabilitação que os municípios tenham incluído nos respetivos Planos Estratégicos de Desenvolvimento Urbano (PEDU) ou, no caso dos municípios dispensados de apresentar PEDU, nos Planos de Ação de Reabilitação Urbana (PARU). Os apoios são concedidos sob a forma de subvenções não reembolsáveis. A gestão global e operacional deste programa é assegurada pela área governativa do planeamento e infraestruturas.

Planos Estratégicos de Desenvolvimento Urbano/Planos de Ação Integrados para as Comunidades Desfavorecidas: instrumentos de programação que suportam a contratualização com os municípios de apoios financeiros a intervenções, entre outras áreas, no domínio da regeneração física, económica e social de áreas carenciadas, incluindo bairros sociais ou conjuntos urbanos similares onde residam comunidades desfavorecidas, e respetivos equipamentos de utilização coletiva para a promoção da inclusão social. Financiam intervenções de reabilitação que os municípios tenham incluído nos respetivos Planos de Ação Integrados para as Comunidades Desfavorecidas (PAICD), integrantes dos Planos Estratégicos de Desenvolvimento Urbano (PEDU). Os apoios são concedidos sob a forma de subvenções não reembolsáveis. A gestão global e operacional deste programa é assegurada pela área governativa do planeamento e infraestruturas.

Programa de Reabilitação Urbana de Bairros Sociais na Vertente da Eficiência Energética: apoia intervenções que visem aumentar a eficiência energética e a utilização de energias renováveis para autoconsumo em edifícios de habitação social. Podem candidatar-se aos apoios os municípios ou empresas municipais proprietárias ou gestoras de fogos de habitação social, das regiões abrangidas. A gestão global e operacional deste programa é assegurada pela área governativa do planeamento e infraestruturas.

### *3.5 Promover a inclusão social e territorial e as oportunidades de escolha habitacionais*

*Enquadramento*

A Nova Geração de Políticas de Habitação adota uma abordagem ampla à habitação, percecionando-a como parte do sistema urbano em que esta se insere e como um meio para o objetivo geral de melhoria das condições de vida das populações.

Anteriormente, as políticas de habitação orientadas para a resposta aos agregados familiares com graves carências habitacionais assentaram, essencialmente, na produção de oferta habitacional concentrada em áreas urbanas específicas – os denominados "bairros sociais". Este modelo contribuiu frequentemente para fenómenos de periferização e homogeneidade social, tendo como resultado a segregação territorial e a continuidade ou, em certos casos, o agravamento de dinâmicas de exclusão social. Um sinal indicativo deste ciclo é o facto de muitos dos moradores destes bairros, para os quais a carência habitacional foi, teoricamente, resolvida, permanecerem, décadas depois do realojamento, em situações de pobreza, desemprego, entre outras vulnerabilidades económicas e sociais.

Tendo-se dado um passo importante, e de mérito inegável, na minimização das carências habitacionais quantitativas, importa agora assumir a necessidade de complementar este avanço criando as condições para que os referidos bairros passem a ser parte integrante e integrada das áreas urbanas onde se inserem, bem como para que os seus moradores possam beneficiar de uma melhoria, que vá além da questão habitacional, e abranja de forma global as suas condições de vida. Para este fim, assume especial importância a implementação de intervenções com base em modelos de governança multinível e participativos e que promovam respostas integradas, ao nível das diferentes políticas setoriais (urbanas, transportes, educação, emprego, ação social, saúde, entre outras) aos desafios específicos dos territórios e agregados familiares em causa.

Por outro lado, existem ainda agregados familiares que, a diferentes níveis, ainda não têm as suas necessidades habitacionais resolvidas, e para os quais é necessário que as novas respostas a desenvolver sejam mais próximas e mais integradas desde o primeiro momento. Importa ainda que estas sejam diferenciadas quanto aos instrumentos, meios e recursos a mobilizar e adaptadas às características e aptidões específicas dos agregados em causa, promovendo, por esta via, de forma mais efetiva, o acesso à habitação, a melhoria global das condições de vida e a otimização dos recursos públicos. Esta capacidade de diferenciação e integração é particularmente critica na abordagem a grupos mais vulneráveis e com necessidades específicas de intervenção (as pessoas com deficiência, os imigrantes, as minorias étnicas, as vítimas de violência doméstica, os toxicodependentes, os ex-reclusos e as pessoas sem-abrigo, entre outros).

Por fim, os instrumentos a desenvolver e modelos a implementar não só devem prevenir a criação de novos fenómenos de exclusão socioterritorial, mediante a promoção da dispersão territorial da oferta habitacional de interesse social disponível, como evitar a segregação social nos bairros de arrendamento públicos existentes e facilitar a mobilidade dos agregados familiares entre os diferentes territórios e segmentos de oferta habitacional. A questão da mobilidade habitacional dos agregados familiares residentes no parque de arrendamento público reveste-se de uma importância particular, dado que a rigidez de ocupação atual pode constituir um obstáculo ao aproveitamento de oportunidades (por exemplo, de emprego ou melhoria profissional quando a oferta se localiza num município afastado do de residência). Contribui ainda para a inclusão e o empoderamento desta população, mediante **a melhoria** das oportunidades de escolha habitacional e de percursos de vida, para a disseminação das soluções de realojamento pelo território e para a disponibilização de fogos no parque de arrendamento público que podem ser mobilizados para promover a miscigenação social.

*Instrumentos*

**Da Habitação ao Habitat:** visa promover a coesão e integração socioterritorial dos bairros públicos de arrendamento e dos agregados familiares nestes residentes, mediante o desenvolvimento de projetos experimentais, com base numa abordagem integrada, inclusiva, participada e adaptada aos contextos locais. O programa terá como âncora soluções inovadoras de gestão integrada e participada do bairro e do território onde este se localiza, que articulem a decisão e a construção de compromissos de ação com objetivos concertados envolvendo os diferentes atores territoriais (do nível central ao municipal e local), em particular:

- os que têm responsabilidade e competências relacionadas esta gestão (proprietários, gestores, etc.);
- os que possuem a informação, os recursos e as competências necessárias para a conceção de uma estratégia integrada e a implementação do respetivo plano de ação (designadamente, em termos de políticas urbanas, sociais, económicas, de educação, saúde e emprego, entre outras, e articulação com instrumentos nesses domínios, como a Rede

Social, o programa Escolhas, as DLBCs, etc., destacando-se o papel das autarquias neste domínio);
- os que sejam afetados ou que afetem as decisões e ações a implementar (em particular, os moradores, associações de moradores e a comunidade local e os decisores das várias áreas e políticas setoriais a mobilizar).

Assume-me, portanto, como orientação, o estabelecimento de equipas de intervenção locais e de canais de comunicação específicos e permanentes entre as partes envolvidas, visando a identificação de necessidades de intervenção, o planeamento flexível e a monitorização da ação concertada. Este programa poderá ser implementado em complementaridade com o programa 1.º Direito, e sempre em forte articulação com instrumentos que respondem a necessidades de grupos mais vulneráveis, como a Estratégia de Integração das Comunidades Ciganas.

Numa primeira fase propõe-se a implementação de projetos-piloto que permitam testar soluções inovadoras em termos de modelos organizacionais e de governança e estabelecer boas práticas para, numa fase subsequente, se proceder ao alargamento do programa.

**Porta ao Lado – Programa de informação, encaminhamento e acompanhamento de proximidade para acesso à habitação:** visa apoiar os agregados familiares em matéria de acesso à habitação, entendida numa conceção ampla de melhoria das condições de vida. De modo a adequar as respostas, os meios e os recursos a mobilizar à grande diversidade de características, situações específicas e necessidades dos agregados familiares, este programa terá três vertentes:

- **Portal da Habitação – criação de um novo Portal da Habitação que privilegie uma abordagem centrada nos utilizadores e nas suas necessidades, funcionando** como uma "porta de entrada única" para a identificação e caracterização das habitações com apoio social disponíveis (localização, tipologia, valor de renda, etc.), comunicação com os respetivos gestores, simulação e validação de elegibilidade dos agregados familiares como beneficiários dos programas de apoio ao arrendamento (Porta 65 Jovem e Programa de Arrendamento Acessível), operacionalização de candidaturas, entre outros serviços. Deverá englobar a Plataforma do Arrendamento Apoiado, prevista na Lei n.º 81/2014 de 19 de dezembro, que estabelece o novo regime do arrendamento apoiado para habitação. Este instrumento será implementado em articulação com outras políticas setoriais, nomeadamente, a ENIPSSA 2017-2023, onde se prevê a realização de atividades relacionadas com a criação de bolsas de alojamentos locais para situações de desinstitucionalização de risco;

- Linha de Apoio ao Acesso à Habitação – linha telefónica de apoio, que terá um primeiro nível de resposta que funcionará como um serviço informativo e, caso se justifique, de "triagem" e encaminhamento para o segundo nível de resposta. Este segundo nível consistirá no direcionamento para uma resposta urgente, nas situações que necessitem de atuação imediata e em articulação com a Linha Nacional de Emergência Social, sempre que pertinente, ou no encaminhamento para os serviços técnicos adequados responsáveis pelos apoios disponíveis, quer em termos de oferta habitacional quer em termos de outros apoios complementares à melhoria das condições e percursos de vida;
- Reforço do acompanhamento integrado e de proximidade – pretende-se que o tema do acesso à habitação seja trabalhado no quadro mais amplo das várias respostas sociais disponíveis ao nível local, mediante, entre outros, o apoio às autarquias locais, a qualificação dos serviços e entidades locais com competências na área habitacional e social, o apoio à atuação das associações de moradores, e a promoção da plena integração da temática da habitação e das entidades com responsabilidade nesta matéria (IHRU, departamentos municipais da área da habitação, gestores do parque habitacional público, entre outros) nos Conselhos Locais de Ação Social e na Rede Social. Promover-se-á ainda a articulação com a ENIPSSA 2017-2023, no âmbito do objetivo estratégico "Garantir a eficácia e eficiência na intervenção", em particular na implementação do Modelo de Intervenção e Acompanhamento Integrado, a adotar pelas entidades a nível local que a operacionalizam.

Programa de mobilidade habitacional no parque de arrendamento público: visa possibilitar a mobilidade habitacional aos moradores do parque de arrendamento público, designadamente face a necessidade de mudança de área de residência, bem como a coesão social nestes bairros e a inclusão dos seus moradores. Será introduzido um sistema de troca de casa no parque habitacional de arrendamento público e privado com apoio público, onde os proprietários podem disponibilizar os seus alojamentos vagos. A mobilidade pode ser efetuada entre fogos originalmente afetos a diferentes segmentos de arrendamento (renda apoiada, renda condicionada ou no âmbito do Programa de Arrendamento Acessível), desde que fique garantida a manutenção do regime de renda aplicado ao agregado familiar e a não diminuição da oferta habitacional no segmento de renda apoiada, mediante acordo entre os proprietários.

Chave na Mão – Programa de mobilidade habitacional para a coesão territorial: visa facilitar a mobilidade habitacional, tanto ao nível territorial como no que respeita ao regime de ocupação da habitação, de agregados familiares atualmente residentes em áreas de forte pressão urbana em matéria de mercado habitacional que se queiram fixar em territórios de baixa densidade, bem como incentivar a oferta de habitação para arrendamento a custos acessíveis nas áreas de maior pressão da procura. O programa consistirá na criação das condições para que o Estado, por via do IHRU, I.P., possa gerir ou arrendar a habitação própria de agregados familiares residentes em áreas de forte pressão urbana, para posterior disponibilização no âmbito do Programa de Arrendamento Acessível, nos casos em que estes agregados transfiram a sua residência permanente para um território de baixa densidade.

## *3.6 Matriz dos instrumentos existentes e a criar*

| | | Instrumento existentes | | Novos instrumentos |
|---|---|---|---|---|
| | | Continuidade | Adaptação | |
| OBJETIVO 1 | 1.º Direito - Programa de Apoio ao Acesso à Habitação | | | ✓ *Em substituição do ProHabita e do PER* |
| OBJETIVO 1 | Porta de Entrada - Programa de Apoio ao Alojamento Urgente | | | |
| OBJETIVO 2 | Programa de Arrendamento Acessível | | | ✓ |
| OBJETIVO 2 | Instrumentos de promoção da segurança e estabilidade no arrendamento | | | ✓ |
| OBJETIVO 2 | Instrumentos de captação de oferta | | | ✓ |
| OBJETIVO 2 | Indicadores de preços e acessibilidade habitacional | | | ✓ |
| OBJETIVO 2 | FNRE - Fundo Nacional de Reabilitação do Edificado | ✓ | | |
| OBJETIVO 2 | Porta 65 – Jovem | | ✓ | |
| OBJETIVO 3 | Projeto Reabilitar como Regra | | | ✓ |
| OBJETIVO 3 | Medidas de promoção da manutenção regular e da plena utilização do edificado | | ✓ | |
| OBJETIVO 3 | Reabilitar para Arrendar | | ✓ | |
| OBJETIVO 3 | IFRRU 2020 - Instrumento Financeiro para a Reabilitação e Revitalização Urbanas | ✓ | | |
| OBJETIVO 3 | Casa Eficiente 2020 | ✓ | | |
| OBJETIVO 3 | Planos Estratégicos de Desenvolvimento Urbano/ Planos de Ação Reabilitação Urbana | ✓ | | |
| OBJETIVO 3 | Planos Estratégicos de Desenvolvimento Urbano/Planos de Ação Integrados para as Comunidades Desfavorecidas | ✓ | | |
| OBJETIVO 3 | Programa de Reabilitação Urbana de Bairros Sociais na Vertente da Eficiência Energética | ✓ | | |
| OBJETIVO 4 | Da Habitação ao Habitat | | | ✓ |
| OBJETIVO 4 | Porta ao Lado - Programa de informação, encaminhamento e acompanhamento de proximidade para acesso à habitação | | | ✓ |
| OBJETIVO 4 | Programa de mobilidade habitacional no parque de arrendamento público | | | ✓ |
| OBJETIVO 4 | Chave na Mão - Programa de mobilidade habitacional para a coesão territorial | | | ✓ |

## *3.7 Dotações orçamentais necessárias por instrumento*

| | Objetivo/Instrumento | Dotações orçamentais | Justificação |
|---|---|---|---|
| OBJETIVO 1 | 1.º Direito - Programa de Apoio ao Acesso à Habitação | 700 Milhões de euros (2018 - 2024) | A dotação orçamental prevista tem por base o objetivo de erradicar as carências habitacionais graves de 26 mil famílias até 2024, ano em que se comemoram os 50 anos do 25 de abril, tendo em conta os resultados do Levantamento Nacional das Necessidade de Realojamento Habitacional, bem como os pressupostos de financiamento do 1.º Direito. A dotação diz respeito à verba destinada a apoios não reembolsáveis no âmbito deste programa. |
| OBJETIVO 1 | Porta de Entrada - Programa de Apoio ao Alojamento Urgente | 4,9 Milhões de euros (2018) | A dotação orçamental deste programa variará bastante em função da ocorrência de acontecimentos imprevisíveis ou excecionais que resultem em necessidades de alojamento urgentes. |
| OBJETIVO 2 | Programa de Arrendamento Acessível | 1 Milhão de euros (2018)<br>5 Milhões de euros (2019) | A dotação orçamental prevista inclui a estimativa de custos relativa aos instrumentos de aumento da segurança e estabilidade no arrendamento (seguros/garantias) e à plataforma eletrónica para operacionalização do programa. |
| OBJETIVO 2 | Instrumentos de promoção da segurança e estabilidade no arrendamento | - | Dotação orçamental necessária incluída no Programa de Arrendamento Acessível. |
| OBJETIVO 2 | Instrumentos de captação de oferta | - | - |
| OBJETIVO 2 | Indicadores de preços e acessibilidade habitacional | - | - |
| OBJETIVO 2 | FNRE - Fundo Nacional de Reabilitação do Edificado | - | Este instrumento, para além de não ter custos orçamentais, tem o potencial de gerar rendibilidade para as entidades participantes, entre estas o Estado. |
| OBJETIVO 2 | Porta 65 – Jovem | 18 Milhões de euros (2018)<br>20 Milhões de euros (2019) | A previsão do aumento da dotação do programa faz-se tendo como cenário a recente aprovação do alargamento do programa ao nível:<br>- do grupo etário elegível, dos 30 para os 35 anos;<br>- do período máximo de renovação das candidaturas, dos 36 para 60 meses. |
| OBJETIVO 3 | Projeto Reabilitar como Regra | 200 Mil euros (2018) | Valor global do projeto a ser financiado pelo Fundo Ambiental. |
| OBJETIVO 3 | Medidas de promoção da manutenção regular e da plena utilização do edificado | - | - |

| | Objetivo/Instrumento | Dotações orçamentais | Justificação |
|---|---|---|---|
| | Reabilitar para Arrendar | – | Atualmente o instrumento aplica uma linha de financiamento BEI/CEB com dotação total de 50 milhões de euros. |
| | IFRRU 2020 - Instrumento Financeiro para a Reabilitação e Revitalização Urbanas | 20,5 Milhões de euros | O montante total de financiamento que poderá ser mobilizado no período 2016-2023 ascende a cerca de 1400 M€. Este montante provém dos FEEI, do BEI, do CEB e dos intermediários financeiros, bem como do Orçamento de Estado (20,5 milhões de euros) a disponibilizar a título de Contrapartida Pública Nacional (CPN) dos financiamentos dos FEEI. |
| | Casa Eficiente 2020 | – | O valor total de financiamento é de 200 M€, para o período de 2017 a 2020 (100 M€ da linha de financiamento BEI, a que acresce 100 milhões de euros disponibilizados pelos intermediários financeiros). |
| | Planos Estratégicos de Desenvolvimento Urbano/Planos de Ação Reabilitação Urbana | – | No período entre 2016-2020, o valor do investimento disponível é de 785 M€, para os centros urbanos de nível superior, e 197 M€, para os centros urbanos complementares, proveniente dos Fundos Europeus Estruturais e de Investimento (FEEI). |
| | Planos Estratégicos de Desenvolvimento Urbano/Planos de Ação Integrados para as Comunidades Desfavorecidas | | |
| | Programa de Reabilitação Urbana de Bairros Sociais na Vertente da Eficiência Energética | – | O financiamento é assegurado pelos Programas Regionais do Norte, Centro, Lisboa e Alentejo, que disponibilizam meios que viabilizam investimentos na reabilitação de bairros sociais num valor potencial de 115 M€, com base em 82 M€ de fundos comunitários. |
| OBJETIVO 4 | Da Habitação ao Habitat | 500 Mil euros/ano (2018 e 2019) | Dotação para assegurar a gestão dos Projetos-piloto a implementar. |
| | Porta ao Lado - Programa de informação, encaminhamento e acompanhamento de proximidade | 1,3 Milhões de euros/ano (2018 e 2019) | Inclui o desenvolvimento das três vertentes do programa: plataforma informática, linha de atendimento e acompanhamento de proximidade. |
| | Programa de mobilidade habitacional | – | – |
| | Chave na mão - Programa de mobilidade habitacional para a coesão territorial | – | – |